工业和信息化高职高专
“十二五”规划教材立项项目

职业教育财经类“十二五”规划教材

现代企业管理

Modern Enterprise Management

孔建华 范玲俐 周蕊 主编
康延滨 李晓磊 徐慧卿 副主编

人民邮电出版社
北京

图书在版编目（CIP）数据

现代企业管理 / 孔建华，范玲俐，周蕊主编. -- 北京 : 人民邮电出版社，2013.9（2019.1重印）
职业教育财经类“十二五”规划教材
ISBN 978-7-115-32053-7

Ⅰ. ①现… Ⅱ. ①孔… ②范… ③周… Ⅲ. ①企业管理－高等职业教育－教材 Ⅳ. ①F270

中国版本图书馆CIP数据核字(2013)第175831号

内 容 提 要

本书以企业运营流程为主线，按照工作过程系统化的思路，以企业管理实务开展为载体进行内容组织和训练，使学生能够全面地了解现代企业管理的工作内容。

本书可作为高等职业技术学院经济管理类和非经济管理类专业学生的教材，也可供有关企业人员参考、学习、培训之用。

◆ 主　　编　孔建华　范玲俐　周　蕊
　副 主 编　康延滨　李晓磊　徐慧卿
　责任编辑　李育民
　责任印制　沈　蓉　焦志炜

◆ 人民邮电出版社出版发行　　北京市丰台区成寿寺路 11 号
　邮编　100164　　电子邮件　315@ptpress.com.cn
　网址　http://www.ptpress.com.cn
　北京七彩京通数码快印有限公司印刷

◆ 开本：787×1092　1/16
　印张：14　　　　　　2013 年 9 月第 1 版
　字数：361 千字　　　2019 年 1 月北京第 7 次印刷

定价：32.00 元

读者服务热线：(010)81055256　印装质量热线：(010)81055316
反盗版热线：(010)81055315
广告经营许可证：京东工商广登字 20170147 号

前言

国外经济学家认为，西方工业化是“三分靠技术，七分靠管理”。全球经济一体化进程的加速和知识经济时代的到来，对传统的企业管理方式提出了挑战，因此，如何管理好企业应是企业管理者不断思考和探索的问题。众所周知，人才战略和管理模式的创新对于企业发展具有重要作用已成为业界共识，由此可见，对于企业管理方面人才的需求将呈现前所未有的增长态势。

本书将管理学原理和企业管理课程内容进行整合，作为经济管理类各专业的基础课程教材，保证学生既能学到管理学的基础理论，又能学到企业管理的管理实务，是一部集管理学理论与实务为一体的适合高职高专学生技能提升的专用教材。

本书是在校企合作的基础上，联合企业管理人员，切实参与企业管理流程，在充分积累企业管理经验的基础上共同合作开发的一本教材。

本书采用情境式教学，主要内容包括八个教学情境，基本涵盖了企业管理工作的全部内容，通过学习，学生不仅能够掌握企业管理的相关知识，而且基于公司运营的角色扮演让学生参与企业经营，掌握企业管理的工作方法，有助于学生了解企业工作流程，提前认知职业角色，为学生就业和可持续发展奠定基础。

本书的参考学时为56～64学时，建议采用情境模拟、理论实践一体化教学模式，各情境的参考学时见下面的学时分配表。

学时分配表

项　目	课程内容	学　时
情境一	企业管理认知	6～8
情境二	企业战略管理	8
情境三	企业人力资源管理	8
情境四	企业营销管理	8
情境五	企业生产管理	10
情境六	企业物流管理	6～8
情境七	企业财务管理	6～8
情境八	企业文化与CIS管理	4～6
学时总计		56～64

本书由孔建华、范玲俐、周蕊任主编，康延滨、李晓磊、徐慧卿任副主编，马春莲、戴明、郭明亮、张传秀、李芳芳、刘玉霞、郭杰等参编。

本书具体编写分工是：山东华宇职业技术学院的李芳芳编写了情境一；山东华宇职业技术学院的郭明亮编写了情境二；山东华宇职业技术学院的孔建华和江西环境工程职业技术学院的

范玲俐编写了情境三；山东华宇职业技术学院的徐慧卿、刘玉霞和山东管理学院的周蕊编写了情境四；山东华宇职业技术学院的马春莲和皇明太阳能股份有限公司的康延滨编写了情境五；山东华宇职业技术学院的张传秀编写了情境六；山东华宇职业技术学院的戴明编写了情境七；山东华宇职业技术学院的郭杰和山东管理学院的李晓磊编写了情境八。本书在编写过程中得到了德州亚太集团、皇明太阳能股份有限公司、山东双一集团等企业界管理专家的支持，其中副主编康延滨多年来一直在皇明太阳能股份有限公司从事技术研发及项目管理工作，这些为本书编者熟悉企业管理流程、积累管理经验、提升管理技能提供了实践机会。

本书参考了许多专家、学者的资料，在此对他们表示衷心的感谢！

由于编者水平和经验有限，书中难免有欠妥和错误之处，敬请读者批评指正。

编　者

2013 年 7 月

目录

情境一　企业管理认知…………1
任务一　企业与现代企业制度…………2
一、企业的概念与类型…………2
二、现代企业制度…………4
任务二　管理的含义与职能…………10
一、管理与企业管理的定义…………10
二、管理的职能…………11
任务三　管理者与企业管理组织…………13
一、管理者…………14
二、企业管理组织…………16
习题…………23
情境二　企业战略管理…………25
任务一　企业战略管理认知…………26
一、企业战略与企业战略管理…………27
二、企业战略的层次…………30
任务二　企业经营战略环境分析…………32
一、企业宏观环境分析…………32
二、行业竞争力分析…………34
三、企业资源与能力分析…………39
四、SWOT 分析…………45
五、企业价值链分析…………46
任务三　企业竞争战略…………46
一、成本领先战略…………47
二、差异化战略…………49
三、集中化战略…………51
习题…………53
情境三　企业人力资源管理…………55
任务一　人力资源管理认知…………56
一、人力资源定义…………57
二、人力资源管理…………58
三、工作分析…………59
任务二　人力资源的获取…………63
一、人力资源规划…………64
二、人力资源预测…………66
三、人员招聘与选拔…………68
任务三　人力资源的开发…………70
一、培训与开发…………71
二、职业生涯管理…………72
任务四　人力资源的使用…………73
一、绩效考核…………74
二、薪酬管理…………75
三、激励…………77
四、人性假设理论…………80
习题…………81
情境四　企业营销管理…………83
任务一　市场营销认知…………84
一、市场营销管理基础…………85
二、市场营销观念的改变…………85
任务二　市场调研…………87
一、市场调研的内容…………88
二、市场调研的方法…………88
三、市场调研的步骤…………90
任务三　市场营销环境分析…………91
一、市场营销环境的构成…………91
二、市场营销环境分析的方法…………94
任务四　市场细分、目标市场选择及市场定位…………95
一、市场细分…………96
二、目标市场选择…………97
三、市场定位…………98
任务五　市场营销组合策略…………101
一、产品整体策略…………101
二、产品组合策略…………101

三、价格策略……105
四、渠道策略……107
五、促销策略……110
习题……111
情境五　企业生产管理……115
任务一　生产管理认知……116
一、生产运作……116
二、生产运作管理……117
三、生产运作的类型……119
任务二　生产过程组织……121
一、生产过程含义……121
二、生产过程的空间组织……123
三、生产过程的时间组织……124
任务三　生产计划与控制……127
一、生产计划体系……129
二、生产作业计划……131
三、生产现场管理……132
任务四　质量管理……138
一、质量及质量管理的含义……138
二、质量管理的发展……139
三、全面质量管理……140
四、质量管理思想……142
五、质量管理工具……143
习题……146
情境六　企业物流管理……148
任务一　采购计划管理……149
一、制订采购计划的目的……149
二、编制采购计划时需要考虑的因素……149
三、采购预算编制的步骤……150
任务二　仓储作业管理……151
一、仓储管理概述……152
二、商品入库管理……152
三、商品出库管理……154
四、仓储成本管理……156
任务三　配送作业管理……156
一、配送及其功能……157
二、配送作业管理……159
习题……160
情境七　企业财务管理……162
任务一　企业财务管理基础认知……163
一、企业财务管理的定义……165
二、企业财务管理的内容……165
任务二　企业筹资管理……168
一、企业资金筹集的基本要求……169
二、资金筹集的渠道和方式……170
任务三　企业投资管理……173
一、企业投资行为认知……174
二、企业投资管理的基本原则……175
三、企业投资的基本程序……175
四、企业投资决策指标……177
任务四　企业资产管理……180
一、资产的分类……181
二、流动资产的管理……181
三、固定资产的管理……185
四、无形资产的管理……186
任务五　企业利润管理……188
一、企业利润构成……190
二、企业目标利润……190
三、企业经营利润分配……191
习题……192
情境八　企业文化与CIS战略……194
任务一　企业文化认知……195
一、企业文化……195
二、企业文化的结构……197
三、企业文化的功能……198
四、企业文化的构建……199
任务二　企业文化的CIS系统……201
一、理念识别系统……202
二、视觉识别系统……205
三、行为识别系统……207
四、听觉识别系统……208
任务三　企业营销文化……209
一、营销文化的认知……209
二、企业营销文化的塑造……212
习题……214
参考文献……218

情境一

企业管理认知

任务引入

王洋刚刚大学毕业，应聘到亚太集团。9 月 1 日，他正式到集团报到，入职的第一课就是要进行岗前职业培训。集团负责人王经理给王洋等一批新来的大学生上了企业管理的第一堂课。

任务分析

1. 企业与现代企业制度。
2. 管理的含义与职能。
3. 管理者与企业管理组织。

学习目标

1. 知晓企业的概念与类型。
2. 理解企业管理的含义与职能。
3. 了解管理者所需的主要技能。
4. 掌握企业管理组织的概念及其设计的内容。

技能目标

1. 对学校所在地某企业进行管理者类型与其所需技能分析。
2. 实地调研当地某家企业管理组织的构成。

组织与实施评价

1. 全班学生划分为 6～8 人的小组，模拟成立公司，组成项目团队。
2. 建立沟通协调机制，小组讨论企业管理组织的产生及构成。
3. 在教师的讲解下了解企业管理组织构成的基本原理。
4. 评价与总结：在当地选取一家企业，各小组分析讨论其部门构成及所具备的职能。

任务一　企业与现代企业制度

【案例导入】

七人分粥

有七个人住在一起，每天共喝一桶粥，显然粥每天都不够喝。一开始，他们抓阄决定谁来分粥，每天轮一个。于是乎每周下来，他们每人只有一天是饱的，就是自己分粥的那一天。后来他们开始推选出一个道德高尚的人出来分粥。然而强权就会产生腐败，大家开始挖空心思去讨好他，贿赂他，搞得整个小团体乌烟瘴气。然后大家开始建立由三人组成的分粥委员会及私人的评选委员会，不过互相攻击扯皮下来，粥吃到嘴里全是凉的。最后想出来一个方法：轮流分粥，但分粥的人要等其他人都挑完后拿剩下的最后一碗。为了不让自己吃到最少的，每人都尽量分得平均，就算不平均，也只能认了。大家快快乐乐，和和气气，日子越过越好。

【知识链接】

企业管理与企业管理组织是世界经济的重要组成部分，从企业的产生发展到今天，除了社会生产力的不断发展之外，还产生了一些基本的企业管理理论，正是这些理论，在不断地引导着企业的发展。

一、企业的概念与类型

（一）企业的概念

企业是从事生产、流通、服务等经济活动，以产品或劳务满足社会需要，以营利为目的，自主经营、自负盈亏，依法设立的经济组织，是现代社会经济的基本单位。

上述企业的概念主要包括以下四个方面的内容。

（1）企业必须拥有一定的资源（人、财、物、信息等），是一个以营利为目的的经济实体，是从事生产、流通、服务等经济活动的组织。

（2）企业是依法设立，自主经营、自负盈亏、独立核算的经济组织，具有独立的经济权益。为了自身的发展，企业可以自主决策，谋求获得更大的效益。

（3）企业的生产经营成果（产品或劳务）是通过交换与消费者或其他生产单位发生经济联系，在满足社会需要的同时获得盈利。

（4）企业是社会的基本经济单位，是社会经济力量的基础。企业劳动生产率高低，经济效益的好坏，对国民经济的发展有着重要的影响。

（二）企业类型

按照财产的组织形式和所承担的法律责任的不同，企业通常分为三类。

1. 独资企业（又叫单个业主制企业）

它是由业主个人投资，自己经营，收入归已，风险也由自己承担的企业。企业如果经营不善，出现资不抵债的情况，就要用业主自己的全部的家庭财源来抵债。

这类企业的优点是：所有权和经营权归于一体，经营灵活，决策迅速，开业与关闭手续简单，产权可以自由转让。缺点主要有两个方面：一是企业没有独立的生命力，如果业主死亡或在转让情况下放弃经营，企业的生命就终止；二是企业规模小，一般财力都不大，由于受偿债能力的限制，贷款的能力也较低，难以投资规模较大的生产和经营活动，一般适合零售商业、手工业等。

2. 合伙企业（又叫合伙制企业）

它是由两个以上的个人或业主对企业出资，通过签订合伙协议联合经营的组织。经营所得归全体合伙人分享，经营亏损也由全体合伙人共同承担。如果经营失败，合伙企业倒闭破产，资不抵债时，每个合伙人都要以自己的家庭财产首先按照入股比例清偿，若有的合伙人家庭财产不够清偿，其他合伙人要代为清偿，负无限连带责任。

这类企业的优点是：企业资金量较大，能从事一些资产规模较大的生产和经营活动，合伙人对企业的生产经营活动十分关心，企业的信誉也较高。缺点是：合伙企业的生产规模一般达不到社会化大生产的要求，生产经营活动有一定的局限性；企业经营决策需经全体合伙人一致同意，因而决策较慢，协调困难；企业稳定程度有局限性，当合伙人中有一人死亡或者撤出，原来的合伙协议就要进行修改，甚至会影响到合伙企业能否继续存在；合伙企业实行无限连带责任，增加了投资风险。一般适用于生产规模较小，管理不太复杂，不需要设立管理机构的生产经营行业。

3. 公司制企业

公司制企业的财产组织形式不同于前述两种企业类型。公司是法人企业，它以“合资”为特征，特别在负有限责任方面与前两种自然人企业有显著的不同。

广义的公司有无限公司、有限公司、两合公司、股份有限公司等形式。《中华人民共和国公司法》（以下简称为《公司法》）将公司分为有限责任公司和股份有限公司，两者的共同特点是负有限责任，但是又有不同的特点，在《公司法》中有不同的规定。

（1）有限责任公司的特点及组建要求如下。

① 有限责任公司由 50 个以下股东出资设立。我国《公司法》规定，有限责任公司由 2 个以上、50 个以下股东共同出资建立，也可成立只有一个自然人股东或者一个法人股东的有限责任公司；其次，根据我国的具体情况，《公司法》还规定，国家授权投资的机构和国家授权的部门可以单独投资设立国有投资有限责任公司，这种情况下投资主体是国家。

② 注册资本金数量不多，较容易注册，资本金最低限额为人民币 10 万元。

③ 有限责任公司是一种“封闭公司”，不能发行股票，权益证明不上市流通，可以在股东内部转让。如向股东以外的人转让出资，必须经半数以上股东同意。有限责任公司的设立和运作相对较为简单。

④ 公司只在内部向股东汇报工作，接受股东监督，无需向社会公开内部运作情况，有限责任公司应当依照公司章程规定的期限将财物会计报告送交各股东。

（2）股份有限公司的特点及组建要求如下。

① 一般以发行股票方式筹集组成公司，股东人数多。《公司法》规定，设立股份有限公司，

应当有 2 人以上 200 人以下为发起人，其中须有半数以上的发起人在中国境内有住所。

② 股份有限公司的设立，可以采取发起设立或者募集设立的方式。发起设立，是指由发起人认购公司应发行的全部股份而设立公司。募集设立，是指由发起人认购公司应发行股份的一部分，其余股份向社会公开募集或者向特定对象募集而设立公司。

③ 注册资本金数额较高。按规定，股份有限公司注册资本金的最低限额为人民币 500 万元。法律、行政法规对股份有限公司注册资本金的最低限额有较高规定的，从其规定。

④ 公开向社会发行股票。

⑤ 股份有限公司的财务会计报告应当在召开股东大会年会的 20 日前置备于本公司，供股东查阅。公开发行股票的股份有限公司必须公开其财务会计报告，按《公司法》规定，上市公司必须依照法律、行政法规的规定，公开其财务状况、经营情况及重大诉讼，在每会计年度内半年公布一次财务会计报告。

需要注意的是，企业财务构成的三种形式（即独资企业、合伙企业、公司制企业）不是互相取代，而是共存的。时至今日，即使在发达的市场经济国家，独资企业和合伙制企业仍然占企业总数的大多数；公司制企业主要是大中型企业，数目只占企业总数的 20%～30%，而其销售额则占到销售总额的 70%～80%。

从上面分析可见，不同类型的企业，它们最根本的区别是财产组织形式不同。按财产组织形式来划分企业类型是符合市场经济发展要求的。

（三）企业设立程序

以有限责任公司为例，这种类型的公司的设立程序较为简单，一般程序如下。

（1）订立发起人协议。发起人首先需对设立公司进行经济和法律上的可行性分析，确立设立公司的意向；然后签订协议，以明确协议方的权利、义务，并对拟设立公司的基本情况作出意向性的规定。

（2）订立公司章程。公司章程由公司全体股东订立，并经全体股东同意后，签名、盖章。公司章程的内容必须符合国家法律、法规的规定，不得与国家法律、法规相抵触。

（3）必要的行政审批。法律、法规规定的公司设立必须报经审批的营业项目或经营范围等需要获得有关部门的行政审批。

（4）股东缴纳出资。股东应按照公司章程中规定的出资额度或实物缴纳出资或实物。股东全部缴纳出资后，必须经法定的验资机构对其出资情况进行验资并出具验资报告。

（5）确立公司组织机构。公司应依照《公司法》的要求成立股东会、董事会或执行董事、监事会或监事等组织机构，确定董事长、董事、监事、经理的名单。

（6）申请设立登记。股东全部出资并经验资部门出具验资报告后，由全体股东指定代表或共同委托代理人按照公司设立审批程序，需要到工商行政管理部门、技术监督管理部门、税务部门等进行申请，获得公司营业执照、组织机构代码、税务登记证，并到有关部门办理公章、财务章等相关印章。

二、现代企业制度

公司制企业之所以能称为现代企业，是因为公司制是一种比独资企业和合伙企业更适合现代社会化大生产方式，更有利于企业资源有效整合的制度形式。

（一）现代企业制度的特点

（1）产权关系明晰化：现代企业制度的基本特征是企业的资产所有权与企业的资产控制权、经营决策权、经济活动的组织管理权相分离。现代企业制度中的这种权利结构客观上要求必须有一系列的制度规范予以保障，使之符合企业资产的所有者和经营者之间是委托代理关系，即企业资产的所有者或出资者（委托人）委托企业经营者（代理人）根据出资者的权益从事经济活动，并相应授予经营者享有除出资者所有权之外的其他权利的契约关系。

（2）企业地位的法人化：现代企业制度必须是真正的法人制度，企业因是人格化的经济组织，成为独立的生产者和经营者。企业法人以其法人财产权，依法自主经营、自负盈亏、照章纳税，对出资者承担财产保值、增值的责任。只有这样，企业才能成为市场经济主体，从而形成正当有效的市场竞争，合法经营并依法保护出资者的权益。

（3）出资者责任有限化：出资者按投入企业的资本额享有所有者的权益，如资产受益、重大决策和选择管理者等权利。企业破产时，出资者只以投入企业的资本额对企业债务负有限责任，出资者可免除承担无限责任。

（4）政企关系合理化：企业按照市场需求组织生产经营，以提高劳动生产率和经济效益为目的，政府不直接干预企业的生产经营活动，而是为企业的生产经营创造良好的外部环境，企业在市场竞争中优胜劣汰，长期亏损、资不抵债的企业应依法破产。

（5）管理体制科学化：企业实行股东大会—监事会—董事会—总经理的治理结构，以达到保障所有者权益，赋予经营者经营管理权，调动生产者积极性的目的。

知识加油站

企业法人是法人的一种，是指能以自己名义享有民事权利、承担民事义务的企业组织。企业法定代表人是指依法代表企业法人行使民事权利、履行民事义务的负责人。我国法律规定，企业法人对它的法定代表人和其他工作人员的经营活动，承担民事责任，企业法定代表人代表企业法人进行诉讼活动。

（二）现代企业制度的内容

现代企业制度是一种制度体系，这个体系主要包括三部分内容。

1. 法人财产制度

现代企业制度的核心是建立法人财产制度。法人财产制度是以企业法人作为企业资产控制主体的一项法律制度，它是以企业出资者不直接控制企业的资产为特征的。法人财产制度的建立，使企业的财产权利被分解为财产终极所有权和法人财产权。在这种制度中，财产终极所有权即出资者所有权，在一定条件下表现为出资者拥有股权，并只能运用股东权利影响企业行为，而不能对法人财产中属于自己的部分进行支配，也不能直接干预企业的经济活动。由出资者投入企业的资本金形成企业的法人财产，企业对法人财产依法拥有独立支配的权利，具体表现为企业对法人财产的占有、使用、收益和处分权。由于法人财产制度割断了出资者与企业法人财产的直接联系，从而保证了企业资产的相对独立性和完整性，使企业的经营者能够对企业资产进行统一的支配和运营。

2. 有限责任制度

所谓有限责任，一是企业以出资者出资构成的法人财产为限对债务承担有限责任。当企业出现资不抵债时，以其全部财产进行清偿，不牵涉出资者以外的其他个人和法人的财产。二是出资者以其投入企业的资本额为限对企业的债务承担有限责任。实行有限责任制度，既划清了各个主体的责任，又能够降低出资者的风险。这种有限财产责任制度不仅能够使出资者的责任与权利相对等，而且对企业的经营者也构成了一种财产约束，强化了企业经营者的财产责任。

3. 组织管理制度

在现代企业中，由于企业财产权力的分解以及委托代理关系的存在要求保护企业出资者的权益，同时对代理人损害委托人利益的行为进行有效的控制，这在客观上就需要对企业内部的权利进行适当的安排，形成科学的法人治理结构。建立法人治理结构的核心是在企业内部形成激励机制和约束机制，使企业的股东会（权力机构）、董事会（决策机构）、总经理（执行机构）和监事会（监督机构）之间相互独立，权责利明确，从而使各方的积极性得到调动，行为受到约束，利益得以保证。

对于公司的治理结构，我国《公司法》的规定和国际惯例是一致的。公司的治理结构主要由四类机构构成。

（1）股东会：股东会是公司的最高权力机构。股东会行使下列职权。

① 决定公司的经营方针和投资计划。

② 选举和更换由非职工代表担任的董事、监事，决定有关董事、监事的报酬事项。

③ 审议批准董事会的报告。

④ 审议批准监事会或者监事的报告。

⑤ 审议批准公司的年度财务预算方案和决算方案。

⑥ 审议批准公司的利润分配方案和弥补亏损方案。

⑦ 对公司增加或者减少注册资本金作出决议。

⑧ 对发行公司债券作出决议。

⑨ 对公司合并、分立、解散、清算或者变更公司形式作出决议。

⑩ 修改公司章程。

国有独资公司不设股东会，由国有资产监督管理机构行使股东会职权。国有资产监督管理机构可以授权公司董事会行使股东会的部分职权，决定公司的重大事项，但公司的合并、分立、解散、增加或者减少注册资本金和发行公司债券，必须由国有资产监督管理机构审核后，报本级人民政府批准。

股东会从资产关系上对公司的董事会形成必要的制约。

（2）董事会：董事会是公司的经营决策机构。董事会对外代表公司，由公司董事组成。按照我国《公司法》的规定，有限责任公司的董事会由3～13人组成，股份有限公司的董事会由5～19人组成。董事人选通常由股东推荐，经股东会选举产生。国有独资公司设董事会，董事会成员由国有资产监督管理机构委派。我国《公司法》还特别规定，国有独资公司，两个以上的国有企业或者其他两个以上国有投资主体投资设立的有限责任公司，其董事会成员应当有公司职工代表。职工代表由公司职工民主选举产生，董事会设董事长1人，副董事长若干人。

董事会对股东会负责，行使下列职权。

① 召集股东会会议，并向股东会报告工作。

② 执行股东会的决议。

③ 决定公司的经营计划和投资方案。

④ 制订公司的年度财务预算方案和决算方案。

⑤ 制订公司的利润分配方案和弥补亏损方案。

⑥ 制订公司增加或者减少注册资本金以及发行公司债券的方案。

⑦ 制订公司合并、分立、解散或者变更公司形式的方案。

⑧ 决定公司内部管理机构的设置。

⑨ 决定聘任或者解聘公司总经理及其报酬事项，并根据总经理的提名决定聘任或者解聘公司副经理、财务负责人及其报酬事项。

⑩ 制定公司的基本管理制度。

董事会实行集体决策，一般采取每人一票和简单多数通过的原则。每个董事会成员对其投票要签字在案并承担责任。董事会决议违反法律、法规或公司章程，致使公司遭受严重损失的，参与决策的董事对公司负赔偿责任，但在表决时曾表明异议并有记录在案的，可免除责任。

（3）总经理：总经理依照公司章程和董事会授权，统一负责公司的日常生产经营和管理工作。总经理由董事会聘任或者解聘。总经理（CEO）的职责如下。

① 主持公司的生产经营管理工作，组织实施董事会决议。

② 组织实施公司年度经营计划和投资方案。

③ 拟定公司内部管理机构设置方案。

④ 拟定公司的基本管理制度。

⑤ 拟定公司的具体规章。

⑥ 提请聘任或者解聘公司副经理、财务负责人。

⑦ 决定聘任或者解聘除应由董事会决定聘任或者解聘以外的管理人员。

⑧ 董事会授予的其他职权。

公司章程对总经理职权另有规定的，从其规定。总经理列席董事会会议。

（4）监事会：监事会是公司的监督机构，成员一般不少于 3 人。监事会成员可由股东代表和一定比例的职工代表组成，职工代表由工会或职工民主选举产生。监事的主要职责如下。

① 检查公司财务。

② 对董事、高级管理人员执行公司职务的行为进行监督，对违反法律、行政法规、公司章程或者股东会决议的董事、高级管理人员提出罢免的建议。

③ 当董事、高级管理人员的行为损害公司的利益时，要提议召开临时股东会议。

④ 在董事会不履行《公司法》规定的召集和主持股东会会议时向股东会提出议案。

⑤ 对董事、高级管理人员提起诉讼。

⑥ 公司章程规定的其他职权。

监事可以列席董事会会议，并对董事会决议事项提出质询或者建议。

以上四种机构，构成公司治理结构的主要内容。这种治理结构，从产权关系看，股东会对董事会是委托经营关系，董事会对总经理是授权经营管理关系，总体来说是一种纵向的财产负责关系。从职权关系看，他们有各自不同的职权、范围，谁都不能越权行事，形成了彼此间的互相制约。这种纵向的财产负责关系和横向的职权限定关系，构成了整个公司内部的约束机制，并将所有者、经营者、生产者各方面利益统一在一个整体的公司利益机制之下，这就是公司治理结构的科学性所在。

知识加油站

董事长与总经理（CEO）的区别：一般来说，一个公司的董事长代表了公司董事会，也就是公司所有者的权益，是股东利益的最高代表，理论上讲是公司管理层所有权力的来源。董事长可能在董事会中持有最大股份，也可能在公司中德高望重、拥有丰富的人脉关系。董事会由董事长召集，非例行的股东大会一般也只能由董事长召集。

而一个公司的总经理属于公司雇员范畴，由董事长经董事会通过任命，接受董事会监督，承担了经营公司和执行董事会决策的重任。董事会拥有所有权、监督权和决策权，而总经理拥有经营权和部分决策权，掌握公司的日常行政权。总经理可由董事长兼任，总经理也可兼任董事会董事。

（三）虚拟企业

随着经济的国际化，市场竞争日益激烈，企业要加速自己的发展，取得尽可能多的利润，就要探索使外部、内部交易费用趋向最小化的管理策略，对传统企业“大而全”、“小而全”的模式加以变革。虚拟企业就是在消费需求多样化、市场竞争白热化、信息技术突飞猛进的背景下产生的一种全新的企业组织和运行模式。

1. 虚拟企业的含义

所谓虚拟企业，是当市场出现新机遇时，具有不同资源与优势的企业为了共同开拓市场、共同对付其他的竞争者而组织的，建立在信息网络基础之上的共享技术与信息、分担费用、联合开发、互利的企业联盟体。虚拟企业的出现常常使参与联盟的企业追求一种完全靠自身能力达不到的超常目标，即这种目标要高于企业运用自身资源可以达到的限度。因而企业自发地要求突破自身的组织界限，与其他对此目标有共识的企业实行全方位的战略联盟，共建虚拟企业，才有可能实现这一目标。

对于用“虚拟”二字，是因为企业在这样的组织形式下运作，虽然仍有设计、生产、财务、供销等功能，但不一定完全具备相应功能的组织，即有实、有虚。企业仅保留最关键的功能组织，其他功能组织方式借用外力将其虚拟化，管理决策的重点在于进行整合聚变。

2. 虚拟企业的特点

（1）虚拟企业使得传统的企业界限模糊化。虚拟企业不是法律意义上的完整的经济实体，不具备独立的法人资格。一些具有不同资源及优势的企业为了共同的利益或目标走到一起，进行策略联盟，组成虚拟企业，这些企业可能是供应商，可能是顾客，也可能是同业中的竞争对手。这种新型的企业组织模式打破了传统的企业组织界限，使企业界限变得模糊。

（2）虚拟企业具有流动性、灵活性的特点。诸企业出于共同的需要、共同的目标走到一起结盟，一旦合作目的达到，这种联盟便可能宣告结束，虚拟企业便可能消失。因此，虚拟企业可能是临时性的，也可能是长期性的，虚拟企业的参与者也是具有流动性的。虚拟企业正是以这种动态的结构、灵活的方式来适应市场的快速变化。

（3）虚拟企业是建立在当今发达的信息网络基础之上的企业合作。在虚拟企业的运行中，信息共享是关键，而使用现代信息技术和通信手段使得沟通更为便利。采用通用技术进行信息交换，使所有参与联盟的企业都能共享设计、生产以及营销的有关信息，从而能够真正协调步调，保证合作各方能够较好合作，从而使虚拟企业集成出较强的竞争优势。

（4）虚拟企业在运行过程中运用并行工程的思想被分解为相对独立的工作模块，促使分享任务的各方能够充分调动和使用他们的资源而不必担心核心技术或核心知识被泄露。并且各个合作模块可以并行作业，项目或任务的主持者可以利用先进的信息通信手段在其间不断地沟通与协调，从而保证各个工作模块最终的互相衔接。这样既缩短了时间，又节约了成本，同时促进了各参与企业合理地配置自己的资源以及虚拟企业整体资源的充分利用。

（5）虚拟企业一般在技术上占有优势。由于虚拟企业是集合了各参与方的优势尤其是技术上的优势而形成的，因此，在产品的技术开发或服务上更容易形成强大的竞争优势，使其开发的产品或服务在市场上处于领先水平，这一点是任何单个实体企业很难相比的。

（6）虚拟企业可以看作是一个企业。该企业网络中的每一个成员都要贡献一定的资源，供大家共享，而且这个企业网络运行的集合竞争优势和竞争力水平大于各个参与者的竞争优势和竞争力水平的简单相加。

虚拟企业的上述特点决定了虚拟企业具有较强的适应市场的柔性与灵敏性，各方资源集中催生出极强的竞争优势与竞争力。

3. 虚拟企业的运行模式

（1）虚拟生产：虚拟生产是虚拟经营的最初形式，它以外包加工为特点，是指企业将其产品的直接生产能力弱化，把生产功能用外包的办法转移到其他企业去完成，而自己只留下最具优势并且附加值最高的开发和营销功能，并强化这些部门的组织管理。国外著名的电器制造商近年来也采用了虚拟生产的模式，如日本的索尼、松下等电器公司，其在中国市场上销售的产品基本上都是由马来西尼、泰国等劳动力成本较低的国家生产的，而公司总部则集中在进行新产品的开发和营销战略的实施。

（2）虚拟开发：虚拟开发是指几个企业通过联合开发高技术产品，取得共同的市场优势，谋求更大的发展。例如，几家各自拥有关键技术，并在市场上拥有不同优势的企业为了彼此的利益，进行策略联盟，开发更先进的技术。

（3）虚拟销售：虚拟销售是指企业或公司总部与下属销售网络之间的“产权”关系相互分离，销售虚拟化，促使企业的销售网络成为拥有独立法人资格的销售公司。此类虚拟化的销售方式，不仅可以节省公司总部的管理成本与市场推广费用，充分利用独立的销售公司的分销渠道以广泛推广企业的产品，促使本企业致力于产品与技术的创新，不断提升企业品牌产品的竞争优势，而且还可以推动销售公司的快速成长，网罗大批优秀的营销人才，不断扩展企业产品的营销网络。

（4）虚拟管理：虚拟管理是指在虚拟企业中，把某些管理部门虚拟化，虽然保留了这些部门的功能，但其行政组织并不真正存在于企业内部，而是委托其他专业化公司承担这些管理部门的责任。例如，企业可以不设人力资源部门，对员工的培训可以委托专门的培训机构完成。再如，许多外资企业将人力资源交给专业的人才管理中心管理，由中心负责调动、职称评定及党团关系接转等工作。虚拟管理可为新组建的、缺乏管理经验和管理人才的企业提供较大的帮助。

虚拟企业从最大限度地发挥和提升企业核心竞争力着眼，以“共赢”为目标，强调充分利用各企业已有的资源优势，通过组织动态联盟，快速响应市场变化，把握市场机遇。虚拟企业克服了传统企业的封闭性、局限性和设计、制造能力的不完备性，减少了资源的重复投入，缩短了生产周期，提高了产品从设计、制造到销售过程的柔性和敏捷性，增强了企业（群体）的竞争能力，是一种很有前途的合作方式，它正在被越来越多的企业所认识和采用。

任务二 管理的含义与职能

【案例导入】

好的计划是成功的开始

美国的几个心理学家曾做过这样的一个实验：把学生分成三组进行不同方式的投篮技巧训练。第一组学生在20天内每天练习投篮，把第一天和最后一天的成绩记录下来。第二组学生也记录下第一天和最后一天的成绩，但在此期间不做任何练习。第三组学生记录下第一天的成绩，然后每天进行实际练习，并花20分钟做想象中的投篮，如果在想象中投篮不中时，他们便在想象中做出相应的纠正。实验结果表明：第二组没有丝毫长进；第一组进球增加了24%；第三组进球增加了26%。由此，他们得出结论：行动前进行头脑热身，构想要做之事的每个细节，梳理心路，然后把它深深铭刻在脑海中，当你行动的时候，就会得心应手。

【知识链接】

一、管理与企业管理的定义

1. 管理的定义

管理是一个广义的名词，它包括各种各样的管理，如政治管理、军事管理、城市管理、交通管理、经济管理、企业管理等。虽然这些领域都有自己的具体对象，但在管理的含义上却有着共性。由于考察角度不同，人们对管理的解释也不尽相同，但可以概括为三个方面的内容。

（1）管理是计划、组织、控制、激励和领导五项基本活动。这五项基本活动也称为管理的五大基本职能。

（2）管理是通过人力、物力和财力实现组织目标的活动，即围绕着组织目标使组织的各类资源的利用和谐化、同步化的活动。

（3）管理是协调组织资源使组织成员更高效地达到组织目标的过程。

根据以上三个方面的内容，管理可以定义为：管理是通过计划、组织、控制、激励和领导等环节，协调人力、物力和财力资源以期高效率地达到组织目标的过程。

2. 管理的特点

通过前面对管理定义的分析，可以概括出管理具有以下四个特点。

（1）管理是共同劳动的产物。由于共同劳动，人们结成分工和协作关系，并形成了共同的目标，从而使管理工作成为必要。如果没有管理活动，人们便如一盘散沙，各行其是，就连组织活动也难以实现，更不用说进行大规模复杂的社会生产经营等活动了。

（2）管理是一系列相互关联、连续进行的活动过程。管理贯穿于共同劳动的始终，在组织活动的不同阶段，管理工作有着不同的重点。但是，这些管理工作的中心只有一个，就是维护共同劳动的顺利进行和组织任务的有效完成。因此，管理的各个环节要求能够相互关联、连续一致，而不能相互脱节和相互矛盾。

（3）管理具有明确的目标。一切管理活动都服从和服务于组织的既定目标，没有共同的目标，就没有共同劳动，也就不需要管理。目标不明确，管理就会无的放矢、杂乱无章。

（4）管理是各种资源要素的合理配置和有效利用。管理的对象是组织中的人力和物力资源，管理的实质就是通过计划、组织、领导和控制等手段，实现组织内部各种资源要素的合理配置和有效利用。它有别于组织为实现目标的其他活动，如纯技术性、作业性等方面的非管理活动。

3. 管理的必要性

管理作为实现组织目标的重要途径，其必要性主要表现在以下三个方面。

（1）管理是共同劳动的黏合剂。管理是共同劳动的客观要求和必然产物，是共同劳动的黏合剂。社会活动的规模越大，人员越多，管理就越重要。随着生产社会化程度的提高，要使生产等活动所需的各种资源要素有效配置和充分利用，需要科学地组织生产。因此，管理不仅是促成有效分工与协作的需要，而且是促成资源（包括人、财、物、技术、信息等）优化配置的需要。

（2）管理是技术进步的推进器。管理是现代科学技术发展的客观要求，是技术进步的推进器。科学技术是第一生产力，管理是生产力中的结合因素，生产力诸因素的有机结合是通过管理实现的。特别是现代科学技术的迅猛发展，要求企业加快科学技术成果向实际应用转化，而管理则是这一转化的手段和中介。人们常说“三分技术，七分管理”，反映的就是如果没有科学的管理，任何先进技术都无法有效地发挥作用的道理。

（3）管理是提高企业经济效益的金钥匙。在一定的生产技术和资源条件下，一个企业经济效益的高低，在很大程度上取决于管理水平的高低。科学的管理能以较少的资源生产出更多、更好的符合社会需要的产品。

4. 企业管理的定义

企业管理是管理的一种特殊范畴，是管理的一般职能在企业生产经营活动中的应用。具体说，企业管理是指为实现企业生产经营目标，完成企业生产经营任务，对企业生产经营过程进行计划、组织、控制、激励和领导的工作的总称。

企业管理的对象是企业。企业管理的目标是在提高企业经济效益基础上，保证社会效益的实现，包括社会生产目标、盈利目标、自我发展目标等，企业必须完成产品开发、资源开发、资金筹措、职工队伍建设、生产、销售等任务，这些任务的完成有赖于企业管理。

二、管理的职能

管理活动在日常生活中随处可见，例如，政府机关的各层领导管理着城市和农村行政的运行；工厂的管理者管理着企业的生产经营活动；交警队的领导管理着公共交通秩序的维护；学校校长管理着学校的教育工作等。尽管这些组织的目标不同，管理的要求也不同，但是如果抛开这些管理工作的具体形式，可以看到众多管理工作所采取的基本步骤和手段是共同的。这些管理过程中的基本步骤和手段，称为管理职能。许多管理学学者对管理职能的划分说法不一，但一般认为管理有以下五种职能。

1. 计划职能

计划职能是指为适应社会需要，通过对外部环境和内部条件的调研、预测，就组织目标、经营方针和发展战略作出决策，制订短期和长期计划，确定实现计划的措施和方法，并将计划指标层层分解落实到各个部门和各个环节的职能。

计划是管理的首要职能，是实现组织、领导、控制职能的前提，它使企业的经营活动具有方向性、目的性和自觉性。没有计划的管理是无序的、盲目的管理。计划职能运用得当可以获得最大的成效；若运用不当，则会导致极大的浪费和损失。计划职能有如下五个作用。

（1）在企业管理诸职能中处于主动地位，为组织、领导、控制职能提供目标、要求和标准。

（2）使企业员工明确奋斗目标，起到统一人心的作用。

（3）有助于正确地把握未来，使企业的生产经营与整个社会的需要和发展协调一致。

（4）有利于企业合理地开展生产经营活动。

（5）编制各种计划，使企业管理有的放矢。

2. 组织职能

组织职能是指为实现组织的目标，把组织活动的各个要素、各个环节和各个方面，从劳动的分工和协作上，从纵横交错的相互关系上，从时间和空间的相互衔接上，合理地组织起来，以形成一个有机整体，从而有效地实现组织目标的职能。

组织职能属于执行性职能，它是完成计划目标的手段，是实现计划目标的组织保证，并为领导、控制职能的实施创造条件。组织职能有如下四个作用。

（1）根据企业的基本任务和计划目标，确定企业管理体制，建立合适的组织结构，设置和完善相应的经营管理机构。

（2）确定全体员工的职务、职责、职权及其相互间的协作关系，从而使组织群体具有较高的生产力和工作效率。

（3）把企业的基本任务以及各种物质要素具体落实到部门和个人，利于企业目标的实现。

（4）根据计划职能所形成的目标和方案建立相应的规章制度，使企业管理有章可循。

3. 控制职能

控制职能是指检查、监督、确定组织活动的进展情况，纠正偏差，从而确保总的计划及组织目标得以实现的职能。控制职能一般涉及三个基本问题：确定目标、衡量业绩和纠正偏差。

控制职能是管理职能的重要组成部分，它属于保障性职能。没有计划、组织、领导，也就无从实行控制；没有控制，则无法保障计划、组织、领导职能的实施。因为实现控制的必要前提是要有明确而完整的计划，否则就没有衡量的标准；要有组织机构，即确定由哪个部门或哪个人来采取检查、监督和调节措施，由谁来承担产生偏差的责任，否则就没有人来履行控制职能；要有关于控制对象的及时而准确的信息，需要各个层次、各类人员的领导、沟通或指导，否则也无法控制。另外，实施控制职能，可以纠正计划、组织、领导职能在实践工作中的偏差，从而确保管理职能的实施及其成果与预期目标一致。控制职能有如下三个作用。

（1）反馈信息：通过控制系统的信息反馈，不断接受企业内外部各方面的信息，使企业同经营环境相适应。

（2）纠正偏差：综合性的管理控制可以随时发现决策与计划中存在的问题，以便采取补救措施或进行必要的调整，从而尽可能地减少损失，并为新决策与计划提供资料和依据，最终实现企业的经营目标。

（3）提高效益：通过各种专项控制，使生产经营成本降低、质量改善，从而提高企业的经济效益。

4. 激励职能

现代管理是以人为本的管理。以人为本就是要通过激励来调动人们工作的积极性、主动性和创造性。

所谓激励，就是激发和鼓励。从现代管理学的角度可以将其定义为：通过满足人的需要，激发人的动机，将其内在潜力转化为实现目标的行为过程。所谓需要，是指人们对某种目标的渴求和欲望，它既包括基本需要，也包括高层次需要。所谓动机，是指诱发、活跃、推动和引导行为指向一定目标的心理过程。激励的这一定义包含以下三层含义。

（1）激励是一种强化作用。管理者将外部因素（物质或精神的）适当地刺激于被管理者，使外部刺激转化为人的内在动机或动力，从而强化（增强或减弱）人的行为的过程。

（2）激励是一种心理状态。就人的内心世界而言，激励就是人的内在动机被激发起来，处于一种强烈的要求以满足欲望的状态，并且形成一种对行为的巨大动力。

（3）激励是一个持续反复的过程。激励是一个由多种复杂的内在、外在因素交织起来持续作用和影响的复杂过程，而不是一个互动式的即时过程。

5. 领导职能

领导职能又称指挥职能，是指带领和指导组织成员去实现共同目标的各种活动的整个过程。领导职能有两个要点：一是对组织的各个层次、各类人员的领导、沟通或指导；二是协调组织内部各部门、组织成员和组织同外部各种利害关系集团之间的关系。领导工作的核心和难点是调动组织成员的积极性，这就需要领导者运用科学的激励措施和领导方式。

领导职能同样属于执行性职能，它是实现企业计划和目标的必要条件。因为计划职能为企业经济活动确定了目标和实现目标的途径，组织职能为实现计划目标建立了有机联系的整体结构，这些都是企业生产经营管理的必要前提。但是，如果没有集中的指挥，没有一个统一的意志，即使有周密的计划、完善的组织，也不能使企业按既定目标良性运行。因此，管理必须具有领导职能，其作用在于以下三点。

（1）传递信息：领导者通过下达各种信息，有效地引导被领导者实现目标计划。

（2）提供动力：领导者运用多种领导方式，使企业上下团结一致、人际关系和谐、员工心情舒畅，从而为企业的发展提供强大的动力。

（3）排除故障：领导者对企业在生产经营过程中出现的困难、矛盾及问题予以及时的指导、处理和解决。

上述管理的四个方面职能是相互联系、相互制约的，其中计划是管理的首要职能，是组织、领导和控制职能的依据。组织、领导和控制职能，是有效管理的重要手段，是计划目标得以实现的保障。只有统一协调这四个方面，使之成为管理活动的整体过程，才可能为组织目标的实现提供完整的管理条件。

任务三　管理者与企业管理组织

【案例导入】

木桶原理

一只沿口不齐的木桶盛水的多少，不在于木桶上最长的那块木板，而在于最短的那块木板。

想要提高水桶的整体容量，不是去加长最长的那块木板，而是要下工夫依次补齐最短的木板。此外，一只木桶能够装多少水，不仅取决于每一块木板的长度，还取决于木板间的结合是否紧密。如果木板间存在缝隙，或者缝隙很大，同样无法装满水，甚至一滴水都存不下。一个企业要想成为一只结实耐用的木桶，首先要想方设法提高所有板子的长度，还要结合“紧密”的内容，只有让所有的板子都维持“足够高”的高度，才能更有效地体现团队精神，最大程度地发挥团队的作用。

【知识链接】

一、管理者

（一）管理者的定义

管理者都是在组织中工作的。组织是对完成特定目标的人们的系统性安排，组织有大有小，但都具有以下三个特征。

（1）有一个明确的目的，这个目的一般是以一个或一组目标来表示的。

（2）都由一群人组成。

（3）形成一种系统性的结构，用以规范和限制成员的行为。例如，建立规章制度，以使组织成员知道应当做什么和怎样做。

所谓管理者，就是指那些在组织中指挥他人完成具体任务的人。例如，企业的厂长、车间主任，学校的校长，系主任，机关的局长、处长，公司的经理等。管理者虽然有时也承担一定的具体的事务性工作，但其主要职责是指挥下属工作。有下属向其汇报工作，是管理者区别于操作者的显著特点。

（二）管理者的分类

1. 管理者的层次分类

组织的管理人员可以按其所处的管理层次区分为高层管理者、中层管理者和基层管理者。同时，整个组织层次还包括一层作业人员。

（1）高层管理者：高层管理者是指那些对组织的管理负有全面责任，并侧重负责制定组织的大政方针，沟通组织与外界交往联系的人，如公司的总经理、工厂的厂长、大学的校长等。高层管理者对组织发展战略、行动计划、资源安排拥有充分的权力。他们的决策是否科学、职权利用是否得当等，直接关系着组织的存亡兴衰。

（2）中层管理者：中层管理者是指那些主要以贯彻高层管理者所制定的大政方针，指挥基层管理者活动为职责的人，如公司的事业部经理、工厂的车间主任、大学的系主任等。他们管理的下属规模差别很大，多则数百人，少则几十人，因此，不可能去做太多的具体工作，而是根据上级的计划和部署，把具体任务分配给各基层单位，同时指导、支持和协同基层管理者的工作。中层管理者在组织中起着承上启下的作用，对上下级之间的信息沟通、政令通行等负有重要的责任。

（3）基层管理者：基层管理者是指那些直接指挥和监督现场作业人员，去完成上级下达的各项计划和指令的人，即第一线管理人员，如工厂车间的班组长、学校的课程组长、宾馆的前台领班等。他们所管辖的仅仅是作业人员而不涉及其他管理者，主要职责是给下属作业人员分派具体任务，保证各项任务的有效完成。

作为管理者，不论他在组织中的哪一层次上承担管理职责，其工作内容都涉及计划、组织、领导和控制这几个方面，但不同层次管理者履行各项管理职能的程度和重点是有所不同的，如图 1-1 和图 1-2 所示。高层管理者用在计划、组织和控制职能上的时间要比基层管理者多，而基层管理者用在领导职能上的时间要比高层管理者多。即便是同一管理职能，不同层次管理者所从事的具体管理工作的内涵也并不完全相同。例如，就计划工作而言，高层管理者关心组织整体的长期战略规划，中层管理者偏重于中期、内部的管理性计划，基层管理者则更侧重于短期的业务和作业计划。

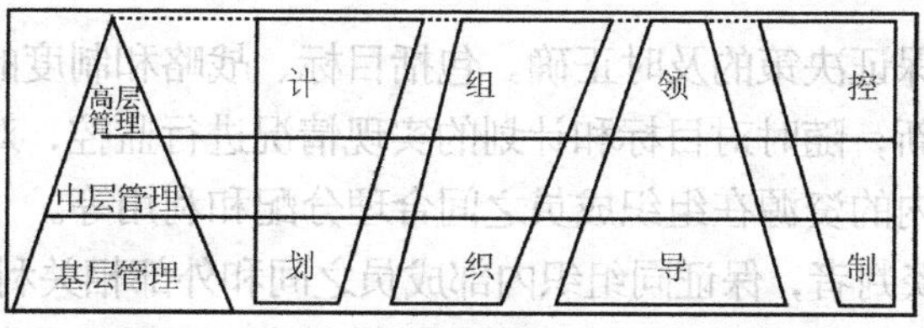

图 1-1　管理者的层次分类与管理职能

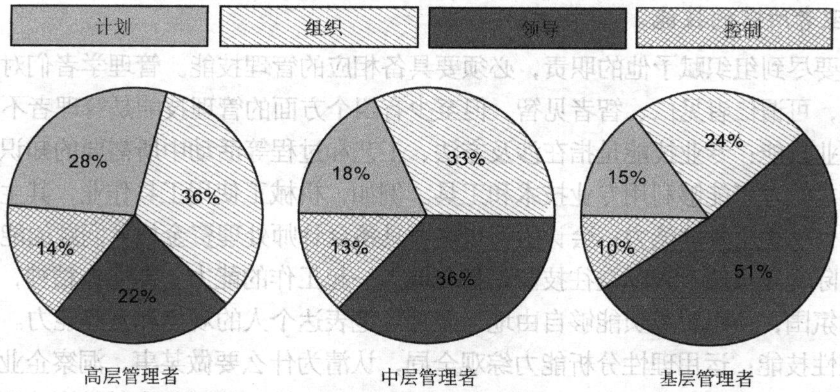

图 1-2　不同层次管理者管理职能时间分布

2. 管理者的领域分类

管理人员按其所从事管理工作的领域宽度及专业性质的不同，可划分为综合管理人员与专业管理人员两大类。

综合管理人员是指负责整个组织或组织中某个事业部全部活动的管理者。小型组织可能只有一个综合管理者，那就是总经理，他要统管该组织包括生产、营销、人事、财务等在内的全部活动。而大型组织可能会按产品类型设立几个产品分部或按地区设立若干个地区分部，此时，该公司的综合管理人员就包括总经理和每个产品或地区分部的经理，每个分部经理都要统管该分部包括生产、营销、人事、财务等在内的全部活动。

专业管理人员是指负责组织中某一类活动或职能的管理者，如生产部门管理者、营销部门管理者、人事部门管理者、财务部门管理者以及研究开发部门管理者等。现代组织随着其规模的不断扩大和经营环境的日益复杂多变，将需要越来越多的专业管理人员，专业管理人员的地位也变得越来越重要。

（三）管理者的职责和所需技能

1. 管理者的职责

设计和维护一种环境，使身处该环境中的组织成员在组织内协调工作，从而实现组织目标，是所有管理者需承担的基本职责。具体来说，任何层次的管理者都承担着以下四个职责。

（1）作为领导者，保证组织活动的顺利进行。包括代表组织内某一部门与外界保持必要的接触，负责本单位、部门成员的任用、训练、评价和指导等。

（2）作为信息收集和发布者，保证信息的集散和畅通。包括通过人际交流、调查研究等方式了解情况，把握全局；向组织成员下达指令和通报有关信息；向外界和上级介绍本单位、本部门的工作情况。

（3）作为决策者，保证决策的及时正确。包括目标、战略和制度的确定；不断探索新的途径，进行组织运行的创新；随时对目标和计划的实现情况进行监控，对组织出现的问题进行妥善解决；决定权限范围内的资源在组织成员之间合理分配和利用等。

（4）作为联络人和谈判者，保证同组织内部成员之间和外部相关利益集团沟通渠道的畅通；代表本单位、本部门就某些问题与外部或组织内部成员进行必要的谈判和磋商等。

2. 管理者所需的技能

管理者要尽到组织赋予他的职责，必须要具备相应的管理技能。管理学者们对管理者应具备哪些技能，可谓仁者见仁、智者见智，但至少有四个方面的管理技能是管理者不可缺少的。

（1）专业技能：专业技能是指在涉及方法、工艺和过程等活动中所需要的知识和水平，即专业技能要求管理者能够利用专业技术和工具。例如，机械工使用工具作业，其主管应当具备教会工人如何使用工具的能力；会计主管也需要具备会计师处理资金核算问题的能力。

（2）人际交往技能：人际交往技能是指与他人一起工作的能力，即协作精神，也就是善于创造良好的氛围，使组织成员能够自由地、无顾虑地表达个人的观点和发挥能力。

（3）理性技能：运用理性分析能力综观全局，认清为什么要做某事，洞察企业与环境之间相互影响复杂性的能力。具体包括；理解事物的相互关联性，从而找出关键影响因素的能力；确定和协调各方面关系的能力；权衡不同方案优劣和内在风险的能力等。

（4）设计技能：设计技能是指以有利于组织利益的各种方式解决问题的能力。特别在组织的高层，管理者不仅要善于发现问题，还应具备像优秀工程师那样善于找出对某一问题切实可行的解决办法的能力。

上述管理技能，在组织不同管理层次的相对重要性是不同的。如高层管理者，更需要理性、人际交往和设计技能，对专业技能的要求相对较低；而基层管理者则更需要专业技能，对理性技能则要求较低。

二、企业管理组织

企业的人、财、物、信息等资源，要通过组织领导才能形成现实的生产力。企业领导制度确定之后，需要建立和健全相应的管理组织来发挥管理的效能，并且保证企业预期目标的实现。企业管理组织是与企业领导制度紧密相连的。

（一）企业管理组织的概念

所谓组织，是为实现既定目标，通过人与人、人与物质资料以及信息的有机结合，所形成的社会系统。企业组织就是指为了有效地向社会提供产品或劳务，将企业的各种资源按照一定的形式结合起来的社会系统。

企业组织一般分为两个方面：一是劳动者和生产资料相结合，形成企业的生产劳动组织；二是企业管理组织，指的是根据管理的要求，按企业的生产行政系统分工协作的原则划分，并且对各个管理层次或环节明确规定其职责、权限、义务和信息沟通方式，同时相应配置一定数量和能力的管理人员所形成的系统。企业管理组织通过整体性活动和信息传递，决定和影响着企业生产劳动组织配置的合理性和效率。这使整个企业组织浑然一体，产生良好的整体效应，为完成企业的任务服务。

（二）企业管理组织的构成及其作用

1. 企业管理组织的构成

企业管理组织是由多种要素结合起来的整体。这些要素主要有管理人员、企业信息、管理规章制度及管理的方法手段等。其中最根本的是管理人员、管理的规章制度和企业信息。

（1）管理人员：管理人员是管理组织中的主体，其数量、质量（素质）和结合的方式决定性地影响到整个组织的效率和其他各个方面。管理人员的主体作用，主要通过三个环节来实现。

① 职务和管理人员素质的协调一致。通过个别管理岗位的职务和人员的优化配置，可促进组织群体素质的优化。

② 管理人员和职位、责权的统一。这是决定管理人员发挥效用的基本措施。

③ 管理人员素质的培养和提高。这需要通过组织的适当的激励方式以及经常性有目的的措施来做到。

以上三个方面的结合，是管理人员的主体作用发挥进而影响整个组织效率的根本性保证。

（2）管理的规章制度：规章制度是组织行为的准则，是组织凝聚力的保障之一。整个组织系统中不同的层次、环节、岗位及管理人员能力素质的差异，需要有共同的纪律加以约束和协调，才能取得组织的良好的群体效应。这就是规章制度的作用。有了规章制度，组织系统才能有秩序地、协调地运行。例如，企业规章制度涉及面很广，包括经营企业管理制度、组织机构管理制度、办公总务管理制度、财务管理制度、人事管理制度、员工勤务管理制度、员工福利管理制度、生产管理制度、质量管理制度、采购管理制度、仓储管理制度、销售管理制度、代理连锁业务管理制度、广告策划制度、CI 管理制度、进出口管理制度等。

（3）企业信息：企业信息是企业管理组织的媒介。管理人员在组织中的活动是通过相互传递和交流信息来进行的，整个管理组织对企业内部生产经营活动的安排和贯彻落实，也要通过信息指令进行。企业吸收有关的外部信息，采取适当决策和措施，来安排自身的活动。信息是管理组织的神经系统，其完整与灵活与否同样会影响和决定管理组织的功效。

管理组织的各个要素缺一不可，必须使它们很好地结合起来，不断改进，才能发挥组织的功效，为完成企业的目标服务。

2. 企业管理组织的作用

企业管理组织的作用，具体表现在以下四个方面。

（1）在确定企业目标、制定决策以及贯彻落实方案的过程中起着重要作用。企业领导者是确定和实现目标的组织者与指挥者，对管理组织整体有很大的影响力。但是，在现代企业管理中，企业目标及决策的制定、实施都是以组织的力量、集体的智慧来体现的，领导者的作用与组织的作用融为一体。

（2）合理组织生产力要素，实现企业目标。为实现企业经营目标，管理组织必须运用各种管理方法对企业的人、财、物、信息等做出合理的安排和配置，在时间和空间上保持衔接平衡，以保证企业生产经营活动的顺利进行。

（3）协调企业各个部门、各个环节的工作，使组织运行处于良性循环。企业在产、供、销各个环节，各个部门之间有时会出现脱节和不平衡的现象，管理组织就要及时发现和解决这些问题，以保证企业各部门工作的协调发展。

（4）组织的凝聚作用。企业通过组织制度和激励措施，把分散的企业员工凝聚成一个整体，使全体员工都为一个共同的企业目标工作，以促进企业经济和社会效益不断提高。

（三）企业管理组织设计的内容

企业管理组织设计是实现企业管理组织职能的首要环节。要建立一个完善的企业管理组织系统，关键在于精心进行企业管理组织设计。其内容主要包括以下四个方面。

（1）上层决策组织系统的设计。上层决策组织系统的设计主要是指企业领导制度和顾问或咨询组织的设置。现代企业制度要求企业实行公司制治理结构，由股东会、董事会、总经理和监事会负责企业各项事务。顾问或咨询组织在企业领导进行决策时充当顾问和提供咨询。

（2）生产经营指挥系统的设计。企业的生产经营指挥系统是以厂长（经理）为首的各级生产经营单位及其行政负责人和成员所组成的垂直形态的管理组织系统。其基本任务是：在厂长（经理）的直接领导下，各级生产经营单位及其行政负责人员负责统一指挥企业的生产经营活动，保证企业生产经营活动顺利而有效地进行。

（3）职能或参谋组织系统的设计。职能或参谋组织系统是由各级职能或参谋机构及其负责人和成员组成的水平形态的管理组织系统。各级职能或参谋机构是同级生产经营行政负责人的参谋和助手，分别负责某一方面的管理任务。

（4）管理组织实体的设计。任何组织系统都是由许多具体的组织实体（单位和部门）所构成的。因此，企业管理组织实体设计是企业管理组织系统设计的重要内容之一。每一个管理组织实体的设计，通常应按下列顺序进行。

① 设定该组织实体目标；

② 确定为实现该目标所必须进行的活动项目；

③ 确定为完成全部活动项目而必须配备的职务人员；

④ 设置管辖这些职务人员的机构；

⑤ 明确该组织实体在整个管理组织系统中的地位、作用以及与其他组织实体之间的关系。

（四）企业管理组织设计的原则

要建立一个完善的企业管理组织系统，在进行管理组织设计时，必须遵循以下七个基本原则。

（1）目标一致原则。设置每个组织机构都要服从企业管理目标的需要，并且上下目标一致。要让企业的每个部门、每个人了解企业的总目标，并围绕目标计划自己的行动；同时，不能为了本部门的利益影响总目标的实现，应动员全体职工为完成总目标而努力。

（2）集权与分权原则。大型企业要把重要权力和方针、政策、制度的制定权以及重要的人事任免权等集中在高层领导，而把处置日常业务的一般权力授予下级管理人员。集权与分权的程度要根据领导与下属的素质以及外部环境来决定。适当分权不仅可以使高层领导集中精力于重大决策，而且可以调动下属的积极性，发挥更多人的专长，增强企业的灵活性。

（3）统一指挥原则。每一个职工只能有一个上级，只接受一个上级的命令和指挥，并对其负责。否则多重领导，令出多门，就会造成下属无所适从，权利和纪律就会遭受严重破坏。

（4）管理幅度与管理层次原则。管理幅度指一个领导有效管理下属的人数；管理层次指一个企业组织机构分几个层次领导。管理幅度与管理层次有内在联系，在完成同样数量工作的情况下，管理幅度和管理层次的宽窄、大小是互为倒数的。

管理幅度一方面取决于管理者职务的复杂程度，另一方面取决于组织机构中管理层次和管理人员的数量。管理层次少，管理人员就少，管理幅度就宽；管理层次多，管理人员必然多，管理幅度就窄。因此，管理幅度有一定限度。什么是最佳的管理幅度呢？这取决于管理者和下属双方的能力、管理者承担非管理职务的多少、解决问题的复杂程度、新问题的发生率以及下属分散的程度等因素。一般认为中上层领导的管理幅度要狭窄一些，以4～8人为宜；基层领导的管理幅度要宽一些，以10～15人为宜。

管理层次也受到管理人员、信息沟通的制约。管理层次多，不仅管理人员多、开支大，而且信息传递路线长、环节多、容易失误。管理层次一般以少为宜。目前，我国企业组织机构的管理层次，大中型企业为三四个层次，小型企业为两个层次。

（5）权责对等原则。企业中每一个机构都应按权责对等原则设置。有一定的职务应负担一定的责任，同时也享有相应的权利。责任是随权利而产生，又是权利的对等物，拥有权利是为了更好地履行职责。责任与权利应该一致，每一个机构不应有权无责、有责无权或权责不相称，更要避免“因人设事”地建立机构。

（6）专业化原则。企业组织机构的设置，必须根据专业化原则进行分工，明确每一个部门及个人的职责。但分工要适当，既要考虑分工的专业化，又要从合作的角度来考虑把各种分工组合起来，即类似的工作应组合在一个部门，这样可以减少部门与部门、人与人之间的工作矛盾，提高工作效率。一般可根据目标和活动方式来组合部门，如产品型部门、顾客型部门、地区型部门、职能型部门、过程型部门以及混合型部门等。究竟采取何种类型，应权衡利弊，加以选择。

（7）适应性原则。现代企业的组织机构必须对内外部环境的变化有适应能力。由于内外部环境因素都在不断地发生变化，设计组织机构时要有一定的适应性，这样才能使组织机构既能适应不断变化的情况，又可达到相对的稳定性。当企业的内外部环境发生巨大变化时，则应重新设计与改革企业的组织机构。

总之，企业组织机构必须根据上述基本原则，结合企业的外界环境和内部条件加以设计，不断实践，不断总结，不断完善。

（五）企业管理组织结构的形式

从管理的角度看，组织结构是指企业内的组织机构和机构之间从属、并列配置关系的组织形态。组织结构采取什么形式，其状况如何，对组织功能的发挥和管理目的的实现有着直接的影响。因此，选择适应企业的组织结构形式具有十分重要的意义。现代企业的组织结构有多种形式，各有其优缺点和具体适用范围。这里就主要的六种形式介绍如下。

1. 直线制

直线制是早期的企业组织结构形式，又称军队组织形式。其特点是从最高管理层到最低管理层，上下垂直领导，没有职能机构。以制造企业为例，直线制的组织形式表现为由厂长领导若干车间主任等中层领导，由车间主任领导所属各班组长，班组长直接领导本班组的生产工人，厂长、车间主任及班组长直接行使全部职能管理工作。

直线制组织结构的特点是：机构简化，权力集中，命令统一，决策迅速，责任明确。其缺点是：没有职能机构当领导的助手，要求企业领导人有较高的素质，通晓各种业务，成为“全能式”人物，这对现代大型企业来说是极其困难的。这种组织结构形式适合于产销单一、工艺简单的小型企业。直接制的组织结构如图 1-3 所示。

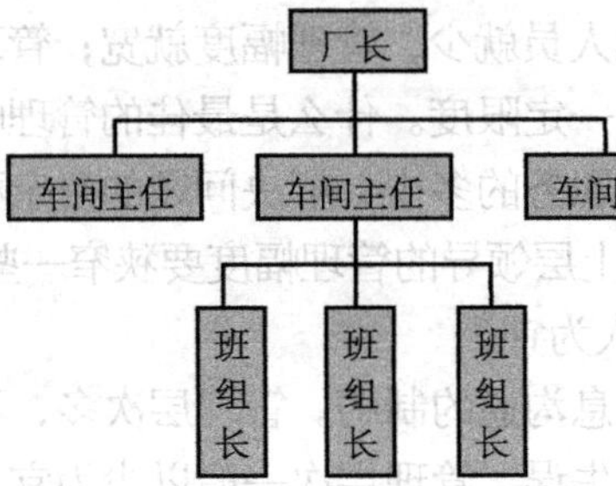

图 1-3　直线制组织结构

2. 职能制

职能制以“直线制”组织形式为基础，但否定了企业领导人的个人集权制，在企业内部各管理层次都设有职能机构，各职能机构在自己的业务范围内有权向下属发布命令和指挥，各级领导者除了服从上级指挥外，还要服从上级各职能部门的指挥。

仍以制造企业为例，直线制为基础，在厂长和车间主任之间设置职能科室，在车间主任与班组长之间增设职能小组。这种组织形式的优点是分工较细，管理深入，能充分发挥职能机构的专业管理作用；但多头领导、政出多门，妨碍了企业的统一集中的指挥。职能制的组织结构如图 1-4 所示。

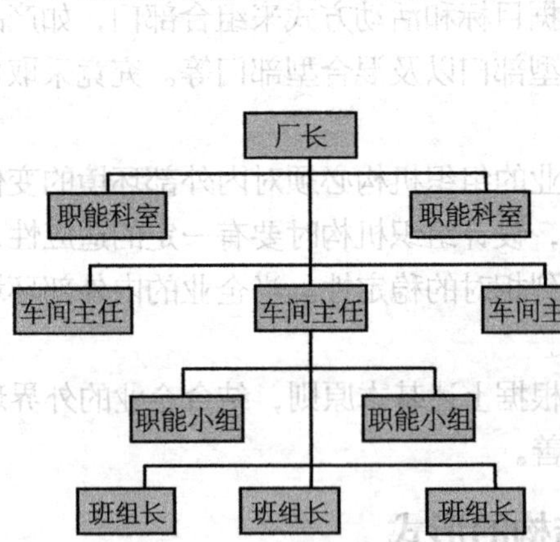

图 1-4　职能制组织结构

3. 直线—职能制

直线—职能制是在直线制和职能制基础上发展起来的，又称直线—参谋制。它以直线制为基础，在各级领导之间设置相应的职能部门，分别从事专业管理，作为该级领导者的参谋部。

直线领导作为主体，同时，职能部门作为参谋。职能部门在各自范围内所做的计划、方案以及有关指示，必须经各级领导者批准下达，职能部门对下级领导者和下属职能部门无权直接下达命令或进行直接指挥，只起业务指导作用。其具体的做法是按照工艺特点、产品对象或区域分布来划分车间、班组，建立直接系统。同时在各级管理层次设置生产调度、技术检验、经销等职能部门，作为同级领导者的参谋机构，对下级层次进行管理和业务的指导，在获得直接领导者的授权后可具有一定程度的决策权、控制权和协调权。

直接—职能制的优点是：它一方面保持了实行直接领导、统一指挥的优点；另一方面又克服了职能制粗放管理的缺点，可以避免职能制政出多门的弊病。我国目前大多数企业采用的是直线—职能制的组织结构形式。

当然，这种组织结构形式也存在一定的问题，主要是：① 下级缺乏必要的自主权；② 各个专业职能部门之间的横向联系较差，容易产生脱节与矛盾；③ 企业上下信息传递路线较长，反馈较慢，适应环境变化较难，实际上是集权式管理组织形式。直线—职能制组织结构如图 1-5 所示。

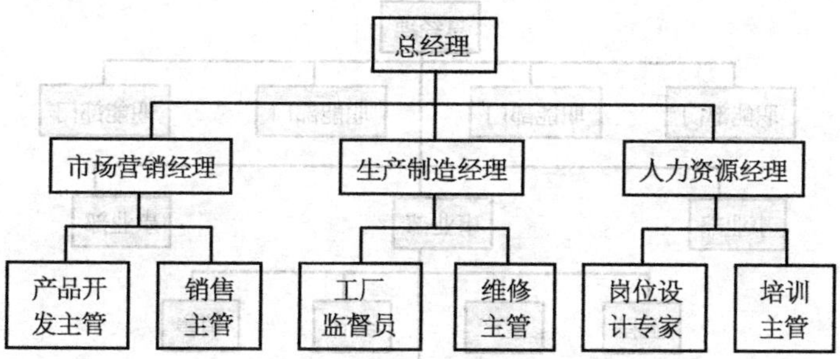

图 1-5　直线—职能制组织结构

4. 事业部制

事业部制又称 M 型结构（Multidivisional structure），简称（M-form），或多部门结构，有时也称为产品部门式结构或战略经营单位，它是一种分权制的企业组织形式。事业部制首创于美国的通用汽车公司，它是把企业的生产经营活动，按产品或地区的不同建立经营事业部。这些事业部在总公司领导下，实行独立核算，自负盈亏。每个事业部都是一个利润中心，都对公司负有完成利润计划的责任，同时，在经营管理上也拥有较大的自主权。

事业部制实行集中决策、分散管理的原则，总公司主要负责研究和制定公司的各种政策、总目标和长期计划，并对各部的经营、人事、财务等实行监督；各事业部则在总公司的政策、目标、计划的指导和控制下，发挥自己的主动性，并可以根据自己生产经营活动的需要设置组织机构。

（1）采用事业部制，应具备以下三个条件。

① 各事业部应具有相对独立的经营自主权；

② 各事业部应是利益责任单位，具有利益生产、利益核算、利益管理的职能；

③ 各事业部必须是产品（或市场）的责任单位，即有自己的产品和独立的市场。

（2）事业部制的优点如下。

① 有利于企业最高领导层摆脱日常的行政管理工作，专心致力于公司的战略决策和长远规划；

② 有利于发挥各事业部生产经营上的主动性和积极性，根据市场变化灵活地组织生产经营

活动；

③ 有利于提高管理人员的专业能力和领导能力；

④ 有利于提高企业的稳定性和对环境的适应性。

（3）事业部制的缺点如下。

① 职能机构重复设置，容易造成人、财、物的浪费；

② 职权下放过大，最高管理层的控制能力有所削弱，不利于全局控制；

③ 实行独立核算，每个事业部都是一个利润中心，容易使各事业部产生本位主义，忽视企业的整体利润和长远发展。

目前，事业部制已成为世界各大公司广泛采用的一种组织形式。它适合于企业规模较大，产品种类较多，各产品之间的工艺差别较大而市场条件变化也较快的大型企业。我国一些新兴的企业集团也往往采用这种组织形式。事业部制的组织结构如图 1-6 所示。

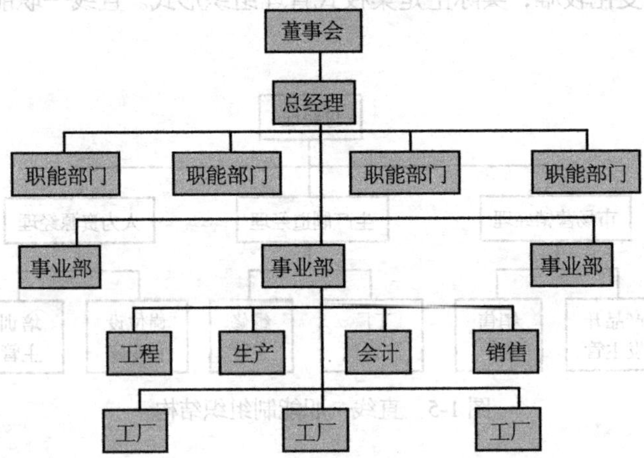

图 1-6 事业部制组织结构

5. **矩阵制**

矩阵式组织结构形式是在直线职能式垂直形态组织系统的基础上，再增加一种横向的领导系统，由职能部门系列和完成某一临时任务而组建的项目小组系列组成，从而同时实现了事业部式与职能式组织结构特征的组织结构形式。矩阵式组织结构也可以称为非长期固定性组织结构。

这种组织形式的优点是打破了传统的一个管理人员只受一个部门领导的管理原则，使企业管理中纵的联系和横的联系、集权化和分权化都很好地结合起来。这不仅加强了各部门之间的协作，提高了中层管理和基层管理的积极性与责任感，并且可以集中专门的知识技能和经验来执行计划与解决问题，还可以使最高管理层集中精力制定决策、目标和长期计划以及对执行情况进行监督。例如，组成一个专门的产品（项目）小组去从事新产品开发工作，在研究、设计、试验、制造各个不同阶段，由有关部门派人参加，力图做到条块结合，以协调有关部门的活动，保证任务的完成。这种组织结构形式是固定的，人员却是变动的，需要谁，谁就来，任务完成后就可以离开。项目小组和负责人也是临时组织和委任的。任务完成后就解散，有关人员回原单位工作。因此，这种组织结构非常适用于横向协作和攻关项目。

其缺点是稳定性差，小组成员易产生临时观念。同时，由于成员要接受双重领导易产生相互牵制的矛盾，而且易混淆责任。矩阵制组织结构如图 1-7 所示。

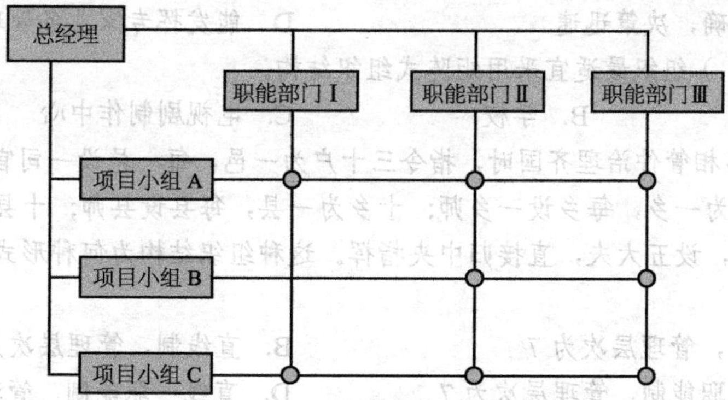

图1-7 矩阵制组织结构

6. 多维制

多维制组织又称主体组织。只有纵向领导系统的管理组织，称为一维组织；既有纵向领导系统，又有横向领导系统的管理组织，称为二维组织。二维组织只是平面结构。具有三维以上的结构，就构成了管理组织的立体结构。现实中，比较常见的是三维组织，即按产品划分事业部，成立产品利润中心；按地区划分管理机构，成立地区利润中心；按专业划分职能部门，形成参谋机构。三维结构把产品事业部经理、地区经理和总公司专业参谋部门三者的管理有机地统一和协调起来了。这是系统理论在管理组织中的具体应用。这种组织形式一般适用于跨国公司或规模巨大的跨地区性公司。

综上所述，组织形式的种类多种多样，而且仍在演变发展。然而，没有一种组织能尽善尽美地适合所有的企业。选择合理的组织形式必须从企业的实际出发，考虑企业的生产性质、规模大小、产品种类、生产流程以及市场环境等诸多因素。不同的企业需要不同的组织形式，即使同一企业，在其发展的不同时期，也要依据内外部条件和环境的变化，采用不同的组织形式，切忌生搬硬套。

习 题

一、选择题

1. 员工因公出差，必须先由直接主管签字，再由财务主管签字，才能到财务室报账，这属于（ ）管理职能。

A. 计划　B. 组织　C. 领导　D. 控制

2. 通过管理提高效益需要一个时间过程，这表明管理学是一门（ ）。

A. 软科学　B. 硬科学　C. 应用性学科　D. 定量化学科

3. “凡事预则立，不预则废。”这反映了管理的（ ）职能。

A. 计划　B. 控制　C. 组织　D. 领导

4. 对管理系统中各项工作和各种关系有着决定性影响的是（ ）。

A. 管理手段　B. 管理目标　C. 管理者　D. 管理对象

5. 下列（ ）不是直线一职能制的优点。

A. 避免多头领导　B. 横向联系好，便于部门直接的协作

C. 责任明确，决策迅速　　　　　　D. 能发挥专家业务管理作用

6. 下列（　　）组织最适宜采用矩阵式组织结构。

A. 医院　　B. 学校　　C. 电视剧制作中心　　D. 汽车制造厂

7. 中国古代名相管仲治理齐国时，指令三十户为一邑，每一邑设一司官；十邑为一卒，每卒设一卒师；十卒为一乡，每乡设一乡师；十乡为一县，每县设县师；十县为一属，每属设一大夫；全国共五属，设五大夫，直接归中央指挥。这种组织结构为何种形式，其管理层次为多少层？（　　）

A. 直线制，管理层次为 7　　　　B. 直线制，管理层次为 8

C. 直线—职能制，管理层次为 7　　D. 直线—职能制，管理层次为 8

8. 股份有限公司，注册资本的最低限额为人民币（　　）万元。

A. 200　　B. 300　　C. 500　　D. 600

二、判断题

1. 管理幅度就是一个领导者所领导的下级人员的数目。（　　）
2. 直线制组织结构中只存在直线关系，没有参谋关系。（　　）
3. 矩阵制组织结构违背了统一指挥原则。（　　）
4. 事业部制组织结构的缺点之一是存在多头领导。（　　）
5. 组织最高管理者个人权欲的大小是影响组织集权或分权的主要因素。（　　）

三、简答题

1. 现实中计划赶不上变化的情况很多，管理者为什么还要做计划？
2. 组织结构设计应遵循哪些基本原则？
3. 你所在的学校采用的是哪种组织结构类型？为什么要采用这种结构？

四、案例分析题

某地方生产传统工艺品的企业，伴随着我国对外开放政策，逐渐发展壮大起来。销售额和出口额近十年来平均增长 15%以上。员工也由原来的不足 200 人增加到了 2 000 多人。企业还是采用过去的类似直线型的组织结构，企业一把手王厂长既管销售，又管生产，是一个多面全能型的管理者。最近企业发生了一些事情，让王厂长应接不暇。其一，生产基本是按订单生产，基本由厂长传达生产指令。碰到交货紧，往往是厂长带头，和员工一起挑灯夜战。虽然按时交货，但质量不过关，产品被退回，并被要求索赔。其二，以前企业招聘人员人数少，所以王厂长一人就可以决定了。现在每年要招收大中专学生近 50 人，还要牵涉人员的培训等，以前的做法就不行了。其三，过去总是王厂长临时抓人去做后勤等工作，现在这方面工作太多，临时抓人去做已经做不了做不好了。凡此种种，以前有效的管理方法已经失去作用了。

【思考与讨论】

请从组织工作的角度说明该企业存在的问题及建议措施。

情境二

企业战略管理

任务引入

转眼间，王洋到企业工作已经将近三个月了，随着工作经历的增加，王洋的工作内容也有了新的变化。现在他要协助经理为上个月刚成立的一个子公司制定相应的战略规划，为子公司能够良好地进行运营做前期的准备。

任务分析

1. 企业战略管理认知。
2. 企业经营战略环境分析。
3. 企业竞争战略。
4. 企业战略管理。

学习目标

1. 了解企业战略的提出背景、企业制定战略的含义、企业战略环境分析方法以及战略的实施评价与控制。
2. 掌握企业经营环境及行业竞争特性。
3. 掌握企业战略的概念和特点、类型与应用。

技能目标

1. 能够根据企业的运行情况进行战略的制定与实施。
2. 能够利用战略分析工具进行战略控制。

组织与实施评价

1. 全班学生划分为6～8人的小组，模拟成立公司，组成项目团队。
2. 建立沟通协调机制，构建企业的战略发展框架。
3. 根据企业性质对企业的战略进行规划。
4. 评价与总结：各小组分析对比企业战略的优劣。

任务一 企业战略管理认知

【案例导入】

宝洁公司的企业战略

1. 宝洁公司概况

宝洁公司成立于1837年，是目前世界上最大的日用消费品公司之一。2012财政年度，公司实现销售额789亿美元，年度增长4%，其中东亚地区实现了高个位数的增长。公司包括生产工厂在内的下属分支机构遍布全球80多个国家和地区，全球雇员总数超过14万人，旗下300多个产品畅销160多个国家和地区，产品范围涵盖织物及家居护理、美发美容、婴儿及家庭护理、健康护理、食品及饮料等在内的多个日用消费品领域。

2. 宝洁公司的战略选择

宝洁是全球500强企业，在中国日用消费品市场也占据了半壁江山，其营销和品牌的战略都被写入了各种教科书。究其成功之处，主要表现在如下两个方面。

（1）多品牌战略。

多品牌战略是指一个企业发展到一定程度后，利用自己创建起来的一个知名品牌延伸到开发出多个知名品牌的战略计划，并且多个品牌相互独立，但又存在一定的关联，而不是毫不相干、相互脱离的。

宝洁公司的品牌达到300个之多。在这个庞大的品牌体系中，宝洁并没有成为任何一种产品的商标，而是作为出品公司对所有品牌起到品质保证的作用。多品牌战略的实施，使宝洁在顾客心目中树立起实力雄厚的大家族品牌形象。

不同的品牌针对不同的目标市场。飘柔、潘婷、海飞丝的区别就在于：飘柔强调使“头发更飘更柔”；潘婷则突出“拥有健康，当然亮泽”；海飞丝则是“头屑去无踪，秀发更出众”。

各品牌的经营具有相对的独立性。在宝洁内部，飘柔、潘婷和海飞丝分属于不同的品牌经理管辖，他们之间相互独立、相互竞争。

这样可以为保洁公司的发展带来很多优势。

① 可以实现同类商品不同的功能，按功能覆盖更多的人群范围；

② 可以细分市场，扩展市场渗透范围，为不同的顾客提供不同的理想产品；

③ 各个品牌可以进行差异化的竞争，提高顾客购买欲望。

因此，我们从宝洁公司的成功中看到了多品牌策略的多种好处，但并非是坦途一条。俗话说“樱桃好吃树难栽”，要吃到多品牌策略这个馅饼，还需要在经营实践中趋利除弊。

（2）全球化战略。

宝洁有明确的全球战略，有着明确的战略架构与支持体系，并在各个阶段确定不同的重点去实现其全球战略。

“从内部推销开始”的文化量身定做组织架构，坚持创新是活力的源泉，是商业模式的心脏，培养激励型领导力，保持领导人才的国别多元化、性别多元化，塑造越来越有胆量和协作精神的文化。

3. 总结

宝洁公司是众多跨国公司中全球化战略比较成功的一家，它的成功来源于对不同市场营销理念的透彻掌握，公司一旦意识到海外市场差异的重要性以及海外业务的重要性，公司的国际业务导向可能会转变到国别市场策略。

同时，宝洁公司的品牌营销具有极强的针对性。这样，每个品牌都有自己的发展空间，市场就不会重叠。完美的产品线划分，让宝洁最大限度地瓜分了市场。

这些，都是构成宝洁公司成功的保证！

【知识链接】

一、企业战略与企业战略管理

（一）战略的含义

“战略”一词自古有之，《辞海》对“战略”的解释是：“战略泛指重大的、带有全局性和决定全局的计谋。”“战略”原是个军事方面问题的概念，以下我们所讲的战略，是指企业战略。

在企业管理范畴中，究竟什么是战略，目前尚无一个统一的定义。不同的学者与管理人员赋予了战略不同的含义。在全球管理界享有盛誉的管理学大师明茨伯格借鉴市场学中四要素（4Ps）的提法，提出战略的五个不同方面的定义，即战略是计划（Plan）、计谋（Ploy）、模式（Pattern）、定位（Position）和观念（Perspective）。

1. 战略是一种计划

大多数人将战略看作一种计划，即它是一种有意识的、有预计的行动程序，一种处理某种局势的方针。把战略作为一种计划对待，强调战略是一种为了实现特定目标而进行的有意识的活动。它是组织领导人为组织确定的方向以及为此而进行的一系列活动。

2. 战略是一种计谋

将战略视为计谋主要是指通过公布企业的战略或战略意图，向对手宣布本企业的竞争意愿和决心以及相应将采取竞争性行动，以期形成对竞争对手的威胁。

3. 战略是一种模式

这一观点认为，战略是企业为了实现战略目标而进行重要决策、采取有效途径和行动以及为实现目标对企业主要资源进行分配的一种模式。这种定义将战略视为一系列的行为。

4. 战略是一种定位

明茨伯格指出，战略可以包括产品及过程、顾客及市场、企业的社会责任与自我利益等任何经营活动和行为，而重要的是，战略应对一个组织在环境中正确确定自己的位置，从而使上述各项行为在正确的定位之下来进行。这种意义上的战略，成为企业与环境之间的纽带。

根据这一概念，首先，战略过程要确定企业应该进入的经营业务领域；其次，战略需要确定在选定的业务领域内进行竞争或运作的方式；最后，通过战略的实施，使组织能确定恰当的位置，保证自身的生存和发展。把战略作为一种定位来考虑，也包括通过正确配置企业资源，从而形成企业特有竞争优势的考虑。

5. 战略是一种观念

这种定义强调的是企业高层管理人员特别是企业董事会成员的整体个性对形成组织特性的影响，以及组织特性差别对企业的存在目的、社会形象和发展远景的影响。

了解以上五种对战略不同的定义，有助于对战略管理及过程的深刻理解。不同的定义只能说明人们对战略的特性存在不同认识，不能说明哪种战略定义更为重要。需要强调的是，尽管战略定义多样，但对于具体企业来说，战略仍只有一个，五个定义只不过是从不同角度对战略加以阐述。

（二）战略管理的概念与性质

结合前面所述，我们可以将战略管理定义为：企业确定其使命，根据外部环境和内部条件设定企业的战略目标，为保证目标的正确落实和实现进行谋划，并依靠企业内部能力将这种谋划和决策付诸实施以及在实施过程中进行控制的一个动态管理过程。企业战略管理是一种崭新的企业管理思想和管理方式。这种管理方式的特点是：指导企业全部活动的是企业战略；全部管理活动的重点在于制定战略和实施战略；而制定战略和实施战略的关键在于对企业外部环境的变化进行分析，对企业的内部条件和素质进行审核，并以此为前提确定企业的战略目标。企业战略管理的任务，在于通过战略制定、战略实施和日常管理，在保持这种动态平衡的条件下，实现企业的战略目标。

1. 战略管理是整合性管理理论

以往的管理理论，如生产管理理论、财务管理理论、市场营销管理理论等所谓的职能管理理论，是从企业局部的角度来讨论管理问题的。而企业战略管理理论则是从企业整体的、全局的角度出发，综合运用职能管理理论，处理涉及企业整体的全面的管理问题，使企业的管理工作达到整体最优的水平。

2. 战略管理是最高层次的管理理论

从管理理论的层次来看，战略管理理论是最高层次的管理理论。按照内容所涉及的范围和影响的程度，人们将管理理论分成三个不同的层次：一是管理基础，它是管理中带有共性的基础理论、基本原则和基本技术；二是职能管理，它是将管理基础与特定的管理职能相结合，以提高组织部门的效率；三是战略管理，它是管理理论的最高层次，它不仅要以管理基础和职能管理为基础，还融合了政治学、法学、社会学、经济学等方面的知识。从这种分类中可知，战略管理是最高层次的管理理论。

3. 战略管理是企业高层管理人员最重要的活动和技能

美国学者罗伯特•卡茨将对管理者的能力要求划分成三个方面：一是技术能力（战术能力）；二是人际关系能力（社会能力）；三是思维能力（战略能力）。处于企业中不同管理层次的管理人员，对他们的上述三种能力要求是不相同的。对于基层管理者来说，最需要具备的是技术能力和人际关系能力；对于中层管理者来说，最需要具备的是人际关系能力和思维能力；对于企业高层管理者来说，最重要的活动和技能是制定战略和推进战略管理，因此他们最需要的是思维能力或战略能力，这是保证他们工作有效性的最重要的因素。

4. 战略管理的目的是提高企业对外部环境的适应性，使企业做到可持续发展

企业的生存和发展在很大程度上受其外部环境因素的影响。现在，企业的外部环境既复杂多样，又动荡多变，如何在这种复杂多变的外部环境中生存并持续地发展，是企业战略管理的任务和目的。

（三）战略管理的特征

与传统的生产管理、财务管理、市场营销管理、人力资源管理等职能管理相比较，战略管理具有以下八个特征。

1. 战略管理具有全局性

企业的战略管理是以企业的全局为对象，根据企业总体发展的需要而制定的。它所管理的是企业的总体活动，所追求的是企业的总体效果。在评价和控制过程中，战略管理重视的不是各个事业部或职能部门自身的表现，而是它们对实现企业使命、目标和战略的贡献大小。这样也就使战略管理具有了综合性和系统性的特点。

2. 战略管理具有长远性

战略管理中的战略决策是对企业未来较长时期（一般为 5 年以上）内，就企业如何生存和发展等问题进行统筹规划。在迅速变化和竞争性的环境中，企业要取得成功必须对未来的变化采取预应性的态势，这就需要企业作出长期性的战略计划。

3. 战略管理具有纲领性

企业战略所确定的战略目标和发展方向，是一种原则性和概括性的规定，是对企业未来的一种粗线条的设计。它为企业指明了未来发展的方向，是企业全体人员行动的纲领。

4. 战略管理具有抗争性

企业战略是企业为了在竞争中战胜对手，应对外界环境的威胁、压力和挑战而做出的整套行动方案。它是针对竞争对手制定的，具有直接的对抗性。

5. 战略管理的主体是企业的高层管理人员

由于战略决策涉及一个企业活动的各个方面，虽然它也需要企业中层、基层管理者和全体员工的参与和支持，但企业的最高层管理人员介入战略决策是必需的。

6. 战略管理涉及企业资源的配置问题

企业的资源包括人力资源、实体财产和资金，这些资源或者在企业内部进行调整，或者从企业外部筹集。为保证战略目标的实现，必须对企业的资源进行统筹规划、合理配置。

7. 战略管理需要考虑企业外部环境中的诸多因素

在未来竞争性的环境中，企业要使自己占据有利地位并取得竞争优势，就必须考虑与自身相关的外部因素，包括竞争者、顾客、资金供给者、政府等，以使企业的行为适应不断变化的外部环境，能够持续生存下去。

8. 战略管理具有一定的风险性

战略管理考虑的是企业的未来，而未来具有不确定性，因而战略管理必然具有一定的风险

性。风险并不可怕，就战略决策的本质而言，战略本身就是对风险的挑战。

二、企业战略的层次

企业战略是对企业各种战略的统称，其中既包括竞争战略，也包括营销战略、发展战略、品牌战略、融资战略、技术开发战略、人才开发战略、资源开发战略等。企业战略是层出不穷的。例如信息化就是一个全新的战略。企业战略虽然有多种，但基本属性是相同的，都是对企业的谋略，都是对企业整体性、长期性、基本性问题的计谋。

（一）企业战略结构

企业战略是一个多层次的体系。就一个现代化大企业而言，企业的战略结构主要分为以下三个层级。

1. 总体战略

总体战略（也称公司战略）是企业最高层次的战略，是一种有价值取向的概念性的战略。总体战略是从公司全局出发，结合内外环境，对企业重大长远经营问题所作出的总体筹划与安排。总体战略主要解决以下四个问题。

（1）选择企业所从事的经营范围和领域，即回答经营何种业务的问题。

（2）在确定经营业务后，决定资源在各事业部门之间的分配问题。

（3）如何提高企业的投资回报率的问题。

（4）选择最优企业投资组合与回报问题，这也是总体战略的核心。

2. 竞争战略

竞争战略（也称事业部战略）属于第二层次的战略，是企业内部某一个事业部或事业领域的战略。竞争战略是在既定行业内，决定如何构建竞争优势的战略。其重点要解决的是：在分析内外部环境的基础上，在选定业务或产品市场内，如何构建超过竞争对手的竞争优势。

3. 职能战略

职能战略属第三层次的战略，是一种作业性的、操作性的策略。职能战略是为了实现竞争战略，结合事业部内部的各个职能，分别制定的短期性策略。职能战略一般包括科技与产品开发策略、市场营销策略、生产与运作策略、财务策略、人力资源开发策略等。

（二）战略事业单位

1. 战略事业单位的概念

战略事业单位也称战略经营单位，是指在大型跨行业经营的公司中，将企业经营范围划分为若干个专门经营某类产品或市场的相对独立单位。战略事业单位是制定经营战略的主体，涉及企业内部各事业领域的科学划分，因此，划分战略事业单位是战略管理的重要内容。

2. 战略事业单位的特征

战略事业单位一般是按产品划分的，在现代市场经济条件下，很多企业采用按市场划分战略事业单位的标准。战略事业单位具有以下三个特征。

（1）战略事业单位有自己明确的经营范围与目标。

（2）战略事业单位面对着特定的市场与竞争。

（3）战略事业单位自主经营，单独制定独特的经营战略。

3. 战略事业单位的设立方式

在大型跨行业经营的企业中，战略事业单位是企业下属的二级经营单位，在企业总体战略的指导下，专门负责制订竞争战略。而对于一个经营比较单一的中小型企业来说，无法再划分二级的战略事业单位，其总体战略与其竞争战略结合在一起，都由中小企业的领导层作出。

（三）企业的战略管理过程

企业经营战略的管理过程可以划分为四个大的阶段：战略分析、战略制订、战略实施和战略控制。

1. 战略分析

企业制定战略的前提与基础就是正确地分析企业的经营环境。

（1）分析外部环境，以寻找发展的机会，规避可能遇到的威胁。

（2）分析内部环境，克服隐忧，构建竞争优势。

2. 战略制定

战略制定是战略管理的核心环节。

（1）在内外部环境分析的基础上，认识企业使命、目标。

（2）正确评估目前的企业绩效。

（3）结合策略组合因素（机会、威胁、优势、隐忧）分析，选择战略。

（4）对战略决策进行评估。

3. 战略实施

战略制定后，将战略付诸实施。

（1）分析战略实施的环境与条件。

（2）制订战略实施的对策计划。如果是战略事业单位，要制定各职能策略。

（3）构建并调整更有利于战略实施的组织结构与机制。

（4）科学地分配资源，以保证战略目标的实现。

（5）有得力的领导与有效的激励。

4. 战略控制

在战略实施的过程中，必须进行有效的控制，以确保战略目标的实现。

（1）实行分级控制，并重点抓好对责任中心的控制。

（2）控制关键因素，抓好信息反馈。

（3）采用科学的控制方法与技术。

（4）及时进行协调与纠正，确保战略实施的有序进行与目标的实现。

任务二 企业经营战略环境分析

【案例导入】

某集团创办于1981年，在深圳和香港上市。该集团发展的步伐迅速而稳健，是中国增长最快的工业制造企业之一。目前，该集团主要从事彩电、手机、电话机、个人电脑、空调、冰箱、洗衣机、开关、插座、照明灯具等产品的研、产、销和服务业务，其中彩电、手机、电话机、个人电脑等产品在国内市场具有领先优势。

该集团公司从2001年开始实施国际化战略。首先是在东南亚、中东、南非等地区发展中国家，以推广自有品牌产品为主，逐步形成自己掌控的销售网络，取得了很大成功。其中2002年成为越南彩电市场最著名的三大彩电品牌之一，市场份额超过12%；到2003年，在越南市场占有率16%。

对于成熟的欧美市场，TCL初期利用制造优势以OEM等方式输出产品和服务，积累了一定竞争力后，通过收购跨国品牌最终成为全球消费电子主流厂商之一。2004年1月，TCL并购法国某彩电业务，共同成立某电子有限公司；2004年4月，该集团又并购了阿尔卡特移动电话业务。通过两次兼并重组，该集团形成了全球规模最大的彩电业务以及全球领先规模的移动电话业务。该集团希望通过这种并购欧美亏损企业的方式，能迅速切入欧美主流市场，并避开其贸易壁垒。在获得了市场份额和销售渠道后，可以在整合中逐渐消化其亏损因素。

但是，并购带来的重重困难也超出了该集团的预料。后来，几乎在2004年同时进行并购的两个企业都出现了巨大的亏损。2005年，该集团亏损14.65亿元。2006年8月30日，该集团发布的中期年报显示：集团上半年净亏损扩大至7.38亿元，比上年同期增加6.49%。而通过并购成立的两家公司——多媒体和该集团通信企业更是亏损的主要来源。由此带来了该集团业绩下滑、人员动荡、非议四起，该集团国际化征程处在十字路口。

【知识链接】

任何企业都是在一定的环境下生存和发展的。环境的发展和变化，给企业的生存和发展提供了机会，也带来了威胁。因此，战略分析的起点，就是对企业的战略环境进行分析。所谓战略环境，是指与企业经营有关的企业内部因素和外部因素的总和。其中，外部因素包括宏观环境要素和企业所在的行业环境、竞争状况等；内部因素包括企业的资源和能力等。战略环境分析的目的是确定可以使企业受益的有限机会和企业应当回避的威胁。

一、企业宏观环境分析

企业宏观环境因素分析的目的是为了了解影响企业的宏观环境由哪些因素组成，这些因素又是如何影响企业战略管理过程的。

企业宏观环境是指对企业发展具有战略性影响的环境因素。企业的宏观环境因素包括政治法律环境、经济环境、社会文化环境、技术环境和自然环境，这是企业一般共处的环境。它一方面具有变动性和不可控性，另一方面也具有一定的规律性。为了制定正确的战略，必须考虑这些因素。企业能否全面、准确、及时地掌握和分析这些因素，对企业成败有着巨大的影响。由于自然环境的变化一般较小或较慢，而政治环境、经济环境、技术环境和社会文化环境的变化可能较大，因此，后者对企业经营战略的影响更为显著。所以，企业宏观环境因素分析的主要内容是政治法律环境、经济环境、社会文化环境和技术环境。对企业的宏观环境进行分析的方法被称为 PEST 分析法。宏观环境与企业的关系如图 2-1 所示。

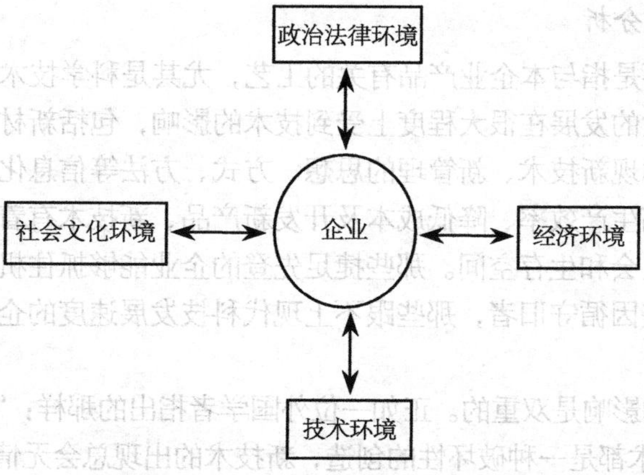

图 2-1　宏观环境与企业的关系图

知识加油站　PEST 分析是指宏观环境的分析，P 是政治（Political System），E 是经济（Economic），S 是社会（Social），T 是技术（Technological）。在分析一个企业集团所处的背景的时候，通常是通过这四个因素来对企业集团所面临的状况进行分析。

1. 政治法律环境因素分析

政治法律因素是指一个国家或地区的政局稳定状况、政府政策、政府管制、政治力量和立法等因素。这些因素常对企业经营活动具有现实和潜在的制约与影响。国家每出台一项新政策，颁布一条新法令，往往都会对企业产生或大或小的影响。有些政策、法规可能会给企业提供一些新的经营机会；有些则会限制企业的战略选择，甚至会导致企业效益下降，进而影响到企业的生存和发展。

（1）政治因素分析。国家政治环境直接影响着企业的经营状况。对于企业来说，很难预测国家政治环境的变化趋势。政治环境因素一旦影响到企业，会使企业发生非常迅速的变化。企业领导者需要具备较高的政治素质，保持高度的政治敏感性，随时关注并认真理解、执行党和国家的各项方针、政策、法规，从而为企业的发展制定出正确的经营战略。

（2）法律因素分析。法律是政府用来规范和约束企业的一种直接或间接手段。随着市场经济的发展，政府以往所采取的行政管理手段变为主要通过法律形式来贯彻执行。这些法律、法规的作用是双重的：一方面，它们对企业的行为有着种种的限制；另一方面，它们也保护着企业的合理竞争与正当权利。因此，法律因素也是企业制定战略必须考虑的一个重要因素。

2. 经济环境因素分析

企业是一个经济实体，其所处的经济环境不断地发生着变化，在制定经营战略时，企业应对其所处的经济环境有一个非常清楚的了解和认识。

3. 社会文化环境因素分析

社会文化环境是指一个国家或地区人们共同的价值观、生活方式、人口状况、文化传统、教育水平、风俗习惯、宗教信仰等各个方面，这些因素是人类在长期的发展过程中逐渐形成的，人们总是自觉不自觉地接受这些准则作为行动的指南。社会文化因素对企业有着多方面的影响，其中有些是直接的，有些是间接的，最主要的是它能够极大地影响社会对产品的需求和消费。特别是外贸出口产品，如果对出口国家的社会文化环境没有全面而深刻的了解，往往会影响产品的销路。

4. 技术环境因素分析

技术环境因素主要是指与本企业产品有关的工艺，尤其是科学技术的现有水平、发展趋势与发展速度。现代企业的发展在很大程度上受到技术的影响，包括新材料、新设备、新工艺等物质化的硬技术以及体现新技术、新管理的思想、方式、方法等信息化的软技术。科学技术的发展和应用，对于提高生产效率、降低成本及开发新产品、新技术有着十分重要的作用，它能为企业带来新的发展机会和生存空间。那些捷足先登的企业能够抓住机会，一跃而上，从而成为行业的领袖。而那些因循守旧者，那些跟不上现代科技发展速度的企业，将在新一轮的竞争中被淘汰。

科技发展对企业的影响是双重的。正如一位外国学者指出的那样："新技术是一种创造性的毁灭力量。"每种新技术都是一种破坏性的创造，新技术的出现总会无情地威胁原有的技术，如晶体管威胁了电子管，互联网威胁了电视。如果一个组织固守原有的技术而不进行革新，它就注定会失败。

目前，科学技术正在以前所未有的速度向前发展，企业要想发展而不被淘汰，就必须及时掌握科学技术发展的新动向，不失时机地使企业跟上时代前进的步伐。

二、行业竞争力分析

行业环境属于外部环境中的微观环境，行业环境分析的内容主要是本行业的企业竞争格局以及本行业与其他行业的关系。行业的结构及其竞争性决定了行业的竞争原则和企业可能采取的战略。

行业环境的分析主要从两方面入手：一是分析行业中竞争的性质和该行业所具有的潜在盈利，常用的工具是迈克尔·波特提出的"五种竞争力量模型"；二是弄清该行业内部企业之间在经营上的差异以及这些差异与它们战略地位的关系，常用的工具是战略集团分析法。

（一）行业竞争分析——波特的"五种竞争力量模型"

美国哈佛大学的著名战略学家、研究企业竞争战略理论的专家迈克尔·波特教授，为企业分析行业竞争提供了一条清晰的思路。按照波特教授的观点，一个行业中的竞争，并非仅限于在原有的竞争对手之间进行，而是存在着五种基本竞争力量，即新加入者的威胁、现有企业的竞争、替代品的威胁、供应商的讨价还价能力和顾客的讨价还价能力，这五种竞争力量之间相互影响、相互制约，形成了行业中的竞争结构，如图 2-2 所示。通过行业竞争结构的分析，可以了解本企业在行业中所处的竞争地位、所具有的竞争优劣势等，以便企业制定出战胜各种竞争力量的基本对策。

这五种基本竞争力量的状况及其综合强度，决定了行业的竞争激烈程度，从而决定着行业中最终的获利潜力。在竞争激烈的行业中，一般不会有一家企业能获得惊人的收益。随着行业中竞争的不断加剧，会导致投资收益率下降，直至趋于最低的收益率水平。若投资收益率长期处于较低水平，投资者将会把资本抽出投入到其他行业，直至现有企业停止经营。

反之，在竞争相对缓和的行业中，各企业普遍可以获得较高的收益，这会刺激资本流入该行业，行业内现有企业也会增加投资。所以，行业竞争力量的综合强度也决定着资本的流向。

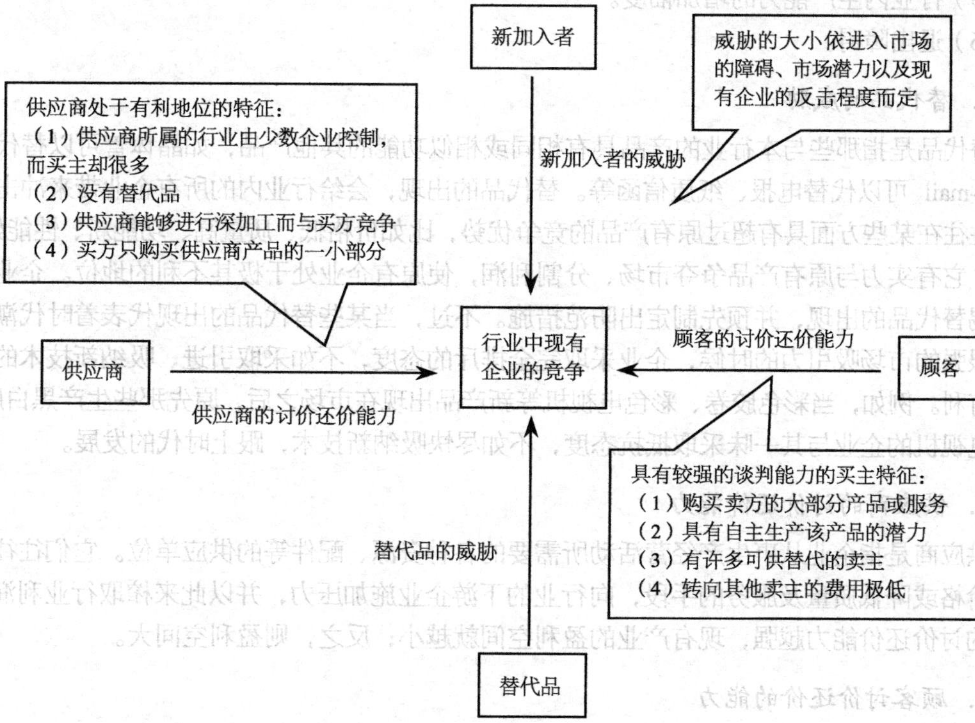

图 2-2　波特的五种竞争力量模型

1. 新加入者的威胁

所谓新加入者，也称潜在进入者，可以是新创办的企业，也可以是由于实现多元化经营而新进入本行业的企业。新加入者往往会带来新的生产能力和充裕的资源，与现有企业争夺市场份额和利润，从而对企业的生存和发展形成巨大的威胁。我们把这种威胁成为进入威胁。进入威胁取决于进入障碍和现有企业的反击强度等。

（1）进入障碍。进入障碍是指要进入一个行业需克服的障碍和需付出的代价。如果一个行业的加入障碍比较高，新加入者的进入就比较困难，对行业内现有企业的威胁就比较小；反之，则威胁较大。

（2）现有企业的反击强度。现有企业对进入者的态度和反应，直接影响到新进入者的成功与否。如果现有企业对新进入者采取比较宽容的态度，新进入者进入某一行业就会相对容易一些；反之，如果现有企业非常在意甚至不满，就会对新进入者采取强烈的反击和报复措施，如在规模、价格、广告等方面加以遏制，这为新进入者增加了成功的难度。

2. 现有企业的竞争

在同一个行业内部，存在着众多生产相同或相似产品的企业，它们被称为同业企业。同业企业之间始终存在着竞争。不过，其竞争的激烈程度往往因行业不同而不同，有的行业竞争比较缓和，有的行业非常激烈。影响其竞争激烈程度的主要因素有以下六个方面。

（1）同业企业的数量和力量对比。

（2）行业发展的速度。

（3）产品的差异化程度与用户的转换成本。

（4）固定成本和库存成本。

（5）行业内生产能力的增加幅度。

（6）退出障碍。

3. 替代品的威胁

替代品是指那些与本行业的产品具有相同或相似功能的其他产品，如晶体管可以替代电子管，E-mail 可以代替电报、纸质信函等。替代品的出现，会给行业内的所有企业带来冲击。替代品往往在某些方面具有超过原有产品的竞争优势，比如价格低、质量高、功能新、性能好等，因此，它有实力与原有产品争夺市场、分割利润，使原有企业处于极其不利的地位。企业应随时警惕替代品的出现，并预先制定出防范措施。不过，当某些替代品的出现代表着时代潮流，具有很强的市场吸引力的时候，企业采取完全排斥的态度，不如采取引进、吸纳新技术的态度更为有利。例如，当彩色胶卷、彩色电视机等新产品出现在市场之后，原先那些生产黑白胶卷、黑白电视机的企业与其一味采取抵抗态度，不如尽快吸纳新技术，跟上时代的发展。

4. 供应商的讨价还价能力

供应商是指企业从事生产经营活动所需要的各种资源、配件等的供应单位。它们往往通过提高价格或降低质量及服务的手段，向行业的下游企业施加压力，并以此来榨取行业利润。供应商的讨价还价能力越强，现有产业的盈利空间就越小；反之，则盈利空间大。

5. 顾客讨价还价的能力

顾客是企业产品或服务的购买者，是企业服务的对象。顾客对本行业的竞争压力，表现为要求企业提供的产品尽可能价格低、质量高，并且能提供周到的服务。同时，顾客还可能利用现有企业之间的竞争对生产厂家施加压力。

（二）行业内部结构分析——战略集团分析法

一个产业中可能包括很多企业，企业之间相互竞争的基础可能完全不同，这就需要在产业和企业之间找到一个中间层次，用以描绘具有相同竞争基础的企业群组。战略集团分析的目标就是要确定这个中间层次，从而明确谁是直接的竞争对手，竞争得以发生的基础是什么。

1. 战略集团

所谓战略集团，是指一个行业（产业）内执行同样或类似战略并具有类似战略特征的一组企业。

在一个行业中，如果所有的企业都执行着基本相同的战略，则行业中只有一个战略集团；反之，如果每个企业都奉行着与众不同的战略，则该行业中有多少个企业便有多少个战略集团。当然，在正常情况下，一个行业中仅有几个战略集团，分别采用性质不同的战略。每个战略集团内的企业数目不等，但战略相似。

战略的不同点主要表现在以下十个方面。

（1）纵向一体化的程度不同。有的企业自己生产原材料和零部件，有的则完全从外部采购；有的企业有自己的直接销售渠道和网点，有的则全靠批发商和零售商。

（2）专业化程度不同。有的企业只经营某一种产品和服务项目，有的则生产多品种、多规格的产品和服务，有的甚至跨产业经营。

（3）研究开发重点不同。有的企业注重争取开发新产品的领导地位，不断投放新产品；有的企业把研发重点放在生产技术的改进上，力求在质量和成本上取得优势。

（4）营销的重点不同。有的企业重视维持高价产品，有的企业则用低价策略展开竞争；有的企业特别重视对最终用户的推销活动，有的企业主要以完善对销售者的服务来巩固和扩大销售渠道。

（5）成本地位不同。有的企业是行业领先者，具有规模经济效益，占有成本优势；而有些企业可能是追随者或刚进入者，在成本上处于相对弱势。

（6）所有制结构不同。

（7）地理覆盖的区域不同。有的企业在全国乃至全球范围内经营，有的企业仅在本地区经营。

（8）组织规模不同。如企业可分为大型企业、中型企业和小型企业。

（9）产品质量不同。有的企业采用先进的技术设备，产品质量优良；有的企业设备技术老化，产品质量中等或一般。

（10）定价策略不同。有的企业秉承高价策略，有的企业采取低价策略，有的企业采取渗透定价等。渗透定价策略是设定最初低价，以便迅速和深入地进入市场，从而快速吸引来大量的购买者，赢得较大的市场份额。较高的销售额能够降低成本，从而使企业能够进一步减价。

在一个或几个方面的战略不同，就会引起企业在行业中地位的不同。相同战略、相同地位企业的结合，就形成了战略集团。

2. 战略集团图

每个战略集团内的企业数目不等，但集团内企业战略相似。在同一战略集团内的企业除了战略外，还在许多方面彼此相近。它们在类似的战略影响下，会对外部环境作出类似的反应，采取类似的竞争行动，占有大致相同的市场份额。

战略集团图分析法是一种利用战略集团图进行分析的方法，既不同于行业整体分析法，也不同于针对单个企业的个别分析法，而是介于两者之间。该方法不仅能够从行业中找出不同企业战略管理的共性，更准确地把握行业中的竞争方向和实质，还能使企业更好地了解战略集团的竞争状况以及不同战略集团之间的差异，从而帮助企业预测市场变化，发现新的战略机会，并揭示不同战略集团之间演变的难点和障碍所在。

战略集团图是一种分析工具，在勾画该图时，所遵循的原则如下。

（1）图轴所选取的最佳战略变量是那些对产业中战略集团的形成起决定作用的变量。

（2）所选的图轴变量不能一同变化。例如，如果一切实行产品差别化的企业也都具有宽产品线，则不应当将这两个变量都选为图轴，而应把反映产业中战略组成多样化程度的变量选为图轴。

（3）图轴变量无须是连续或单调的。

（4）对一个行业可以勾画数个战略集团，利用战略方向的各种组合来认识最关键的竞争问题。

基于以上原则，在进行战略群分析时，可以绘制行业内战略群分布图。要了解战略集团的性质、特点，需要分析各战略集团的地位。用图 2-3 可以确定一个行业不同战略集团的地位。

A 集团：丰富的产品品种，高度纵向一体化，成本低，中等质量。

B 集团：狭小的产品品种，低纵向一体化，高成本，高质量，高技术水平。

C 集团：品种齐全程度和纵向一体化程度都是中等，中等价格，质量低，服务质量高。

D 集团：狭小的产品品种，成本低，价格低，服务水平低。

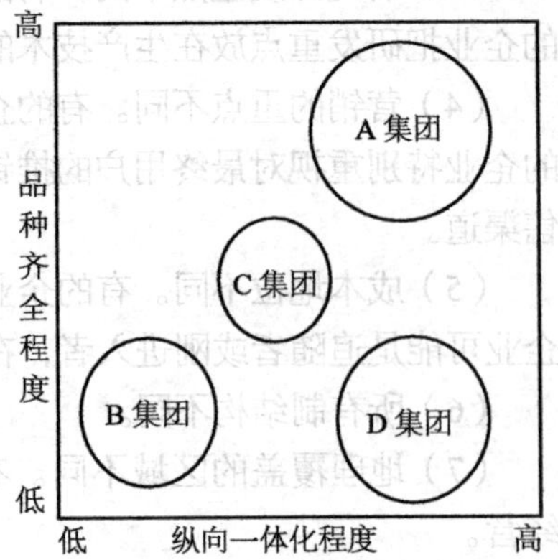

图 2-3 战略群分布图

3. 战略集团间的竞争

一个产业（行业）中如果出现两个或两个以上的战略集团，则可能出现战略集团之间的竞争，包括价格、广告、服务等。战略集团之间的竞争最终决定了行业竞争的激烈程度，进而决定着行业中最终的获利潜力。一般来说，下列四个因素决定着一个行业中战略集团之间的竞争激烈程度。

（1）战略集团之间市场相互牵连程度。市场牵连程度是指各战略集团对同一购买者（顾客）进行争夺的程度。战略集团间的市场牵连程度越高，战略集团间的竞争就越激烈。例如，在速冻食品产业中，对所有战略集团来说顾客都一样，所以战略集团市场牵连程度非常高，它们不得不在几乎完全一样的市场上竞争。

但如果战略集团将目标放在差别很大的细分市场上，则它们的市场重合度会很小，战略集团间的竞争也会趋于缓和。例如瑞士的许多手表厂商以生产诸如劳力士、欧米茄等高档机械手表闻名于世，它们的客户群体大都是各国的高收入白领和社会政要，所以它们几乎不可能会和以生产普通电子石英表为主的亚洲厂商发生正面冲突。

（2）战略集团数量以及它们的相对规模。一个行业中战略集团数量越多，各个战略集团的实力越接近，则战略集团间的竞争越激烈。战略集团数量多意味着集团离散，每一个战略集团规模都较小，某一集团受到其他集团攻击的可能性就大，从而引发集团之间的激烈竞争；反之，如果产业中集团之间的规模相差悬殊，如某一集团在产业占有很小的份额，另一集团却拥有很大的份额，则实力弱小的集团不大可能以其竞争行动影响到大集团的利益，所以产业中竞争激烈程度会很低。

（3）战略集团实施产品差别化战略。如果各个战略集团各自实施不同的战略使顾客区分开来，并使他们形成各自集团的忠实顾客群，则竞争的激烈程度就会大大低于无差别产品市场的情况。

（4）集团战略的差异。战略差异是指不同战略集团奉行的战略在关键战略方向上的差异程度，这些战略方向包括商标商誉、销售渠道、产品质量、技术领先程度、成本状况、服务质量、纵向一体化程度、价格、与母公司或东道国政府的关系等。如果其他条件相同，集团间的战略差异越大，集团间发生大规模冲突的可能性就越小。因为集团奉行不同的战略使得它们在竞争思想上有极大的差别，并使它们难以理解对手的行为，更不会贸然对竞争对手的行动作出反击。

4. 战略集团内部的竞争

在战略集团内部同样存在着竞争，这主要是由于各企业的优势不同造成的。在一个战略集团内，各企业会有生产规模和能力上的差别。如果一个战略集团的经济效益主要取决于产量规模，则规模大的就会处于优势地位。另外，同一战略集团内的企业，虽然常常采用相同的战略，但各大企业的战略实施能力不同，即在管理能力、生产技术、研究开发能力和销售能力等方面是有差别的，能力强者处于优势地位。

5. 企业的竞争对手的确认

一般来说，在战略集团图上，战略集团之间相距越近，成员之间的竞争越激烈；同一战略集团内的企业是最直接的竞争对手，其次是相距最近的两个集团中的成员企业。

三、企业资源与能力分析

（一）企业资源分析

企业的资源是指能够给企业带来竞争优势的任何要素，是企业参与市场竞争的必备条件，包括有形资产、无形资产和人力资源。每个企业都有多种资源，这些资源各有不同的特点和作用。

1. 有形资产

有形资产是比较容易确认和评估的一类资产，它包括财务资源和物质资源，一般可以从企业的财务报表上查到。

企业财务资源可以定义为可用于生产或投资的资金来源。它构成企业最基本的资源之一，包括各种内部及外部融资渠道。例如，未分配利润；股票发行；贷款；租赁；调整应收、应付款项；出售资产等。

物质资源是企业从事生产的基础，包括企业所拥有的土地、厂房、机器设备、运输工具、办公设施，还有企业的原材料、产品、库存商品等，是企业的实物资源。

在评估有形资产的战略价值时，必须注意以下两个关键问题。第一，是否有机会更经济地利用财务资源、库存和固定资产。即能否用较少的有形资产获得同样的产品或用同样的资源获得更大的产出。第二，怎样才能使现有资源更有效地发挥作用。

事实上，企业可以通过多种方法增加有形资产的回报率，如采用先进的技术和工艺，以增加资源的利用率。通过与其他企业的联合，尤其是与供应商和客户的联合，充分地利用资源。当然，企业也可以把有形资产卖给能利用这些资产获利的企业。实际上，由于不同的企业掌握的技术不同，人员构成和素质也有很大差异，因此，它们对一定有形资产的利用能力也不同。换句话说，同样的有形资产在有着不同能力的企业中表现出不同的战略价值。

2. 无形资产

资产负债表上标明的有形资产一般可以从市场上直接获得，可以用货币加以直接度量，并可以直接转化为货币。相反，无形资产是企业不可能从市场上直接获得，不能用货币直接度量，也不能直接转化为货币的那一类经营资产，包括企业的技术、商誉、文化等。无形资产往往是企业在长期的经营实践中逐步积累起来的，虽然不能直接转化为货币，却同样能给企业带来效益，因此同样具有价值。

知识加油站　资产负债表是反映企业在某一特定日期（如月末、季末、年末）全部资产、负债和所有者权益情况的会计报表，它表明权益在某一特定日期所拥有或控制的经济资源、所承担的现有义务和所有者对净资产的要求权。它是一张揭示企业在一定时点财务状况的静态报表。

（1）技术资源。技术资源是重要的无形资产，包括其先进性、独创性和独占性。企业要把适应顾客的需求变化，生产并不断开发新产品及服务作为其首要任务。产品及服务的开发和生产依赖企业所拥有的技术资源，一旦企业拥有了某种专利、版权和商业秘密，它就可以凭借这些无形资产去建立自己的竞争优势。

（2）商誉资源。商誉是指一家企业由于顾客信任、管理卓越、生产效率高或其他特殊优势而具有的企业形象，它能够给企业带来超过正常收益率水平的获利能力。在产品质量和服务对潜在顾客利益的影响并不明显的行业，企业商誉往往是最重要的资源。一般来说，商誉往往与企业联系在一起，有时也与特定的品牌有关。例如，在软饮料行业，可口可乐和百事可乐是世界上商誉很高的两家企业，这种巨大的无形资产已成为它们最重要的竞争资源。医疗、教育等行业都是更多地依赖于信誉和知名度的行业。信誉和知名度高的企业不仅其产品和服务容易被消费者接受，在同样的质量下可以卖出较好的价格，而且可以在融资、借贷等方面得到方便和优惠。可见，在激烈的市场竞争中，如何建立并合理应用商誉，关系到企业的市场绩效。

（3）企业文化资源。所谓企业文化是基于共同价值观之上，企业全体职工共同遵循的目标、行为规范和思维方式的总称。当今，企业文化的价值越来越被企业界所重视。人们从海尔等许多大企业成功的范例中发现，这些企业之所以能在快速发展中立于不败之地，是由于它们成功地创造了具有自身特色的企业文化。哈佛大学学者约翰·科特和詹姆斯·赫斯科特在对数百家企业长期研究的基础上撰写了《企业文化和经营业绩》一书，得出如下研究结论。第一，企业文化对企业的长期经营业绩具有重大影响；企业文化在下一个十年内很可能成为决定企业兴衰的关键要素。第二，影响企业长期发展的起负面作用的企业文化并不罕见，而且容易滋生蔓延，即便在那些汇集了许多通情达理、知识程度高的人才的公司中也是如此。第三，企业文化尽管不易改变，但它们完全可能转化为有利于企业经营业绩增长的企业文化。理论界的研究和企业界的实践均已证明，企业文化的力量既可能支持企业的战略管理，助其成功，也可能束缚它们，使其失败。因此，分析企业文化的现状，从中找出能够制约企业战略的关键要素，加以加强或改进，就成为企业战略管理者面临的重要挑战。

对企业文化进行分析应注意把握以下五点内容。

① 企业文化现状分析。应对企业的物质文化层、制度文化层和精神文化层逐一进行分析。例如，精神文化层需重点分析为绝大多数员工认同的经营宗旨、价值观、思维方式、行为道德准则、心理期望、信念以及具有企业个性特点的群体意识等内容。

② 企业文化建设过程分析。应从以下几方面进行分析：企业领导人是如何塑造企业文化的？是否有科学的文化建设目标、计划、工作内容、预算保证等？企业是如何宣传贯彻现行企业文化的？现行文化是否为广大员工接受并付诸实践？

③ 企业文化特色分析。企业文化是企业独特的传统、习惯和价值观的积淀。企业文化的生命力和感召性在于其独具特色、震撼人心。例如海尔文化中，海尔生存理念的特色是突出危机意识、居危思进、开拓进取，CEO 张瑞敏将其形象地归结为“永远战战兢兢，永远如履薄冰”。做好企业文化特色分析，准确把握企业文化的特点，是成功进行文化建设的关键。

④ 企业文化与战略目标、战略和内外环境的一致性分析。分析过去几年企业文化是否与制定的战略目标协调一致，所起的作用是正面，还是负面的，对企业绩效的影响有多大，以及企业文化是否与社会文化环境和产业文化环境相适应。

⑤ 企业文化形成机制分析。分析研究现有企业文化的形成机制，弄清企业未来战略目标、战略方向、战略业务选择以及政策方针与员工已接受的企业文化的相容或相悖程度，进而明确下一步企业文化建设的方向和思路。

3. 人力资源

一个组织最重要的资源是人力资源。大量研究发现，那些能够有效利用其人力资源的组织，总是比那些忽略人力资源的组织发展得更快。实际上是人的进取心和掌握的技术创造了企业的繁荣，而不是实物资源和财务资源。在技术飞速发展和信息化加快的知识经济时代，人力资源在组织中的作用也越来越突出。

所谓人力资源主要是指组织成员向组织提供的技能、知识以及推理和决策能力，我们通常将这些能力称为人力资本。实际上，确认和评价一个企业人力资本的价值是一项困难和复杂的工作，这是因为人们常常根据他们的工作业绩、经验和资历来评价个人的技巧和能力。然而，个人能力能否充分发挥作用还取决于他所在工作环境的状况。有时，很难直接评价个人对组织业绩的贡献。因此，企业常常通过间接的方式来评价个人的业绩，如考查个人的工作时间、热情、职业习惯和态度等。在环境迅速变化的条件下，如果一个企业想要适应这种变化，并利用新的机会求得发展，更重要的不是考查其雇员过去或现在具有怎样的能力和业绩，而是评估他们是否具有挑战未来的信心、知识和能力。近年来，许多企业，如深圳华为等都已开始对其成员做更广泛、更细致的知识、技巧、态度和行为测评。与此同时，越来越多的企业认识到在评估其人力资源状况时，不仅要考查其成员个人的专长和知识，尤其要评价他们的人际沟通技巧和合作共事能力。换句话说，一个企业的能力不仅取决于其拥有的资源数量，而且更重要的是取决于它是否具有将各种资源进行整合的能力。

企业如何面对错综复杂的内外部环境继续生存和发展，关键在于人力资源的开发与管理，在于企业如何充分利用和发挥自身的人力资源的优势，取得更大的经济和社会效益。当一个企业拥有和开发了有价值的、稀缺的、独有的或有组织的资源的时候，它就创造了竞争优势。我们可以用同样的标准来衡量人力资源的战略性影响。人力资源具有以下四条特性。

（1）创造价值。通过努力降低成本，向客户提供独一无二的产品和服务，或通过二者的结合，人们创造出了价值。这离不开有创造性的人才。

（2）稀缺性。当竞争对手不能获得与你拥有同等技术、知识和能力的人才时，这些人才就成了你获得竞争优势的源泉。一些企业已经意识到所拥有雇员的价值和稀缺性。一流的企业为获得竞争优势，都会在吸引和培训最具优势的人才方面进行大量的投资。

（3）难于效仿。当员工的能力和贡献不能被他人仿效时，他们就成了竞争优势的来源。迪斯尼等企业因创造了独特的企业文化和员工的团队精神而闻名，而这些都是难以效仿的。

（4）有组织。当人们的天才和智慧能够有效地结合在一起，在分配一项新任务后，能够在很短的时间内开展工作时，他们同样获得了竞争优势。使员工有效组织的方法是团队精神。

以上四条突出说明了人力资源管理与战略管理之间的紧密关系。

（二）企业能力的构成

企业能力是指企业协调资源并发挥其生产与竞争作用的能力。这些能力存在于企业的日常工作之中。单独一项资源并不能产生实际的能力，能力来自对各项资源进行有效的组合。能力是企业若干资源有机组合后的结果和表现。企业能力由研发能力、生产能力、营销能力、组织能力等组成。

1. 研发能力

在当今的市场中，激烈的竞争要求企业不断推出新产品或改进技术、工艺，这一系列活动都离不开企业的研发。研发已经成为企业持续竞争优势的来源。企业投资于研究与开发，能开发出更高级的新产品或服务，提高产品质量、降低成本，能为消费者创造更大的价值，在与对手的竞争中，更易获得消费者的认可，进而增强企业的竞争优势。

新产品开发能力分析应着重从新产品开发计划、开发组织、开发过程和开发效果四个方面进行分析，并将分析结果与主要竞争对手进行比较，进而判断企业此项能力的强弱，为企业战略的选择提供依据。

2. 生产能力

生产是企业的基本功能，是厂商为客户提供价值的基础。企业的生产活动包括对所有的投入品——诸如原材料、劳动、资本、机器与设施等进行加工，使之转变为产品或服务并能够为消费者带来价值和效用的所有活动。在不同的行业，由于各自特点不同，企业生产所涉及的投入品、物质转换过程及产出品也不同。

生产过程往往占用企业大量的人力及资本，是形成企业产品、服务成本或差异化的主要来源，生产能力中的优势与弱点决定了企业能够做什么，不能做什么，是企业制定战略的依据，对竞争优势的形成有重大影响。

3. 营销能力

一个企业营销能力的强弱往往体现在其产品竞争能力、销售活动能力和市场决策能力上。因此，营销能力分析通常从这三个方面进行。

（1）产品竞争能力分析。产品竞争能力分析是对企业当前销售的各种产品的市场地位、收益性、成长性、竞争性和结构性等方面进行分析，分析结果将为改进产品组合和开发产品指明方向。

① 产品市场地位分析。产品市场地位分析除了通过市场调查，分析判断该产品的知名度、美誉度、产品形象之外，还要定量产品市场占有率和市场覆盖率。

市场占有率=（本企业产品销量/市场上同类产品销量）×100%　　（式 2-1）

市场占有率是产品市场地位的重要标志，也是企业最重要的战略目标之一。企业应分品种、分地区、分时期进行统计，并与竞争对手比较，以便发现问题和查找原因。另外还要注意，当前企业竞争的焦点已开始由过去的市场份额规模增长，转向了市场份额质量（用忠诚顾客与市场份额的百分比来衡量）的提高，因此，在分析市场占有率的同时，还要注意忠诚顾客的比率。

市场覆盖率=（本企业产品投放地区数/全市场应销售地区数）×100%　　（式 2-2）

公式中的投放和销售地区可以是国家、省、市、县、区等。

② 产品收益性分析。产品的收益性高低直接决定着企业的收益，企业应确立高收益的产品组合。

③ 产品成长性分析。这种分析通常是把企业最近几年的销售量或销售额按时间顺序画成曲线，来观察其增长变化趋势，采用的指标主要有销售增长率和市场扩大率。

销售增长率=销售增长额/销售额=（本年销售额−上年销售额）/销售额　　（式 2-3）

市场扩大率=（本年度市场占有率/上年度市场占有率）×100%　　（式 2-4）

④ 产品竞争性分析。就是分析相对于竞争产品，本企业产品在质量、外观、包装、商标、价格、服务等方面所具有的优势。

⑤ 产品结构性分析。产品结构又称产品组合。产品结构可分为宽度结构和深度结构。宽度结构是指产品的系列结构；深度结构是指同一系列的规格结构。产品结构分析的目的是发现优

势产品和弱势产品，弄清产品结构不合理的地方，进而改进产品组合，为保持和提高产品竞争力奠定基础。具体可运用波士顿矩阵等方法进行分析。

（2）销售活动能力分析。销售活动能力分析是指在产品竞争能力分析基础上，以重点发展产品和销路不顺畅产品为对象，对其销售组织、销售绩效、销售渠道、销售活动等方面进行分析，以判断企业销售活动能力，发现存在问题并找出问题成因，进而为制定战略提供依据。具体包括以下四个方面。

① 销售组织分析。销售组织就是企业为了实现销售目标而将具有销售能力的销售人员、产品、资金、设备、信息等各种要素进行整合而构成的有机体。

② 销售绩效分析。销售绩效分析主要分析销售计划完成率、地区发展状况以及销售活动效率等内容。主要指标以及计算公式如表 2-1 所示。

③ 销售渠道分析。所谓销售渠道是指"产品从生产者向消费者转移所经过的通道或途径，它是由一系列相互依赖的组织机构组成的商业机构。即产品由生产者到用户的流通过程中所经历的各个环节连接起来形成的通道。销售渠道的起点是生产者，终点是用户，中间环节包括各种批发商、零售商、商业服务机构（如经纪人、交易市场等）。

④ 促销活动分析。促销活动分析主要对企业开展促销活动的方法、内容、效果进行评价，例如，列入促销经费占有销售额的比例是否适度，促销组合是否合理，促销活动对提高产品知名度、扩大销售的贡献如何等。

表 2-1　销售绩效分析

项　目	计算公式
1. 销售计划完成率	实际销售额/计划销售额
2. 销售额增长率	（本期销售额–前期销售额）/前期销售额
3. 销售价格保持率	实际销售价格/计划销售价格
4. 销售毛利率	销售毛利率＝（销售收入–销售成本）/销售收入 × 100%
5. 销售费用率	直接销售费用/实际销售额
6. 欠款回收率	本期回收额/（上期末应收款+本期销售额）
7. 顾客平均销售额	实际销售额/顾客总数
8. 新顾客销售额比率	新顾客销售额/实际销售额
9. 老顾客销售额比率	老顾客销售额/实际销售额
10. 平均访问销售额	实际销售额/总访问天数
11. 平均每日访问次数	访问总次数/总访问天数
12. 访问成交率	成交件数/总访问次数
13. 顾客意见发生率	顾客意见总数/固定顾客数
14. 新顾客开发率	新顾客增长数/访问新顾客数

（3）市场决策能力分析。市场决策能力分析是以前述产品竞争能力分析、销售活动能力分析以及新产品开发能力分析等的结果为依据，对照企业当前实施的经营方针和经营战略，发现企业在市场决策中的正确及不当之处，评估判断企业领导者的市场决策能力，并探讨企业中长期所采取的经营战略，以提高企业领导者的决策能力和水平，使企业获得持续的成长和发展。

4. 组织能力

企业的一切活动归根到底都是组织的活动，组织是实现目标的工具，是进行有效管理的手段。分析组织效能，发现制约企业长远发展的组织管理问题并加以改进，则为企业战略的正确制定和成功实施奠定了坚实的组织基础。

进行组织效能分析，首先必须明确评价组织效能的一般标准。良好的组织应符合以下基本原则：目标明确，组织有效，统一指挥，责权对等，分工合理，协作明确，信息通畅，沟通有效，管理幅度与管理层次有机结合，有利于人才成长和合理使用，有良好的组织气氛。遵从以上评价标准，具体进行组织效能分析时可以从多角度进行。

（1）从分析组织任务分解入手，对组织任务的分解过程和分解结果进行逻辑分析，进而对组织任务分解的合理性作出判断。例如分析职能管理体系的分工，如果任务分解不合理，如任务交叉、任务割裂、任务空档、轻重不分、横向协调不畅等，那么，据此建立的职能组织结构也不可能合理。

（2）从分析岗位责任制、责任权限对等性入手，发现改善的机会。在企业组织的等级链上，每一个环节即职位上都要贯彻责权对等的原则。如果某个职位的责权不清晰、不对等，等级链就缺乏牢固的连接环，整个组织就会松垮、低效。

（3）从分析管理体制入手，对企业集权和分权的有效性进行分析。在分析时要注意分析影响本企业职权集中和分散的各种因素，例如组织的规模、职责和决策的重要性、组织文化、下级管理人员的数量和素质、控制技术的发展程度、环境的影响等，切忌一刀切。一般而言，规模较大的企业职权应适度分散；反之，则需适度集中。从内部扩展起来的公司集权较多，合并或联合起来的公司分权较多。各级管理人员数量、素质不足，则倾向于职权集中；反之，则倾向于职权分散。实行多元化经营分权较多；实行单一化经营集权较多。其实，集权和分权对于一个组织而言都是必要，没有绝对的集权，也没有绝对的分权。应由下级获得的权力过于集中，是上级“擅权”；应由上级掌握的权力过于分散，是上级“失职”。分析组织效能时，不是考虑分权好还是集权好，而是如何合理确定集权与分权的合理程度，哪些应集权，哪些应分权。

（4）从分析组织结构入手，确定现有组织结构是否适应未来的战略方向。现代企业组织形式主要有直线制、职能制、直线—职能制、事业部制、矩阵制、多扁平式、网络式、虚拟式等。各种组织形式各有优势，此项分析旨在确定适应未来战略方向的最佳组织形式。

（5）分析管理层次和管理幅度入手，发展新增或合并管理职能部门的可能性。管理层次决定组织纵向结构，管理幅度决定组织横向结构。古典组织学家主张狭窄的管理幅度以实现有效的控制。现代组织学家认为下级憎恶限制人们动机和行为的严密管理，主张管理宽幅度，以减少管理层次，加速组织中信息的传递。现实中，管理幅度和管理层次的决定需要综合考虑企业规模、生产特点、经营性质、受教育程度、组织协调程度、管理者的能力、下级的成熟度、工作的标准化程度、工作条件、工作环境等多种因素。

（6）从分析人员入手，根据组织任务分解、职位标准和职务手册等，对企业所有现职管理者承担现职工作能力和职业前景进行分析判断，看现职管理者的胜任程度和职位标准等是否应当修正。

四、SWOT 分析

SWOT 分析法就是确认企业所面临的优势（strength）与劣势（weaknesses）、机会（opportunities）与威胁（threats），并据此确定企业的战略定位，最大限度地利用内部优势和机会，并使企业劣势与威胁降至最低限度。常用的方法是详尽地明确行业状况和企业内部战略环境，对所列的因素逐项打分，然后按因素的重要程度加权并计算其代数和，以判断其中的内部优、劣势与外部的机会与威胁。企业 SWOT 分析如图 2-4 所示。

	潜在外部威胁（T）	潜在外部机会（O）
外部环境	• 市场增长较慢 • 竞争压力增大 • 不利的政府政策 • 新的竞争者进入行业 • 替代产品销售额正在逐步上升 • 用户讨价还价能力增强 • 用户需要与爱好逐步转变 •通货膨胀递增及其他	•纵向一体化 •市场增长迅速 •可以增加互补产品 •能争取到新的用户群 •有进入新市场的可能 •有能力进入更好的企业集团 •在行业中竞争业绩优良 •扩宽产品线、满足用户需要及其他
	潜在内部优势（S）	潜在内部劣势（W）
内部环境	• 产权技术优势 • 成品优势 • 竞争优势 • 特殊能力 • 产品创新 • 具有规模经济 • 良好的财务资源 • 高素质的管理人员 • 公认的行业领先者 • 买主的良好印象 • 适应力强的经营战略 • 其他	• 竞争劣势 • 设备老化 • 战略方向不明 • 竞争地位恶化 • 产品线范围太窄 • 技术开发滞后 • 营销水平低于同行业其他企业 • 管理不善 • 战略实施的历史记录不佳 • 不明原因导致的利润率下降 • 资金拮据 • 相对于竞争对手高成本及其他

图 2-4　企业 SWOT 战略分析

1. 增长型战略（SO）

当机会较多、优势较大的时候，采取增长型战略。企业应该集中于某单一经营领域，利用自己的优势占领市场。企业可以选用纵向一体化向自己的上游供应商或下游销售商扩展。企业可以少量的相关产品进行多样化的经营，同时利用自己的优势，开拓市场上的机会。

2. 扭转型战略（WO）

当市场机会多，但是企业处于竞争劣势时，企业需要扭转现状，摆脱自己的劣势竞争地位。推荐企业在某一经营领域制定集中战略，以某一个领域为突破口改变现状。如果条件允许，企业应考虑与同行的其他企业合并。为了减小风险，企业可以进行多样化经营。如果这一切难以奏效，则放弃这一块市场。

3. 防御型战略（WT）

当市场威胁大，企业又没有优势的时候，企业只能采取防御型战略。推荐的方法是谋求与竞争对手合作或合并，以加强竞争地位。企业也可以从某一个领域突破，制定集中的战略。企业可以选用纵向一体化和多样化经营。如果难以成功，企业可以将该市场中的业务分离出去，或者把资源收回，用到其他领域。

4. 多样化战略（ST）

当企业有较大的竞争优势，但市场机会不多的时候，企业适合采取多样化经营战略，把企业带向具有更大发展空间的市场。另一种进入新领域的方法是寻找合作或合资经营的机会。

SWOT 分析是战略分析中非常重要的工具，也是一种战略性的分析方法。当然，SWOT 分析法的正确使用来源于知识、经验、充分的信息、战略思维和商业直觉，它是一个非常具有综合性的思维过程。

五、企业价值链分析

价值链是一个企业用来进行设计、生产、营销、交货以及辅助环节的各种活动的集合。价值链分析是识别和评价企业资源与能力的有效方法。价值链分析法分析的重点在于价值活动分析。价值活动可以分为两大类：基本活动和辅助活动。

1. 基本活动

基本活动是指企业的生产经营活动。它包括内部活动、生产活动、外部活动、市场活动和售后服务，这些活动与商品实体的加工流转直接有关，是企业的基本增值活动。基本活动根据企业所处行业不同而有所不同。例如，在食品行业中，内务后勤及外务后勤重视程度最高；而对于机械制造业来说，生产活动是其主要方面。

2. 辅助活动

辅助活动是用以支持基本活动而且内部之间又相互支持的活动，主要包括人力资源管理、技术开发和采购等工作。

价值链分析法为企业对现实的、潜在的优势和劣势进行内部分析提供了有效的指导方法，在把企业的活动进行系统分析，区分出几项价值活动后，就可从中找出关键的要素并将它们作为企业竞争优势来源作进一步分析。

任务三 企业竞争战略

【案例导入】

福特公司的创始人亨利·福特有着精明强干的头脑和丰富的技术经验。自从 1889 年《科学美国》作了有关德国奔驰汽车的结构和制造的报道后，许多美国人开始从事汽车制造。亨利·福特于 1896 年制造出第一辆福特汽车。

1903 年福特汽车公司成立，开始生产“A”型到“R”型和“S”型汽车，参与几十家汽车公司之间的竞争，当时还没有什么优势。但 1908 年开始生产福特“T”型车就标志着福特垄断局面的开始。“T”型车的特点是结构紧凑，设计简单，坚固，驾驶容易，价格较低。1913 年，福特采用了汽车装配的流水生产法并实行汽车零件的标准化，形成了大量的生产能力，当年产量增加到13万辆；1914年增加到26万辆；1923年增加到204万辆，在美国汽车生产中形成垄断的局面。

福特从而建立起一个世界上最大和盈利最多的制造业企业，短短的时间内它就从利润中积累了10亿美元的现金储备。可是，福特坚信企业所需要的只是所有主管企业家和他们的一些“助手”，只需“助手”的汇报由他发号施令即可运行。他认为公司组织只是一种“形式”企业，无需管理人员和管理。

随着环境变化，其他竞争者兴起，汽车有着不同档次的需要，科技、产供销、财务、人事等管理日趋复杂，个人管理已难以适应这种要求。只过了几年，到1927年，福特已丧失了市场领先的地位，以后的20年，逐年亏本，直到第二次世界大战期间已无法进行有力的竞争。

当时它的强劲对手通用汽车公司，则从20世纪20年代开始走着一条与福特经验相反的路子。“通用”原是一些竞争不过福特的小公司拼凑起来的，在建立之初，这些小公司作为“通用”的一部分各自为政。通用公司组织机构不健全，公司的许多工作集中在少数几个人身上，不仅使这些领导者忙于事务，无暇考虑公司的方针政策，并且限制了各级人员的积极性。

而1920年后，新上任的通用汽车公司总裁艾尔弗雷德·斯隆对公司进行了大整顿和大改组。公司根据市场不同层次顾客的需要，确定产品方向，加强专业化协作，谋取大规模生产，按照分散经营和协调控制的原则建立管理体制，从而有效地提高了公司的管理水平，“通用”的市场占有率也从1920年的10%一跃而起达到1927年的43%，此后多年均占50%以上。

而“福特”则每况愈下，到1944年，福特的孙子——福特二世接管时该公司已濒临破产。当时26岁的福特二世向他的对手“通用”学习，着手进行斯隆在“通用”所做的事，创建了一套管理组织和领导班子，5年后就在国内外重新获得了发展和获利的力量，成为通用汽车公司的主要竞争者。

【知识链接】

企业的竞争战略是实现业务战略目标的手段，通过实施竞争战略可以形成业务的相对优势，从而实现企业战略管理的目标。美国哈佛大学商学院的著名战略管理学家迈克尔·波特教授提出了三种基本竞争战略，即成本领先战略、差异化战略和集中化战略。这三种基本竞争战略因为能使企业形成超出对手的相对竞争优势而长期为企业所采用。

一、成本领先战略

成本领先战略也称为低成本竞争战略，是指企业通过有效途径降低成本，使企业的成本低于竞争对手，甚至是在全行业中处于最低水平，从而获取竞争优势的一种战略。

实施低成本战略成功的关键在于，在满足顾客认为最重要的产品特征和服务的前提下，实现相对于竞争对手的可持续性成本优势。换言之，奉行低成本战略的企业必须发掘出成本优势的持续性来源，能够形成防止竞争对手模仿成本优势的障碍，这种低成本优势才能持久。

运用这一战略获取利润的思路有两种：一是利用成本优势定出比竞争对更低的销售价格，吸引对价格敏感的顾客群，进而提高总利润；二是不降低商品价格，满足于现有市场份额，利用成本优势提高单位利润率，进而提高总利润和投资回报率。低成本战略的理论基石是规模效益和经验效益，它要求企业的产品必须具有较高的市场占有率。

（一）适用条件

1. 外部条件

（1）企业所处行业的产品基本上是标准化或者同质化的，由于产品在性能、功能等方面几乎没有差异，消费者购买决策的主要影响因素就是价格的高低。

（2）企业产品的市场需求具有价格弹性。消费者对价格越敏感，就越倾向购买低价格企业提供的产品，成本领先战略就越有吸引力。

（3）实现产品差异化的途径很少。这样很难进行特色经营以使自己的产品具有独特的优势。也就是说，不同品牌之间的差异化对消费者来说并不重要，从而使得消费者对价格的差异非常敏感。

（4）现有竞争者企业之间的价格竞争非常激烈。绝大多数消费者使用产品的方式都是一样的，即用户要求相同的标准化的产品能够满足购买者的需求。在这种情况下，较低的销售价格成了购买者选择品牌的主要决定因素。

（5）消费者的转换成本很低。当消费者从一个企业的产品转向另一个企业的产品所承担的成本较低时，他具有较大的灵活性，从而容易转向选择低价格、同质量的企业提供的产品。

2. 企业本身必须具有的能力和资源

（1）持续的资本投资和良好的融资能力。

（2）先进的生产加工工艺技能。

（3）严格的劳动监督。

（4）所设计的产品易于制造。

（5）低成本的分销系统。

（6）企业的产品设计要便于维修，保持一个较宽的相关产品系列以分散成本；同时，要使该产品为所有主要用户群服务，增加产品数量。

（7）企业要有很高的购买先进设备的前期投资，进行激进的定价和承受初期的亏损，以夺取市场份额。

（8）低成本会给企业带来高额边际收益，企业为了保持低成本地位，可以将这种高额边际收益再投资到新设备上去。这种再投资方式是维持低成本地位的先决条件。

（9）实施成本领先战略要求企业在组织上结构分明、责任明确，有良好的激励措施，进行严格的成本控制以及形成经常和详细的控制报告。

（二）优势分析

大多数企业在进行战略分析时都把成本领先作为获得竞争优势的基础。一旦企业在行业范围内取得成本领先地位，那么，它将拥有以下六点优势。

1. 能形成进入障碍

利用巨大规模和成本优势形成进入障碍，使欲进入该行业者望而却步。那些导致低成本的因素往往是潜在进入者需要克服的进入障碍。例如，在某些行业里，大规模生产在降低了产品成本的同时，也提高了行业的进入障碍。

2. 能有效地防御来自竞争对手的抗争

当其他竞争对手由于对抗而把自己的利润消耗殆尽以后，取得领先地位的企业仍能获得适当的收益。当消费者购买力下降，竞争对手增多，尤其是发生价格战时，成本领先地位可以起到保护企业的作用。

3. 能获得高于行业平均水平的利润

低成本企业可以利用低价格的优势从竞争对手那里挖掘销售量和市场占有率，即使行业内存在很多竞争对手，具有低成本地位的企业仍可获得高于行业平均水平的利润，这将进一步强化其资源基础，使其在战略选择上有更多的主动权。

4. 能对抗强有力的买方

购买者讨价还价的前提是行业内仍有其他企业向其提供同类产品或服务，一旦价格下降到低于最有竞争力对手的水平，购买者也就失去了与企业讨价还价的能力。

5. 能有效地应对来自替代品的竞争

替代品生产厂家在进入市场时，或者强调替代品的低价格，或者强调替代品的特性和用途。占据成本领先地位的企业在前两种情况下，企业可以通过进一步降价以抵御替代品的市场侵蚀，在这种情况下，企业仍可占领一部分对价格更敏感的细分市场。

6. 能实现“低成本、较高的收益”的良性循环

企业通过某种方式取得了在行业范围内的成本领先地位后，一般情况下都会获得较高的市场份额，同时获得较高的利润。而较高的收益又可加速企业的设备更新和工艺变革，反过来进一步强化企业的成本领先地位。

（三）风险分析

产业的新加入者通过模仿或者依靠对新技术的投资，用较低的成本进行学习，以更低的成本参与竞争，后来者居上，致使原有企业丧失成本领先地位。例如 20 世纪 70 年代初期，阿迪达斯制鞋公司在跑鞋制造业占据统治地位，但到 1982 年，后起之秀耐克公司已经占据美国跑鞋市场的 33%。而阿迪达斯却降到了 20%。耐克成功的关键并不在于标新立异，而是卓有成效的模仿。

技术上的突破和变化会使企业过去投资的设备与通过学习积累的经验失效，成为无效的资源。

用户偏好发生变化，开始重视非价格因素。例如用户对服装产品的消费，是随人们消费观念的变化而变化的，由价廉物美到追求个性发展和标新立异。

成本领先企业往往依靠低价位来保持竞争优势，一旦出现差异化的竞争者，降价的竞争方式势必使其获利空间大大缩小。

在企业内部，由于高层管理人员或营销人员将注意力过多地集中在成本控制上，而影响其他方面的质量控制，并极少关注顾客的偏好和要求，可能导致产品价格低廉，但不为顾客喜欢。

二、差异化战略

差异化战略是指企业设法向顾客提供与竞争者存在差异的产品和服务，在行业范围内树立

起别具一格的经营特色，以特色来取得竞争优势。

差异化战略要求企业通过差异将自己与竞争对手区分开来。但差异化战略并不是简单地追求形式上的特点与差异，实施差异化战略的关键是在消费者感兴趣的方面和环节树立起自己的特色。

（一）适用条件

1. 外部条件

（1）存在很多途径创造企业与竞争对手产品之间的差异，并且这种差异被顾客认为是有价值的。

（2）顾客对产品的需求和使用要求是多种多样的，即顾客需求是有差异的。

（3）采用差异化策略的竞争对手很少，即真正能够保证企业是“差异化”的。

（4）企业技术变革很快，市场上竞争的焦点主要集中在不断地推出新的特色产品。

2. 内部条件

（1）企业具有很强的研发能力，并且研究人员要有创造性的眼光。

（2）企业在行业中具有产品质量或技术领先的声望。

（3）企业在这一行业有悠久的历史或吸取其他企业的技术优势并自成一体。

（4）企业具有很强的市场营销能力。

（5）企业能够得到各种销售渠道强有力的合作。

（6）企业的研发部门、市场营销部门等职能部门能够实现密切协作。

（7）企业要具备能吸引高级研究人员、创造型人才和高技能人才的物质基础和良好氛围。

（二）优势分析

差异化战略是使企业获得高于同行业平均利润水平的一种有效战略。具体来说，实施差异化战略的意义有以下四点。

1. 降低顾客的价格敏感程度

由于差异化，顾客对产品或服务具有某种偏好，并形成对品牌的忠诚度，因此，顾客对价格的敏感程度降低。这样，差异化战略就可以为企业在该行业竞争中制造一个隔离带，避免竞争者的伤害。

2. 形成强有力的进入壁垒

由于差异化提高了顾客对企业的忠诚度，如果行业新加入者要参与竞争，就必须获得这些差异性，或者扭转顾客对原有产品或服务的信赖以及克服原有产品独特性的影响，从而要付出相当的代价。这就增加了新加入者进入该行业的难度。

3. 增强讨价还价的能力

产品差异化战略可以为企业带来较高的边际收益，降低企业总成本，增强企业对供应商讨价还价的能力。同时，由于购买者对产品的选择性和价格的敏感度都相对较低，企业可以运用这一战略削弱购买者的讨价还价能力。

4. 防止替代品的威胁

由于产品或服务具有差异性，能够赢得顾客的信任，可以在与替代品的较量中处于更有利的地位。例如，美的集团针对大多数顾客担忧食物在加工过程中营养流失的情况，于 2000 年 8 月及时推出了将食物中的蛋白质、维生素和微量元素等营养成分保有量增加到 25%的“营养星”微波炉，在中国微波炉行业第一次提出营养保存的概念，使产品一上市就获得了好评。美的再接再厉推出了一系列差异化产品，并赋予其新的价值。从黑、钛、铂金星到透明营养星和太空营养星，再到数智星，层层推进，得到了经销商和消费者的认可与欢迎。

（三）风险分析

差异化是一个十分有效的竞争战略，但是并不能保证一定能够创造有意义的优势。企业在实施差异化战略时面临两种主要风险：首先是企业没有形成适当的差异化；其次是企业在遭受竞争对手的模仿和进攻下，没有保持差异化。具体表现在以下四点。

1. 不适合的差异化风险

没有认清有必要进行差异化的突破点。如果购买者满足于基本的产品，认为“附加”的属性并不值得支付更高的价格，在这种情况下，低成本生产商战略就可以击败差异化战略。

忽视及时向购买者宣传差异化的价值，仅依靠内在产品属性来获得差异化。

过度的差异化会导致产品的价格相对于竞争对手过高，或者差异化属性超出购买者的需求。

2. 高代价的差异化风险

实现差异化的成本很高，从而形成了较高的销售价格。如果价格超过了顾客的承受能力，顾客就会放弃差异化产品的诱惑，转而选择物美价廉的产品。这时实行低成本战略的企业就会占据竞争优势。

3. 差异化的模仿风险

由于竞争对手的模仿降低了产品的特色，或使差异趋同化，顾客感受不到产品个性给他们带来的愉悦，差异的优势也就慢慢消失。因此，企业在实行差异化战略时，要高度关注差异模仿性和持久性。典型的例子是我国的 VCD 大战，该行业的技术易掌握，行业成熟快，生产企业之间相互模仿，顷刻之间便有数十个生产厂家，使产品雷同，直接导致了轰轰烈烈的价格风潮。

4. 差异化的竞争和转移风险

竞争对手推出更有差异化的产品，使得企业原有的购买者转向了竞争对手的市场。

三、集中化战略

一些企业由于受资源和能力的制约，既无法成为成本领先者，也无法成为差异化者，而是介于其间，因此，这些企业就无法获得这两种战略所形成的竞争优势。但是如果这种企业能够约束自己的经营领域，集中资源和能力于某一部分特殊的顾客群，或者某个较小的地理范围，或者仅仅集中于较窄的产品线，那么，它们也可同样在一个比较小的目标市场上获得竞争优势。因此，集中化战略就是以选定的细分市场为对象进行专业化服务的战略。

（一）基本概念

集中化战略又称为集中战略或重点集中战略，也称作集聚战略或专一战略。它是企业或战略经营单位根据特定消费群体的特殊需求，将经营范围集中于行业内的某一细分市场，使企业的有限资源得以充分发挥效力，在某一局部超过其他竞争对手，建立竞争优势。

集中化战略与成本领先战略与差异化战略不同的是：一般的成本领先和差异化战略多着眼于整个市场、整个行业，从大范围谋求竞争优势；集中化战略则把目标放在某个特定的、相对狭小的领域内，在局部市场争取成本领先或差异化，建立竞争优势。一般来说，中小型企业多采用集中化战略。

集中化战略有两种表现形式：一种着眼于在局部领域获得成本领先优势，称为集中成本领先战略；另一种着眼于在局部领域获得差异化优势，称为集中差异化战略。

采用集中化战略的依据是，企业能比竞争对手更有效地为某一狭隘的顾客群体服务。即企业或由于能够更好地满足特定需求而获得产品差异，或能在为目标顾客服务的过程中降低成本，或两者兼而有之。从整体市场看，也许集中化战略并未取得成本领先或差异化优势，但它确实在较窄的市场范围内取得了上述一种或两种地位。

（二）适用条件

企业实施集中化战略的关键是选好战略目标，一般原则是，企业要尽可能地选择竞争对手最薄弱环节和最不易受替代品冲击的目标。不管是以成本为基础的集中化战略，还是以差异化为基础的集中化战略，都应满足以下五个条件。

（1）目标市场足够大且可以盈利，或者虽然是小市场但具有成长潜力。

（2）企业的资源或能力有限，不允许选定多个细分市场作为目标。

（3）在所选定的目标细分市场中没有其他的竞争对手采用这一战略。

（4）企业拥有足够的能力和资源，能在目标市场上站稳脚跟。

（5）企业凭借其建立起来的顾客商誉和企业服务来防御行业中的竞争者。

（三）优势分析

同其他竞争战略一样，通过采用集中化战略也能在本行业中获得高于一般水平的收益。主要表现在以下三个方面。

（1）该战略目标集中明确，经济效果易于评价，战略管理过程易于控制，从而带来管理上的便利。

（2）可以避开行业中的各种竞争力量，可以化解替代品的威胁，可以针对竞争对手最薄弱的环节采取行动。如根据消费者不断变化的需求形成产品的差异化优势；或者在为该目标市场的专门服务过程中降低成本，形成降低成本优势；或者兼而有之。

（3）便于集中使用企业资源和力量，更好地服务于某一特定市场。

因此，根据中小型企业在规模、资源等方面所固有的一些特点以及集中化战略的特性，集中化战略对中小企业来说可能是最适宜的战略。

（四）风险分析

实施集中化战略也有相当大的风险，主要表现在下面三点。

（1）由于企业将全部力量和资源都投入到了一种产品或服务或一个特定的市场，当顾客偏好发生变化、技术出现创新或有新的替代品出现时，这部分市场对产品或服务的需求就会下降，企业会受到很大冲击。

（2）竞争者打入了企业选定的部分市场，并且采取了优于企业的更集中化的战略。

（3）产品销量减少，产品要求不断更新，造成生产费用的增加，导致采用集中化战略企业的成本优势被削弱。

因此，企业选择集中化战略时，应在产品获利能力和销售量之间进行权衡与取舍，有时还要在产品差异化和成本状况之间进行权衡。

习 题

一、简答题

1. 企业战略的类型有哪些？
2. 如何制定企业的战略？
3. 战略实施的模式有哪些？

二、案例分析题

“老牌”企业的竞争

海清啤酒成功地在中国西部某省一个拥有 300 万人口的 C 市收购了一家啤酒厂，不仅在该市取得了 95%以上市场占有率的绝对垄断，而且在该省的市场占有率也达到了 60%以上，成了该省啤酒业界名副其实的龙头老大。

C 市 100 公里内有一金杯啤酒公司，3 年前也是该省的老大。然而，最近金杯啤酒因经营不善全资卖给了一家境外公司。

金杯啤酒在被收购后，立刻花了近亿元的资金搞技改，还请了世界第四大啤酒厂的专家坐镇狠抓质量。但是新老板清楚得很，金杯啤酒公司最短的那块板就是营销。为一举获得 C 市的市场，金杯不惜代价从外企挖了 3 个营销精英，高薪招聘 20 多名大学毕业生，花大力气进行培训。

省内啤酒市场的特点是季节性强，主要在春末和夏季及初秋的半年多时间。一年的大战在 4 月、5 月、6 月三个月基本决定胜负。作为快速消费品，啤酒的分销网络相对稳定，主要被大的一级批发商控制。金杯啤酒没有选择正面强攻，主要依靠直销作为市场导入的铺货手段，由销售队伍去遍布 C 市的数以万计的零售终端虎口夺食。

金杯啤酒的攻势在春节前的 1 月份开始了，并且成功地推出了 1 月 18 日 C 市要下雪的悬念广告，购买还有礼品附送。覆盖率和重复购买率都大大超出预期目标。但是，金杯在取得第一轮胜利的同时，也遇到了内部的管理问题。该公司过度强调销售，以致把结算流程、财务制度和监控机制都甩在一边。销售团队产生了骄傲轻敌的浮躁心理，甚至上行下效不捞白不捞。公司让部分城区经理自任经销商，他们白用公司的运货车，赊公司的货，又做生意赚钱，还当经理拿工资。库房出现了无头账，查无所查，连去哪儿了都不知道。

面对竞争，海清啤酒在检讨这轮竞争失利的同时，依然对前景充满信心。他们认为对手在淡季争得的市场份额，如果没有充足的产量作保障，肯定要跌下来；而且海清的分销渠道并没有受到冲击，金杯公司强入零售网点不过是地面阵地的穿插。

如今，啤酒销售的旺季也就是决胜的时候快到了，你认为海清啤酒应该怎样把对手击退，巩固自己的市场领导地位呢？

【思考与讨论】

（1）运用 SWOT 分析法，分析海清啤酒面临的环境。

（2）如何评价金杯啤酒的竞争战略？

（3）海清啤酒应采用什么样的竞争战略？

情境三

企业人力资源管理

任务引入

王洋结束了有关战略规划的实习，来到人力资源部，开始了新的工作。在这里，他要与同事们一起完成集团公司人力资源管理的相关工作，包括人力资源的获取、开发和使用等。

任务分析

1. 人力资源管理认识。
2. 人力资源的获取。
3. 人力资源的开发。
4. 人力资源的使用。

学习目标

1. 了解人力资源管理理论。
2. 掌握人力资源管理的内容、程序和方法。

技能目标

1. 掌握人力资源管理的基本理论和技术。
2. 学会招聘方案设计，能够进行人员招聘与选拔工作。
3. 熟悉人力资源的使用和开发的过程管理。
4. 懂得绩效考核方案设计中需要掌握的关键点和薪酬管理的基本原则。

组织与实施评价

1. 全班学生划分为6～8人的小组，模拟成立公司，组成项目团队。
2. 进行角色分工，模拟企业人力资源管理工作流程。
3. 在教师的指导下，根据掌握的人力资源管理方法模拟开展人力资源工作。
4. 评价与总结：各小组分析评价企业人力资源从获取到开发再到使用过程中的工作方法及效果。

任务一 人力资源管理认知

【案例导入】

新吉公司的工作分析计划书

新吉公司是一家IT企业，前年研发出一种新型网络信号接收卡，并投入批量生产。产品推出后，销售异常火爆，2012年实现销售收入5 000万元。2013年销售形势与去年相比，预计大有上升之势。由于业务的发展，公司领导决定在行政部、市场部、企业发展部招聘一批新员工。

为了使招聘工作更有针对性，使新员工更加符合现任岗位要求，人力资源管理部决定对上述三种岗位进行详细分析，并为此拟出一份工作分析计划书。

新吉公司工作分析计划书

为了提高企业人力资源管理工作的有效性和可靠性，为了有效地在下季度实施企业招聘计划，同时为了能够圆满完成今年的薪酬政策、激励政策和培训政策的调整工作，使人力资源管理各项工作适应企业的发展趋势，特计划在2013年9月份对企业某些部门重新进行工作分析。具体计划如下。

1. 进行工作分析的职务

（1）行政部行政文员。

（2）市场部销售经理。

（3）企业发展部公共关系经理。

2. 工作分析样本

出于职务经验、职务完整性及其他相关因素的考虑，计划选取各部门以下员工为工作分析样本：

（1）行政部行政文员张芳。

（2）市场部销售经理王雨。

（3）企业发展部公共关系经理程震。

3. 工作分析方法的选择

由于各样本的职务性质不同，特采用不同的工作分析方法。

（1）行政部行政文员：问卷调查法、观察法、参与法相结合。

（2）市场部销售经理：问卷调查法、面谈法相结合。

（3）企业发展部公共关系经理：问卷调查法、面谈法、职务表演法相结合。

4. 工作分析的步骤及时间安排

9月10日：召集相关人员进行座谈，宣传并解释工作分析的目的、意义、作用及注意事项。

9月11日至9月12日：工作分析小组成员分别进行工作分析设计。

9月13日：小组成员对工作分析设计方案进行讨论和修改。

9月14日至9月15日：小组成员分别具体实施工作分析方案，收集职务信息。

9 月 16 日：小组成员分别进行职务信息分析。

9 月 17 日：小组成员分别编写职务描述和职务资格要求初稿。

9 月 18 日：小组成员对信息分析和编写的文件初稿进行相互讨论。

9 月 19 日：将职务描述和职务资格要求与相关部门经理进行讨论。

9 月 20 日：召集相关人员进行座谈，对职务描述和职务资格要求进行最终定稿。

5. 工作分析小组构成

组长：张大鹏（常务副总经理）

副组长：王建（人力资源部经理）

成员：赵校庆（人力资源部招聘专员）

　　　刘需才（人力资源部薪酬专员）

【知识链接】

在知识经济时代，人力资源问题已经成为世界各国发展的战略问题。国内外的历史经验证明：人力资源是一种特殊的资源，而且是最重要的资源。尤其是在经济发展主要依靠科学技术进步的今天，作为科学技术、知识文化载体的人力资源更是日益显示出其在经济发展中的特殊作用。人力资源管理已经成为企业管理的一项重要任务。

一、人力资源定义

人力资源是指在一定期限内，一个国家或地区具有或将具有为社会创造物质和文化财富的、从事体力劳动和智力劳动的人们的总称。

人力资源有广义和狭义之分。广义的人力资源是指以人的生命为载体的社会资源，凡是智力正常的人都是人力资源。狭义的人力资源则是有智力和体力劳动能力的人的总称，也可以理解成为社会创造物质文化的人，包括数量和质量两个指标。

1. 人力资源的内容

人力资源是与自然资源或物质资源相对应的概念，是与人口资源、劳动力资源和人才资源相关的概念。

（1）人口资源是指在一定时期内一个国家或地区的人口总体。人口资源主要表明的是数量概念，劳动力资源、人力资源、人才资源都以其为基础。

（2）劳动力资源是指在一定时期内以一个国家或地区有劳动能力并在劳动年龄范围内（一般为 16～60 岁）的人口的总和，侧重于劳动者数量。

（3）人才资源是指一个国家或地区具有较强的管理能力、研究能力、创造能力和专门技术能力人们的总称，是在一定时期内杰出的、优秀的人力资源，着重强调人力资源的质量。它反映了一个民族的素质和发展潜力，是人力资源中最为宝贵和精华的部分。在企业管理范畴中，人才资源是企业中优秀的生产、管理、服务人员的总和，即骨干与核心员工。

人口资源、劳动力资源、人力资源、人才资源之间的数量关系，如图 3-1 所示。

我国人口资源、劳动力资源、人力资源丰富，但是人才资源却相当匮乏。这是我国长期以来只重视人力资源的利用，忽略人力资源的开发造成的。因此，我国必须重视教育和人力资源开发，不断提高人力资源的质量，将我国建设成为世界上人力和人才资源大国。

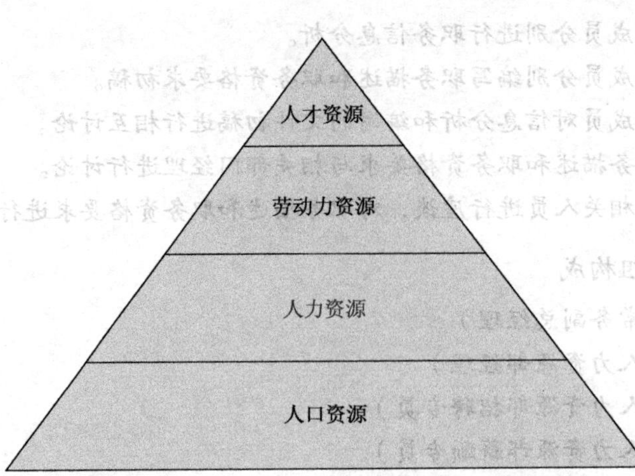

图 3-1 人口资源、劳动力资源、人力资源和人才资源之间的数量关系

2. 人力资源的特征

（1）生物性。与其他任何资源不同，人力资源属于人类自身所有，存在于人体之中，是一种“活”的资源，与人的生理特征、基因遗传密切相关，具有生物性。

（2）时代性。人力资源的数量、质量及人力资源素质的提高，即人力资源的形成受时代条件的制约，具有时代性。

（3）能动性。人力资源的能动性是指人力资源是体力与智力的结合，具有主观能动性，具有可以不断开发的潜力。

（4）两重性。两重性也称双重性，是指人力资源既具有生产性，又具有消费性。

（5）时效性。人力资源的时效性是指人力资源如果长期不用，就会荒废和退化。

（6）连续性。人力资源开发的连续性是指人力资源是可以不断开发的资源，不仅人力资源的使用过程是开发的过程，培训、积累、创造过程也是开发的过程。

（7）再生性。人力资源是可再生资源，通过人口总体内各个个体的不断替换更新和劳动力的“消耗—生产—再消耗—再生产”的过程实现其再生。人力资源的再生性除受生物规律支配外，还受到人类自身意识、意志的支配，以及人类文明发展活动的影响和新技术革命的制约。

二、人力资源管理

人力资源管理，是指组织为了实现既定目标，运用现代管理方法和手段，对人力资源的取得、开发、保持和利用等方面所进行的计划、指挥、协调和控制活动。

人力资源管理是从传统的劳动人事管理演变发展而来的。

1. 人力资源管理的内容

（1）工作分析。对企业各个工作职位的性质、结构、责任、流程，以及胜任该职位工作人员的素质、知识、技能等，在调查分析获取相关信息的基础上，编写出职务说明书和岗位规范等人事管理文件。

（2）人力资源规划。把企业人力资源战略转化为中长期目标、计划和政策措施，包括对人力资源现状分析、未来人员供需预测与平衡，确保企业在需要时能获取所需的人力资源。

（3）员工招聘与选拔。根据人力资源规划和工作分析的要求，为企业招聘、选拔所需要的人力资源并录用安排到一定岗位上。

（4）培训与开发。通过培训提高员工个人、群体和整个企业的知识、能力、工作态度和工作绩效，进一步开发员工的智力潜能，以增强人力资源的贡献率。

（5）业绩考核。对员工在一定时间内，对企业的贡献和工作中取得的绩效进行考核与评价，及时做出反馈，以便提高和改善员工的工作绩效，并为员工培训、晋升、计酬等人事决策提供依据。

（6）薪酬管理。包括对基本薪酬、绩效薪酬、奖金、津贴以及福利等薪酬结构的设计与管理，以激励员工更加努力工作。

（7）员工激励。采用激励理论和方法，对员工的各种需求要予以不同程度的满足或限制，引起员工心理状况的变化，以激发员工向企业所期望的目标努力。

（8）职业生涯管理。鼓励和关心员工的个人发展，帮助员工制定个人发展规划，以进一步激发员工的积极性、创造性。

（9）人力资源会计。与财务部门合作，建立人力资源会计体系，开展人力资源投资成本与产出效益的核算工作，为人力资源管理与决策提供依据。

（10）劳动关系管理。协调与改善企业与员工之间的关系，进行企业文化建设，营造和谐的劳动关系和良好的工作氛围，保障企业经营活动的正常开展。

2. 人力资源管理的功能

（1）获取。根据企业目标确定的所需员工条件，通过规划、招聘、考试、测评、选拔，获取企业所需人员。

（2）整合。通过企业文化、信息沟通、人际关系和谐、矛盾冲突的化解等有效整合，使企业内部的个体和群众的目标、行为、态度趋向企业的要求与理念，使之形成高度的合作与协调，发挥集体优势，提高企业的生产能力和效益。

（3）保持。通过薪酬、考核、晋升等一系列管理活动，保持员工的积极性、主动性、创造性，维护劳动者的合法权益，保证员工在工作场所的安全、健康、舒适，以增进员工的满意度，使之安心满意地工作。

（4）评价。对员工工作成果、劳动态度、技能水平以及其他方面做出全面考核、鉴定和评价，为做出相应的奖惩、升降、去留等决策提供依据。

（5）发展。通过员工培训、工作丰富化、职业生涯规划与开发，促进员工知识、技能和其他方面的素质提高，使其劳动能力得到增强和发挥，最大限度地实现个人价值和对企业的贡献率，达到员工个人和企业共同发展的目的。

三、工作分析

工作分析又称职务分析，是指对某特定的职务及其相关的要素进行系统的研究和分析，并确定完成这一职务所需条件、资格和行为的活动过程。

1. 工作分析在人力资源管理中的位置

工作分析是人力资源管理工作的基础，其分析质量对其他人力资源管理模块具有举足轻重的影响。工作分析在人力资源管理中的位置如图 3-2 所示。

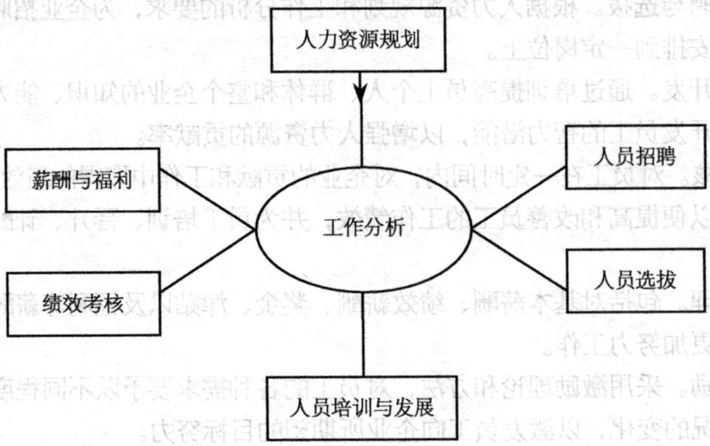

图 3-2 工作分析在人力资源管理中的位置

2. 工作分析的内容

工作分析是对企业各项工作的特征、规范、要求、流程以及承担此项工作的员工的素质、知识、技能要求等进行描述的过程，目的是确定职务所需承担的任务、职责和责任，以保证企业管理者科学合理地分配各项工作，做到人事匹配。从管理的角度看，工作分析的内容包括以下七个方面。

（1）工作内容（What）：要完成什么样的工作。

（2）责任者（Who）：谁来完成。

（3）工作岗位（Where）：工作将在哪里完成。

（4）工作时间（When）：工作将在何时完成。

（5）怎样操作（How）：如何完成工作。

（6）原因（Why）：为什么要完成此项工作。

（7）条件（What about）：完成此项工作需要哪些条件。

3. 工作分析的作用

（1）工作分析为人力资源开发与管理活动提供依据。

① 工作分析为人力资源规划提供了必要的信息。

② 工作分析为人员的招聘、录用提供了明确的标准。

③ 工作分析为人员的培训开发提供了明确的依据。

④ 工作分析为科学的绩效管理提供了帮助。

⑤ 工作分析为制定公平合理的薪酬政策奠定了基础。

（2）工作分析为组织职能的实现奠定基础。

① 工作分析有助于员工本人反省和审查自己的工作内容与工作行为，使得员工自觉、主动地寻找工作中存在的问题，更大程度地实现职位对于组织的贡献。

② 在工作分析过程中，人力资源管理人员能够充分地了解组织经营的各个重要业务环节和业务流程，从而有助于人力资源管理职能真正上升到战略地位。

③ 借助于工作分析，组织的最高经营管理层能够充分了解每一位工作岗位上的人目前所做的工作，可以发现职位之间的职责交叉和职责空缺现象，并通过职责及时调整，提高组织的协同效应。

4. 工作分析流程

（1）准备阶段。这一阶段主要任务是对工作分析进行全面设计，包括收集和分析相关背景信息，确定工作分析目标，确定工作分析的组织、样本和规范以及建立关系等。具体包括以下内容。

① 成立由专家、部门负责人、岗位在职人员组成的工作分析小组或委员会。

② 确定工作分析小组开展工作的原则与要求。

③ 确定调查和分析对象的样本，并使样本具有代表性。

④ 确定工作分析的目的、方法与步骤。

⑤ 进行工作分析宣传，取得员工的认同与合作。

⑥ 确定收集信息的类型范围，提出拟解决的主要问题。

⑦ 制订工作分析的实施计划，并将计划细分，确定基本制度。

（2）调查阶段。这一阶段的主要任务是对整个工作过程、工作环境、工作内容和工作人员等主要方面进行全面的调查。具体工作包括如下四方面内容。

① 设计各种调查问卷，编写调查提纲。

② 通过运用多种分析方法，调查工作条件和工作环境，并做好真实记录。

③ 与员工进行沟通，收集有关的工作特征和工作人员任职条件的信息。

④ 对收集的信息、数据进行分类、筛选和定性，并做出等级评价。

（3）分析阶段。这一阶段的主要任务是对调查收集到的有关工作特征的结果进行深入分析。具体工作包括如下四方面内容。

① 仔细审核和确认已收集的信息。

② 分析信息结果指向的原有工作说明和工作规范的内容。

③ 创造性地分析有关工作和工作人员的关键因素。

④ 归纳总结出职务分析的必要材料和要素。

（4）完成阶段。这一阶段的主要任务是根据信息分析结果，形成职务说明书。具体工作包括如下五方面内容。

① 根据信息分析结果，草拟出"职务说明书"。

② 将草拟的"职务说明书"与实际工作进行对比。

③ 修正"职务说明书"，并确定是否需要再次进行调查研究。

④ 使用"职务说明书"，在实际工作过程中根据反馈意见，完善"职务说明书"。

⑤ 对工作分析进行评估，并将"职务说明书"进行存档保存，为以后的工作分析积累资料。

5. 工作分析的方法

（1）关键事件法。它是由上级主管者记录员工平时工作中的关键事件：一种是做得特别好的，一种是做得不好的。在预定的时间，通常是半年或者是一年之后，利用积累的记录，由主管者与被测评者讨论相关事件，为测评提供依据。运用关键事件法要注意三个重点：观察；书面记录员工所做的事情；明确有关工作成败的关键性的事实。

关键事件法的主要原则是认定员工与职务有关的行为，并选择其中最重要、最关键的部分来评定其结果。它首先从领导、员工或其他熟悉职务的人那里收集一系列职务行为的事件，然后描述"特别好"或"特别坏"的职务绩效。对每一事件的描述内容，包括：① 导致事件发生的原因和背景；② 员工的特别有效或多余的行为；③ 关键行为的后果；④ 员工自己能否支配或控制上述后果。

在大量收集这些关键事件后，可以对它们做出分类，并总结出职务的关键特征和行为要求。关键事件法既能获得有关职务的静态信息，也可以了解职务的动态特点。

（2）观察法。这是一种传统的岗位调查方法，是指有丰富经验的工作分析人员在不影响被观察者的条件下，通过观察记录工作分析所需的信息、数据，再进行归纳、整理，以达到分析目的的一种方法。

（3）访谈法。这是由工作分析专家与该项职务的任职者就该项职务的有关内容进行面对面的谈话。访谈法有个别访谈法、集体访谈法和主管访谈法 3 种。谈话的内容包括工作目标、工作内容、工作性质、工作范围、任职条件、工作职责、任务完成情况等多个方面。通过与专家、员工和管理者的访谈，可以获取更多的细节和更准确的信息。很多工作是不可能由工作分析人员实际体会的，或者是不可能通过观察法来了解的，因此，与工作的承担者面谈是收集工作信息的一种有效方法。

（4）问卷法。这是工作分析中最常用的一种方法，就是采用问卷来获取工作分析所需要的信息，实现工作分析的目的。主要是由员工对有关内容、工作行为、工作特征和工作人员特征的重要性等做出描述或打分，然后对结果进行统计分析，形成代表性意见，并据此写出职务说明书，再根据反馈意见，修改和完善职务说明书。收集工作分析信息可以采用开放式问卷和结构化程度比较高的问卷，由于开放式问卷容易出现访谈法中的问题，因此，多采用结构化问卷。一般来说，最好的问卷应该是既有结构化问题，也有开放式问题。

（5）工作日志法。这种方法一般由工作者本人按工作日志的形式，详细记录自己的工作内容、职责、权利、人际关系、工作负荷及感受等，并依次进行综合分析、归纳，进而实现工作分析目的的一种方法。这种分析方法比较经济、有效，但也可能存在误差，带有个人感情色彩和一定的主观片面性，在实际工作中很少得到应用。

6. 职务说明书的编写与管理

将工作分析的结果用书面形式表示出来就是职务说明书。职务说明书的编写并没有固定的模式，需要根据工作分析的特点、目的和要求具体确定编写的条目。职务说明书的编写要求达到准确、规范、清晰。具体内容包括两部分：工作描述和工作规范。

（1）工作描述。这是对某特定职务工作的特征和环境特点的描述，其主体是岗位工作本身，包括以下内容。

① 职务名称。这是指组织对从事一定工作活动所规定的职务代号，以便对各种工作进行识别、登记、分类及确定组织内外的各种工作关系。

② 工作任务。每个工作任务岗位都有它特定的任务，包括任务的性质、内容、实现的形式及任务执行的步骤和程序等。

③ 工作职责与权限分析。职责是职务与责任的统一，工作职责分析包括职责范围、责任大小、重要程度等。工作权限分析是对工作者权利的一种界定，包括权限范围、权限大小、权限级别等。

④ 工作环境。包括工作的物理环境、安全环境和社会环境。

⑤ 聘用条件。包括薪酬结构、支付方法、福利待遇、晋升和进修的机会、工作周期等。

⑥ 工作内容。包括劳动强度、工作时数、使用的机器设备、工作流程等。

⑦ 工作关系。包括接受监督及监督的性质和内容、人际交往的机会和程度、各部门之间的

关系等。

（2）工作规范。工作规范是指从事某特定职务工作的人员所必须具备的生理要求、心理要求和任职资格，其主体是从事该工作的人。具体包括以下两方面内容。

① 基本要求，主要包括年龄、性别、学历、工作经验、管理及专业知识、专长等。

② 心理要求，主要包括观察能力、理解记忆能力、学习能力、解决问题的能力、语言表达能力、人际交往能力、应变能力、领导解决能力、创新能力、性格气质、兴趣爱好、上进心、合作精神等。

编写职务说明书时应注意以下五个问题。

① 语言要浅显易懂，简明扼要，要求清楚具体，不模棱两可。

② 内容可繁可简，主要依据工作分析的目的而定。

③ 形式可以是叙述型，也可以是表格式。

④ 程序上要保证职务说明书的全面性、完整性。

⑤ 要便于使用和执行。

任务二 人力资源的获取

【案例导入】

上海通用汽车设立的“九大门槛”

上海通用汽车有限公司（SGM）是上海汽车工业（集团）总公司和美国通用汽车公司合资建立的轿车生产企业，是迄今为止我国最大的中美合资企业之一。SGM的目标是成为国内领先、国际上具有竞争力的汽车公司。同时，SGM的发展远景和目标定位也注定其对员工素质的高要求：不仅具备优良的技能和管理能力，而且还要具备出众的自我激励能力、自我学习能力、适应能力、沟通能力和团队合作精神。

为了招到符合要求的员工，SGM制定了近乎苛刻的录用程序。

SGM对应聘者设立了“九大门槛”，如图3-3所示。

SGM的整个评估活动完全按标准化、程序化的模式进行。凡被录用者，须经过的每个程序和环节都有标准化的运作规范和科学化的选拔方法。其中笔试主要测试应聘者的专业知识、相关知识、特殊能力和倾向。目标面试则由受过国际专业咨询机构培训的评估人员与应聘者进行面对面的问答式讨论，验证其登记表中已有的信息，并进一步获取信息，其中专业面试则由用人部门完成。情景模拟是根据应聘者可能担任的职务，编制一套与该职务实际情况相仿的测试项目，将被测试者安排在模拟的、逼真的工作环境中，要求被试者处理可能出现的各种问题，用多种方法来测试其心理素质、潜在能力的一系列方法。如通过无领导的两小组合作完成练习，观察应聘管理岗位的应聘者的领导能力、领导欲望、组织能力、主动性、说服能力、口头表达能力、自信程度、沟通能力、人际交往能力等。SGM还把情景模拟推广到了对技术工人的选拔上，如通过齿轮的装配练习，来评估应聘者的动作灵巧性、质量意识、操作的条理性及行为习惯。在实际操作过程中，观察应聘者的各种行为能力，孰优孰劣，泾渭分明。

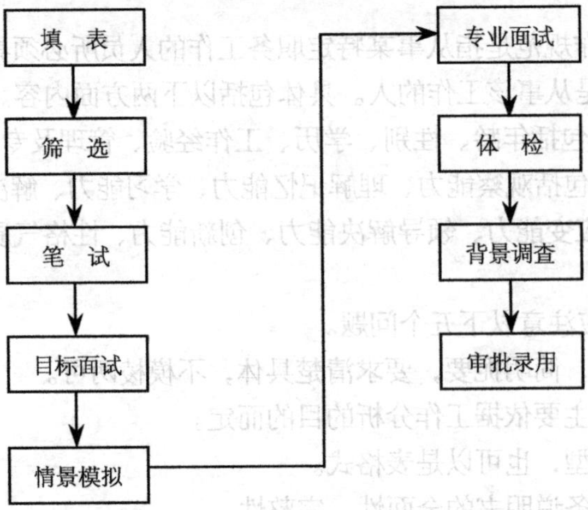

图 3-3 上海通用汽车设立的“九大门槛”

【知识链接】

一、人力资源规划

中国有句俗话：“凡事预则立，不预则废。”意思是说只有事先计划才有成功的可能性。人力资源规划是人力资源管理的重要部分，属于整个人力资源管理统筹性的工作。它是一个积极主动的过程，它努力计划和预见组织内部和外部环境各个领域中可能发生的事件，并在这些事件发生之前制订计划以适应可能的人员需求。在人力资源管理的系统中，人力资源规划为其他人力资源管理活动制定目标、原则和方法。人力资源规划的实施，对于组织的良性发展以及人力资源管理系统的有效运转，保证组织目标的完成，适应环境变化的需要，提高使用人力资源管理效率等都具有非常重要的作用。

（一）人力资源规划的内容

1. 总体规划

总体规划是指根据企业总体战略，确定在规划的时间内人力资源管理的总目标、配套政策、实施步骤及总预算支出的安排。

2. 业务规划

业务规划主要包括：人员编制规划；人员补充规划；人员使用规划；人员培训开发规划；员工职业发展规划；薪酬福利规划；劳动关系规划；人力资源费用预算等内容。

（二）人力资源规划制定的影响因素

1. 外部环境因素

（1）经济因素。市场的繁荣与萧条对人力资源规划会产生显著影响。经济增长、利率调整、通货膨胀等因素决定了人力资源的可获性，对工资高低、加班以及雇用、裁员等决策都有直接的影响。例如，在有着 2%失业率的劳动力市场和有着 8%失业率的劳动力市场招聘员工的难度是绝对不相同的。在有着2%失业率的市场中进行招聘，很难为每一个岗位聘用到合适的员工，因为文化水平高、技能比较高，或者愿意工作的人大都已找到合适的位置。只有当失业率上升时，寻找工作的具备相当水平的人员数量才会增加，招聘工作才能相对容易些。

（2）政府影响因素。政府部门是影响劳动力供给的主要因素之一。例如，政府的贸易政策及限制、税收水平、社会保障法案等都将影响到组织所雇佣劳动力的来源、员工的薪酬结构等，所以，在制定人力资源规划时必须对法律、政府政策、规章等详加考虑。

（3）地理环境和竞争因素。包括地区的净人口流入、当地其他企业的雇用需求、竞争对手的招聘策略、该地区受国际竞争的影响程度等，这些因素对人力资源规划都将产生影响。

（4）人口统计趋势。人口统计因素的不断变化已经形成了具有差别性的劳动力群体。例如，在当今美国，1/3的从业人员是兼职者、临时工或自由职业者，这些发展趋势对员工的招募、选拔、训练、薪酬与激励政策与实践都将产生影响。

2. 内部环境因素

（1）技术与设备条件。企业生产技术水平的提高、设备的更新，一方面会使企业所需要的人员数量减少；另一方面，对人员的知识、技术与技能的要求随之提高。

（2）企业规模。企业规模的变化表现为两个方面：一是在原有业务范围内扩大或压缩规模；二是增加新的业务或放弃旧的业务。这两方面的变化对人力资源的增减都会产生影响。

（3）企业经营方向。企业经营方向的调整有时并不一定导致企业规模的变化，但对人力资源的需求却会产生改变。例如，军工企业转产民用物品，就必须增加市场分析人员和销售人员，否则将无法适应多变的民用物品市场。

（4）企业文化。文化审核可以帮助企业了解员工的态度与行为，发现组织中的亚群体和非正式群体，这对于人力资源各项规划的制定都具有重要的意义。

知识加油站　在社会学视野中，纯粹的非实群体是不存在的。即便像青年这样庞大的社会年龄群体，同龄人之间的具有稳定的直接关系的群体（或称之为“亚群体”）是无所不在的，它是青年群体本身特征的重要组成部分。

3. 人力资源规划的程序

（1）组织目标与战略分析。组织的战略规划先于人力资源规划，人力资源规划应该与企业的组织战略相吻合，按照战略规划的要求，转化为定量和定性的人力资源规划。没有确定发展战略的组织不可能确定人力资源规划。

（2）收集和整理人力资源相关信息。任何一项规划要想做好，都必须充分地占有相关的信息。信息的质量决定着人力资源规划的质量。由于影响组织人力资源供给和需求的因素很多，为了能够比较准确地做出预测，就需要通过环境分析系统和员工信息系统收集和调查与之有关的各种信息。组织的人力资源系统包括的内容很多，主要有：人员调整状况；人员的经验、能力、知识、技能的要求；工资名单上的人员情况；员工的培训、教育等情况。这些信息一方面来源于组织的人力资源信息系统，另一方面来源于职务分析工作。

（3）人力资源预测。人力资源规划好比是一座桥梁，连接着企业目前的状况与未来的发展。这座桥梁不是对未来发展一厢情愿的设计，而是顺应与尊重现实的因势利导。在人力资源规划中最关键的一环是对人力资源需求与供给的预测，预测的质量决定着人力资源规划的价值。应根据企业战略规划和内外条件，对人力需求结构和数量进行预测，了解企业对各类人力资源的需求情况，以及可以满足上述需求的内部和外部的人力资源供给情况，并对其进行分析。

（4）制定人力资源规划。根据供求关系以及人员净需求量，制定出相应的规划，以确保企业发展的各时点上人员供需的平衡。

（5）执行与控制人力资源规划。在确定相应的人力资源规划后，应采取各种具体行动，如开始招聘、培训、调任、提拔以及重新培训等，从而将方案转化为具体计划、目标日期、实践进度安排和资源投入等可操作的项目，并具体实施计划，同时对计划实施情况进行监控。

（6）人力资源规划的评价与反馈。人力资源规划是一个动态的开放系统，对其过程及结果必须进行监督、评价，重视信息反馈，予以调整完善，使其更加切合实际，更好地实现企业目标。

二、人力资源预测

人力资源预测是指在企业评估的基础上，对未来一定时期内人力资源状况的假设（评估和分析）。人力资源预测主要分为人力资源需求预测和人力资源供给预测。

（一）人力资源需求预测

人力资源需求预测就是指对组织在未来某一特定时期内所需要的人力资源的数量、质量以及结构进行估计的活动。

人力资源规划的关键之一是预测为了实现组织目标所需人员的数量与类型。在企业进行人力资源需求预测时，注意分析市场上人力资源的供求状况和发展趋势、本行业其他企业的人力资源政策与人力资源状况、本行业的发展趋势和人力资源需求与供给趋势、政府的有关政策、企业的人员流动率及原因、企业员工的职业发展规划状况等因素。

人力资源需求预测的方法有以下四种。

1. 德尔菲法

德尔菲法是一种进行人力资源需求预测的方法，是有关专家对企业组织某一方面的发展观点达成一致的结构性方法。使用该方法的目的是通过综合专家们各自的意见来预测某一方面的发展。德尔菲法的特征是：吸收专家参与预测，充分利用专家的经验、学识；采用匿名或“背靠背”的方式，能使每一位专家独立自由地做出自己的判断；预测过程几轮反馈，使专家的意见逐渐趋同。

德尔菲法的具体实施步骤。

（1）组成专家小组。按照课题所需要的知识范围确定专家。专家人数的多少，可根据预测课题的大小和涉及面的宽窄而定，一般不超过20人。

（2）向所有专家提出所要预测的问题及有关要求，并附上这个问题的所有背景材料，同时请专家提出还需要什么材料。然后，由专家做书面答复。

（3）各个专家根据他们所收到的材料，提出自己的预测意见，并说明自己是怎样利用这些材料并提出预测值的。

（4）将各位专家第一次判断意见汇总，列成图表，进行对比，再分发给各位专家，让专家比较自己同他人的不同意见，修改自己的意见和判断。也可以把各位专家的意见加以整理，或请身份更高的其他专家加以评论，然后把这些意见再分送给各位专家，以便他们参考后修改自己的意见。

（5）将所有专家的修改意见收集起来，汇总，再次分发给各位专家，以便做第二次修改。逐轮收集意见并为专家反馈信息是德尔菲法的主要环节。收集意见和信息反馈一般要经过三四轮。在向专家进行反馈的时候，只给出各种意见，但并不说明发表各种意见的专家的具体姓名。这一过程重复进行，直到每一个专家不再改变自己的意见为止。

（6）对专家的意见进行综合处理。

2. 经验预测法

经验预测法，顾名思义就是用以往的经验来推测未来的人员需要。它是人力资源预测中最简单的方法，适合于较稳定的小型企业。不同管理者的预测可能有所偏差。可以通过多人综合预测或查阅历史记录等方法提高预测的准确度。需要注意的是，经验预测法只适合于一定时期内企业发展状况没有发生方向性变化的情况，对于新的职务或者工作的方式发生了大的变化的职务，则不适合使用经验预测法。

3. 现状规划法

现状规划法是假定当前的职务设置和人员配置是恰当的，并且没有职务空缺，所以不存在人员总数的扩充。人员的需求完全取决于人员的退休、离职等情况的发生。所以，人力资源需求预测就相当于对人员退休、离职等情况的预测。人员的退休是可以准确预测的；人员的离职包括人员的辞职、辞退、重病（无法工作）等情况，是无法准确预测的。通过对历史资料的统计和比例分析，可以更为准确地预测离职人数。现状规划法适合于中、短期的人力资源预测。

4. 趋势分析法

这种方法基本思路是：确定组织中哪一种因素与人力资源数量和结构的关系最大，然后找出这一因素随雇佣人数的变化趋势，由此推出将来的趋势，从而得到将来的人力资源需求。在运用趋势分析法时，可以完全根据经验进行估计，也可以利用计算机软件做出预测。

（二）人力资源供给预测

人力资源供给预测主要包括两个方面：一是内部人员拥有量预测，即根据现有人力资源及其未来变动情况，预测出计划期内各时间点上的人员拥有量；二是外部供给量预测，即确定在计划期内各时间点上可以从企业外部获得的各类人员的数量。一般情况下，内部人员拥有量是比较透明的，预测的准确度较高；而外部人力资源的供给则具有较高的不确定性。因此，企业在进行人力资源供给预测时应把重点放在内部人员拥有量的预测上；外部供给量的预测则应侧重于关键人员，如经理人员、高级技术人员等。

人力资源供给预测的方法有以下三种。

1. 替换单法

此方法是根据现有人员分布状况及绩效评估的资料，在未来理想人员分布和流失率已知的条件下，对各个职位，尤其是管理层的接班人预做安排，并且记录各职位的接班人预计可以晋升的时间，作为内部人力供给的参考。经过这一规划，由待补充职位空缺所要求的晋升量和人员补充量即可知道人力资源供给量。

2. 马尔柯夫模型

马尔柯夫模型是用来预测具有等时间隔（如一年）的时刻点上各类人员的分布状况。马尔柯夫模型的基本思想是：找出过去人事变动的规律，以此来推测未来的人事变动趋势。步骤如下。

（1）根据历史数据推算各类人员的转移率，迁出转移率的转移矩阵。

（2）统计作为初始时刻点的各类人员分布状况。

（3）建立马尔柯夫模型，预测未来各类人员供给状况。

3. 目标规划法

这是一种结合马尔柯夫模型和线性规划的综合方法，指出员工在预定目标下为了使其所得最大化，是如何进行分配的。目标规划是一种多目标规划技术，其基本思想源于赫伯特·西蒙的目标满意概念，即每一个目标都有一个要达到的标靶或目标值，然后使距离这些目标的偏差最小化。当类似的目标同时存在时，决策者可确定一个应被采用的优先顺序。

三、人员招聘与选拔

人员招聘是指组织及时寻找、吸引并鼓励符合要求的人到本组织中任职和工作的过程。组织需要招聘员工可能基于以下几种情况：新设立一个组织；组织扩张；调整不合理的人员结构；员工因故离职而出现的职位空缺；等等。

人员的招聘是人力资源管理中最关键的一个步骤，因为这一工作的好坏，不仅直接影响到人员配备的其他方面，而且对整个管理过程的进行乃至整个组织的活动，也有着极其重要和深远的影响。"得人者昌，失人者亡"，这是古今中外都公认的一条组织成功的要诀。

1. 人员招聘的依据

（1）职位的要求。通常组织结构设计中的职位说明书对各职位已有了明确的规定。在人员招聘时，可以通过职务分析来确定某一职务的具体要求。职务分析的主要内容有：这个职务是做什么的？应该怎样做？需要一些什么知识和技能才能胜任？有没有别的方法实现目标？如果有，那么新的要求又是什么？

（2）人员的素质和能力。个人的素质与能力是人员选聘时重点考虑的另一重点标准。应根据不同职位对人员素质的不同要求，来评价和选聘员工。例如，主管人员，其个人素质应包括以下六个方面。

① 身体。健康，精力旺盛，行动敏捷。

② 智力。具有较强的理解和学习的能力，判断力，记忆力，头脑灵活，思维敏捷，专注。

③ 道德。有毅力，坚强，勇于负责任，有首创精神，忠诚，有自知之明，自尊。

④ 一般文化。具有不限于从事职能范围的各方面知识，能写会算。

⑤ 专业知识。具有科学技术或商务、财务、管理等专业的职能知识。

⑥ 经验。具有从业务实践中获得的知识。

除以上六个方面之外，还有一个重要的方面，就是从事管理工作的欲望，或称管理欲望，即人们希望从事管理的主观需求。

2. 人员招聘的途径

（1）外部招聘。外部招聘就是组织根据制定的标准和程序，从组织外部选拔符合空缺职位要求的员工。

外部招聘具有以下三个优点。

① 具备难得的"外部竞争优势"。

② 有利于平息和缓和内部竞争者之间的紧张关系。

③ 能够为组织输送新鲜血液。

外部招聘也会有很多的局限性，主要表现在：外聘者对组织缺乏深入了解；组织对外聘者缺乏了解；对内部员工积极性造成打击等。

（2）内部提升。内部提升是指组织内部成员的能力和素质得到充分确认之后，被委以比原来责任更大、职位更高的职务，以填补组织中由于发展或其他原因而空缺了的管理职务。

内部提升制度具有以下四个优点。

① 有利于调动员工的工作积极性。

② 有利于吸引内部人才。

③ 有利于保证选聘工作的准确性。

④ 有利于被聘者迅速开展工作。

当然，内部提升制度也会带来一些弊端：可能会导致组织内部“近亲繁殖”现象发生；也可能会引起同事之间的矛盾等。

3. 人员招聘的程序和方法

（1）制订并落实招聘计划。当组织中出现需要填补的工作职位时，有必要根据职位的类型、数量、时间等要求确定招聘计划，同时成立相应的选聘工作委员会或小组。选聘工作机构可以是组织中现有的人事部门，也可以是代表所有者利益的董事会，或由各方利益代表组成的临时性机构。选聘工作机构要以相应的方式，通过适当的媒介，公布待聘职务的数量、类型以及对候选人的具体要求等信息，向组织内外公开招聘，鼓励那些符合条件的候选人积极应聘。

（2）对应聘者进行初选。当应聘者数量很多时，选聘小组需要对每一位应聘者进行初步筛选。内部候选人的初选可以根据以往的人事考评记录来进行；对外部应聘者则需要通过简短的初步面谈，尽可能多地了解每个申请人的工作及其他情况，观察他们的兴趣、观点、见解、独创性等，及时排除那些明显不符合基本要求的人。

（3）对初选合格者进行知识与能力的考核。在初选的基础上，需要对余下的应聘者进行材料审查和背景调查，并在确认之后进行细致的测试与评估，其内容如下。

① 智力与知识测试。该测试是通过考试的方法测评候选人的基本素质，包括智力测试和知识测试两种基本形式。智力测试的目的是通过候选人对某些问题的回答，测试其思维能力、记忆能力、应变能力和观察分析复杂事物的能力等。知识测试是要了解候选人是否具备待聘职务所要求的基本技术知识和管理知识，缺乏这些基本知识，候选人将无法进行正常工作。

② 竞聘演讲与答辩。这是对知识与智力测试的一种补充。测试可能不足以完全反映一个人的素质全貌，不能完全表明一个人运用知识和智力的综合能力。发表竞聘演讲，介绍自己任职后的计划和远景，并就选聘工作人员的提问进行答辩，可以为候选人提供充分展示才华、自我表现的机会。

③ 案例分析与候选人实际能力考核。在竞聘演讲与答辩以后，还需要对每个候选人的实际操作能力进行分析。测试和评估候选人分析问题和解决问题的能力，可借助“情景模拟”或称“案例分析”的方法。这种方法是将候选人置于一个模拟的工作情境中，运用各种评价技术来观测、考察其工作能力和应变能力，以此判断其是否符合某项工作的要求。

（4）选定录用员工。在上述各项工作完成的基础上，需要利用加权的方法，算出每个候选人知识、智力和能力的综合得分，并根据待聘职务的类型和具体要求决定取舍。对于决定录用的人员，应考虑由主管再一次进行亲自面试，并根据工作的实际与聘用者再做一次双向选择，最后决定选用与否。

任务三 人力资源的开发

【案例导入】

海尔的个人生涯培训

图 3-4 是海尔集团个人生涯培训体系图。

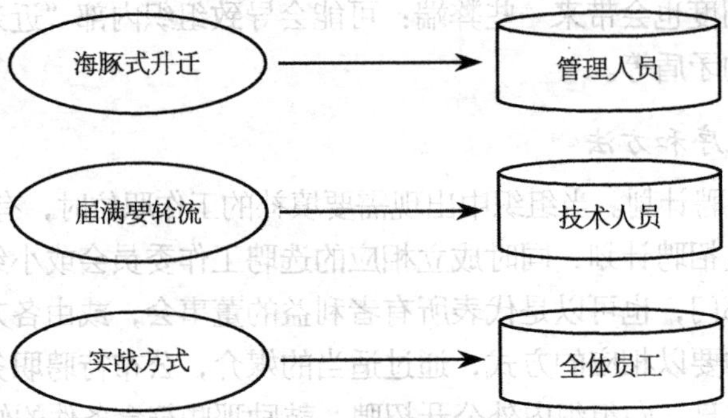

图 3-4 海尔集团个人生涯培训体系

“海豚式升迁”，是海尔培训的一大特色。

海豚是海洋中最聪明、最有智慧的动物，它下潜得越深，则跳得越高。“海豚式升迁”就来源于此。如一个员工进厂以后工作比较好，但他是从班组长到分厂厂长（主要负责生产系统）干起来的；如果现在让他干一个事业部的部长，那么他对市场系统的经验可能就非常缺乏，就需要到市场上去。到市场去之后他必须到下边从事最基层的工作，然后从这个最基层岗位再一步步干上来。如果能干上来，就上岗；如果干不上来，则就地免职。

有的经理已经到达很高的职位，但如果缺乏某方面的经验，也要派他下去；有的各方面经验都有了，但处事综合协调的能力较低，也要派他到这些部门来锻炼。这样对一个干部来说压力可能较大，但也培养和锻炼了干部。

“届满要轮流”，是海尔培训技能人才的一大措施。

一个人长久地干一件工作，久而久之会形成固化的思维方式及知识结构，这对海尔这样以“创新”为核心的企业来说是难以想象的。目前海尔已制定明确的制度，规定了每个岗位最长的工作年限。

“实战方式”，也是海尔培训的一大特点。

技能培训是海尔培训工作的重点。海尔在进行技能培训时重点是通过案例、到现场进行的“即时培训”模式来进行。具体说，就是抓住实际工作中随时出现的案例（最优事迹还是最劣事迹），当日利用班后的时间立即在现场进行案例剖析，针对案例中反映出的问题或模式，来统一人员的动作、观念、技能，然后利用现场看板的形式在区域内进行培训学习，并通过提炼在集团内部的报纸《海尔人》上进行公开发表、讨论，形成共识。员工能从案例中学到分析问题、解决问题的思路及观念，提高了员工的技能，这种培训方式已在海尔集团内全面实施。

海尔建立了内部培训教师师资网络、内部培训管理员网络、外部培训网络等，并且为培养出具有国际水平的管理人才，海尔还专门筹资建立了用于内部员工培训的基地——海尔大学。

一、培训与开发

1. 员工培训的内容

（1）知识培训。这是员工持续提高和发展的基础。员工只有具备相应的知识，才能为其在各个领域的进一步发展提供坚实的支撑。

（2）技能培训。知识只有转化为技能，才能真正产生价值。员工的工作技能是企业生产高质量的产品和提高优质服务的重要条件。因此，技能培训也是企业培训中的重点环节。

（3）态度培训。员工具备了扎实的理论知识和过硬的业务技能，但如果没有正确的价值观、积极的工作态度和良好的思维习惯，那么，他们给企业带来的很可能不是财富而是损失。对态度培训，企业必须持之以恒、不间断地进行。

2. 员工培训的方式

（1）岗前培训。这主要是针对新员工而言，一是向他们介绍企业文化、行为要求、生产与产品等；二是组织他们参观企业，使他们进一步熟悉和了解企业情况；三是进行业务知识、操作规程的学习。

（2）在职培训。这主要是指不离开岗位进行的培训。可以利用工余时间、晚上和双休日或利用少部分工作日进行培训。培训内容可以是文化知识普及和提高等，也可以是具有针对性的对某一专门技术的培训。

（3）脱产培训。这是指离开工作岗位专门学习培训，分短期和长期两种。短期培训是指 3 个月以内的学习培训；长期培训是指 3 个月以上的学习培训，如进大学深造、出国进修等，这种形式对培养年轻有为的技术人员和高层管理人员较为有效。

3. 员工培训的工作流程

（1）培训需求分析阶段。在培训活动中，培训的组织者应该考虑到受训者的培训需求，这一需求分析关系到培训的质量。一般来说，培训需求分析包括 3 项内容：组织分析、任务分析和人员分析。

（2）培训计划阶段。培训计划一般集中在以下几个方面：培训目标、受训者的意愿和准备、学习原则。这里的关键是培训目标。培训需求确定了，就应据此确定培训目标，培训目标可以指导培训内容、培训方法和评价方法的开发。

（3）培训实施阶段。在确定培训内容后，应选择适当的培训方法。采用“请进来，走出去”的方法，不断加大培训力度，培养企业人才。企业一般采用的培训方法有授课、学徒制、讨论会、工作轮换、录像、模拟、案例分析、内部网培训、远程教育和自学等。

（4）培训评估阶段。从员工学习反映、学习效果、行为和结果等方面对培训进行评估。学习反映的具体做法是在培训结束时请受训者填写一份简短的问卷。在问卷中，可以要求受训者对培训科目、教员、自己收获的大小等方面做出评价。从学习效果评估即考查受训者对培训内容的掌握程度，这可以用培训前和培训后所进行的书面考试或操作测试来衡量。从行为评估即考查受训者接受培训后在工作行为上的变化，由受训者自己或上司、同事等进行评定。从结果评估即考查培训带来的企业产出的变化，如主管参加培训后，其所负责的团队生产效率的变化。

（5）培训反馈阶段。培训结束后，应对培训工作进行总结，吸取经验和教训并反馈给有关部门，以有利于指导下次培训工作的开展。

二、职业生涯管理

职业生涯管理是现代企业人力资源管理的重要内容之一，是企业帮助员工制定职业生涯规划和帮助其职业生涯发展的一系列活动。

1. 职业生涯的发展阶段

（1）成长阶段（14 岁以前）。这一阶段大体上可以界定在从一个人出生到 14 岁这一年龄段上。在这一阶段，个人通过对家庭成员、朋友以及老师的认同以及与他们之间的相互作用，逐渐建立起自我的概念。

（2）探索阶段（15～24 岁）。在这一阶段，每一个人将认真地探索各种可能的职业选择。他们试图将自己的职业选择与他们对职业的了解以及通过学校教育、休闲活动和个人工作等途径中所获得的个人兴趣和能力匹配起来。处于这一阶段的人，还必须根据来自各种职业选择的可靠信息来做出相应的教育决策。

（3）确立阶段（24～44 岁）。这一阶段是大多数人工作生命周期中的核心部分。人们（尤其是在专业领域的人）通常愿意早早地就将自己锁定在某一已经选定的职业上，然而，在大多数情况下，这一阶段的人们仍然在不断地尝试与自己最初的职业选择所不同的各种能力和理想。通常情况下，在这一阶段的人们第一次不得不面对一个艰难的抉择，即判定自己到底需要什么，什么目标是可以达到的，以及为了达到这一目标自己需要做出多大的牺牲和努力。

（4）维持阶段（45～60 岁）。在这一职业生涯的后期阶段，人们一般都已经在自己的工作领域中为自己创立了一席之地，因此，他们的大多数精力主要就放在保持现状和拥有这一位置上了。

（5）下降阶段（60 岁以上）。在这一阶段，人的健康状况和工作能力都在逐步衰退，职业生涯接近尾声。许多人都不得不面临这样一种前景：接受权利和责任减少的事实，学会接受一种新角色——成为年轻人的良师益友。再接下去，就是几乎每个人都不可能避免的要面对的退休，这时，人们所面临的选择就是如何去打发原来用在工作上的时间。

2. 实施职业生涯管理的意义

（1）企业实施职业生涯管理的意义。

① 职业生涯管理是企业资源合理配置的首要问题。人力资源是一种可以不断开发并不断增值的增量物资，因为通过人力资源的开发能不断更新人的知识、技能，提高人的创造力，从而使无生命的“物”的资源充分尽其所用。特别是随着知识经济时代的到来，知识已成为影响社会的主要因素，而掌握和创造知识的就是“人”，所以企业更应注重人的智慧、技艺、能力的提高与全面发展。因此，加强职业生涯管理，使人尽其才，才尽其用，是企业资源合理配置的首要问题。

② 职业生涯管理能充分调动员工的内在积极性，更好地实现企业组织目标。职业生涯管理的一大目的就是帮助员工提高在各个需要层次的满足度，使人的需要满足度从金字塔形向梯形过渡最终接近矩形，既使员工的低层次物质需要的满足度逐步提高，又使他们的自我实现等精神方面的高级需要的满足度逐步提高。因此，职业生涯管理不仅符合人生发展的需要，而且也立足于人的高级需要，即立足于友爱、尊重、自我实现的需要，真正了解员工在个人发展上想

要什么，协调其制定规划，帮助其实现职业生涯目标。这样就必然会激起员工强烈的为企业服务的精神力量，进而形成企业发展的巨大推动力，更好地实现企业组织目标。

③ 职业生涯管理是企业长盛不衰的组织保证。

任何成功的企业，其成功的根本原因是拥有高质量的企业家和高质量的员工。人的才能和潜在能力得到充分发挥，人力资源不会虚耗、浪费，企业的生存成长就有了取之不尽、用之不竭的源泉。发达国家的主要资本不是有形的工厂、设备，而是他们所积累的经验、知识和训练有素的人力资源。通过职业生涯等管理努力为员工提供施展才能的舞台，充分体现员工的自我价值，是留住人才、凝聚人才的根本保证，也是企业长盛不衰的组织保证。

（2）个人参与与职业生涯管理的意义。

① 有利于增强对工作环境的把握能力和对工作困难的控制能力。职业生涯管理既能使员工了解自身的长处和短处，养成对环境和工作目标进行分析的习惯，又可以使员工合理计划、分配时间和精力完成任务、提高技能。这都有利于强化对环境的把握能力和对困难的控制能力。

② 有利于个人过好职业生活，处理好职业生活和生活其他部分的关系。良好的职业生涯管理可以帮助个人从更高的角度看待工作中的各种问题和选择，将各分离的事件结合联系起来，服务于职业目标，使职业生活更加充实和富有成效。员工能更好地考虑职业生活同个人追求、家庭目标等其他生活目标的平衡，避免顾此失彼、两面为难的困境。

③ 有利于实现自我价值的不断提升和超越。

一个人工作的最初目的可能仅仅是找一份养家糊口的差事，进而追求的可能是财富、地位和名望。职业生涯管理对职业目标的多次提炼可以使工作目的超越财富、地位和名望之上，追求更高层次自我价值实现的成功。

任务四　人力资源的使用

【案例导入】

青啤西安公司的 360° 绩效考核

西安汉斯啤酒的重振雄风，靠的就是青岛啤酒集团实施的新绩效考核办法——360°全方位考核。

青岛啤酒厂兼并汉斯啤酒厂后，为汉斯啤酒厂引进了 360°考评体系，注重绩效，全面客观地考评员工的德、能、勤、绩。所谓 360°考评体系，即对基层员工的考核由自评、同级考评、上级考评三个维度构成，对中层干部，除此之外，还要请其下级评定（通常采用无记名填表和座谈相结合的方式），如图 3-5 所示。

员工自评，即被评定者本人在年终述职大会上叙述自己的能力、工作态度、工作成绩和一年工作中的优缺点，职业生涯发展的可能性，需要上级加以指导的事项和本人所经历的关键性事件。

同级考评即本部门同事、其他相关部门人员、本企业以外的相关人员在公司述职会上，利用一系列标准化的量化表对评定者以无记名方式，按优秀、一般、不称职三类进行打分。

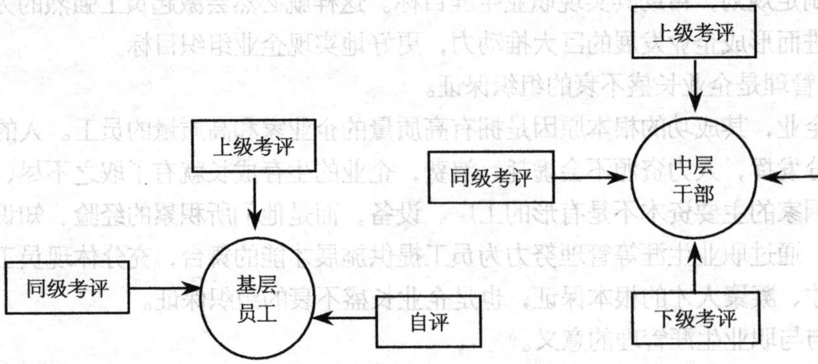

图 3-5　360° 考评体系示意图

上级考评，即公司运用比较法对考评结果做出相互比较，从而决定其工作业绩的相对水平。

公司将绩效考核制度化，以加大奖惩力度做保证。鼓励员工在自己的工作岗位上发挥个人的聪明才智，并实施奖励；对于考核不合格者，扣发奖金或调离工作岗位，从而调动了员工的积极性，激发了他们的主人翁精神。

公司在绩效考核中，对中层干部的考核更加严格。对考核结果排出名次，末位淘汰。此法实行第一年，就有 35 个部门被砍去，63 名中层干部被精减，二级机构由原来的 45 个削减为 9 处 1 室，中层干部仅聘 26 人，实行竞争上岗。各级干部依靠德、能、勤、绩上岗，一切以年底考评成绩说话。剧烈的人事变化，使公司上下无不感到震动，特别是中层干部真正有了强烈的危机感。

梅花香自苦寒来，青啤西安公司在短时间内创造了奇迹，一举扭亏为盈，吨酒成本降低了 25%，全年总成本下降 3 200 万元，利润增长 116%，成为西安市的利税大户和东西部企业合作中的一颗闪亮的新星。

一、绩效考核

绩效考核是企业人力资源管理的重要内容，目的是通过考核提高每个个体的效率，最终实现企业的目标。

1. 绩效考核的程序

（1）制定绩效考核标准。绩效考核要有合理的绩效标准。制定标准时，应以职务规范和职务说明为依据，做到管理者与被考核者沟通，得到考核者和被考核者的共同认可，标准的内容必须准确化、具体化、定量化和公开化。

（2）评定绩效。将员工实际工作绩效与企业期望进行对比和衡量，然后依据对比的结果来评定员工的工作绩效。

（3）绩效考核反馈。将考核结果反馈给被考核者。首先，考核者将书面的考核意见反馈给被考核者，由被考核者予以同意认可。其次，通过绩效考核的反馈面谈，考核者与被考核者之间可以就考核结果、考核过程的不明确或不理解之处进行解释，这样有助于被考核者接受考核结果。同时，通过反馈，可以共同探讨对工作的最佳改进方案。

（4）考核结果的运用。绩效考核的一个重要任务就是分析绩效形成的原因，把握其内在规律，寻找提高绩效的方法，从而使工作得以改进。对管理者而言，考核结果可以作为对职工进行选拔任用的依据，作为"升"、"降"、"去"、"留"的重要参照。对于员工个人而言，考核结果是自身工作成效的评价结果，是员工绩效津贴发放及下一轮岗位聘任的重要依据。

2. 绩效考核的方法

（1）排序法。排序法是根据某一考核指标（如销售回款率），将全体考核对象的绩效从最好到最差依次进行排列的一种方法。这种考核方法花费时间短，成本低，简单易行，一般适合于员工数量较少的评价。

（2）小组评价法。小组评价法是指由两名以上熟悉被评价员工工作的经理，组成小组进行绩效考核的方法。小组评价法的优点是操作简单，省时省力；缺点是评价标准模糊，主观性强。为了提高小组评价的可靠性，在进行小组评价之前，应该向员工公布考核的内容、依据和标准。在评价结束后，要向员工讲明评价的结果。在使用小组评价法时，最好和员工个人评价结合进行。当小组评价和个人评价结果差距较大时，为了防止考核偏差，评价小组成员应该首先了解员工的具体工作表现和工作业绩，然后再做出评价决定。

（3）等级评价法。等级评价法是根据工作分析，将被考核岗位的工作内容划分为相互独立的几个模块，在每个模块中用明确的语言描述完成该模块工作需要达到的工作标准。同时，将标准分成几个等级选项，如优、良、合格、不合格等，考核者根据被考核者的实际工作表现对每个模块的完成情况进行评估，总成绩便为该员工的考核成绩。等级评价法的优点是考核内容全面、实用，并且开发成本低；缺点在于考核者的主观因素影响较大。

（4）目标考核法。目标考核法是根据被考核者完成工作目标的情况来进行考核的一种方式。在开始工作之前，考核者和被考核者应对需要完成的工作内容、期限、考核的标准达成一致。在时间期限结束时，考核者根据被考核者的工作状况及先前制定的考核标准来进行考核。目标考核法适合企业中试行目标管理的项目。

二、薪酬管理

广义的薪酬是员工为企业付出劳动的回报，是对员工为企业所做的贡献给予的答谢，这实质上是一种公平的交易或交换，也是对员工某种程度的补偿。员工在企业中所得到的回报包括企业支付给员工的工资和所有其他形式的奖励，其内容非常复杂，既包括以货币收入形式表现的外在报酬，也包括以非货币收入形式表现的内在报酬。在内在报酬中，包括工作保障、身份标志、给员工更富有挑战的工作、晋升、对突出工作者成绩的承认、培训机会、弹性工作时间和优越的办公条件等。在人力资源管理中，通常意义上的薪酬指的是外在薪酬，也就是狭义上的薪酬。

1. 薪酬内容

薪酬是把双刃剑，一方面，薪酬是激励员工卓有成效地工作、达到企业目标的主要手段；另一方面，薪酬又是企业运作的主要成本之一，一旦运用不当，后果极严重。因此，薪酬管理是企业人力资源管理中重要的一环。企业的外在薪酬主要表现在以下六个方面。

（1）工资。工资是指根据劳动者所提供的劳动数量和质量，按照事先规定的标准付给劳动者的劳动报酬，也就是劳动的价格。

① 基本工资。基本工资是指员工只要仍在企业中工作，就能定期拿到的一个固定数额的劳动报酬。基本工资又分为基础工资、工龄工资、职位工资等。

② 激励工资。这是指工资中随着员工的工作努力程度和劳动成果的变化而变化的部分。激励工资有类似奖金的性质，可以分为两种形式：投入激励工资，即随着员工的工作努力程度变化而变化的工资；产出激励工资，即随着员工劳动产出的变化而变化的工资，如销售提成。激励工资是与员工现在的表现和成就挂钩的一次性的奖励。

③ 成就工资。这是指当员工工作卓有成效，为企业做出突出贡献后，企业以提高基本工资的形式付给员工的薪酬。成就工资是对员工过去较长一段时间内取得成绩的追认，是永久性增加的工资。

（2）奖金。奖金是指对员工超额劳动的报酬，企业中常见的奖金有全勤奖金、生产奖金、不休假奖金、年终奖金、效益奖金等。

（3）津贴与补贴。津贴与补贴是对员工在特殊条件和工作环境中的额外劳动消耗和生活费用的额外支出的补偿。通常把对工作的补偿称为津贴，把与生活联系的补偿称为补贴，如岗位津贴、加班津贴、降温补贴等。依据我国《劳动法》的规定，一般每日加班不得超过 1 小时，特殊原因也不得超过 3 小时，并支付不低于 150%的加班津贴；双休日加班支付 200%工资的加班津贴；法定节假日支付不低于 300%工资标准的加班津贴。

（4）股权。股权即股票持有者所具有的与其拥有的股票比例相应的权益及承担一定责任的权力。

（5）福利。福利即指间接薪酬，是企业为员工提供的除工资、奖金、津贴之外的一切物质待遇。例如，建立食堂、浴室、托儿所、图书馆、俱乐部、运动场、疗养院等集体福利设施，也包括员工个人生活困难补助、养老金、住房津贴、交通费、免费工作餐等个人福利。

（6）社会保险。社会保险是员工暂时或永久丧失劳动能力后给予生活上的物质保障，如医疗保险、失业保险、养老保险、伤残保险等。目前，我国大部分保险基金是由国家、企业和员工共同筹集的。

2. 影响企业薪酬的因素

（1）内部因素。

① 企业规模、实力与经营状况。这是薪酬体系设计和变动时的硬性约束，它决定了企业用于薪酬分配，特别是货币性薪酬的总体水平，决定了员工薪酬的构成及其水平的变动区间。

② 工作状况。主要是通过工作要求、工作责任、工作条件和工作类别的差异体现薪酬差别。工作责任重大、工作活动对企业的生存和发展有重大影响的，一般薪酬水平较高；工作对技能和任职资格有特殊要求的，薪酬水平也较高；工作条件差、比较危险的工作薪酬水平也较高。

③ 员工特征。它决定了各个不同员工的薪酬水平和薪酬体系的构成。这些个人因素主要有：教育程度、年龄构成、资历因素、发展潜力、特定人力资源的稀缺性等。例如，处于不同年龄层次的员工对薪酬的需求也是不同的，青年员工比较关注货币收入，以满足生活消费的需要；中年员工比较重视晋升发展的机会和内在的非货币薪酬，以满足地位和成就的需要；老年员工相对而言更多地考虑间接薪酬。

（2）外部因素。

① 国家法规。国家法规影响企业薪酬的合法性。企业薪酬的制定必须符合政策、法规的规定，如对员工最低工资的规定、对最长工作时间的规定、对特殊工种的从业人员的规定等。

② 区域经济发展水平。区域经济发展水平及其发展趋势会影响企业的薪酬水平。一般来说，经济发展水平较高的区域，员工薪酬水平也会相应较高。

③ 行业薪酬水平。行业薪酬水平受历史原因和现实需要的影响，不同行业之间存在着薪酬差异。

④ 市场人力资源供求状况。市场人力资源供求状况成为影响薪酬标准的重要影响因素。当人力资源丰富时，薪酬相应会减少；反之，则会提高。企业付给员工的薪酬数额应根据人才市场价格来决定，同一行业、同一地区或同等规模的不同企业中类似岗位的薪酬水平定在竞争对手之上，就能增强企业在吸引员工方面的竞争能力。一个企业，不论其财务状况如何，如果低于市场平均支付薪酬，必然会导致重要人才的流失，继而丧失继续发展的能力。

3. 薪酬管理的基本原则

（1）补偿性原则。要求补偿员工恢复工作精力所必要的衣、食、住、行费用，补偿员工为获得工作能力以及身体发育所先行付出的费用。

（2）公平性原则。要求薪酬分配要全面考虑员工的绩效、能力及劳动强度、责任等因素，考虑外部竞争性、内部一致性要求，达到薪酬的内部公平、外部公平和个人公平。

（3）透明性原则。要求薪酬方案公开。

（4）激励性原则。要求薪酬与员工的贡献挂钩。

（5）竞争性原则。要求薪酬有利于吸引和留住人才。

（6）经济性原则。要求比较投入与产出效益。

（7）合法性原则。要求薪酬制度不违反国家法律、行政法规。

（8）方便性原则。要求内容结构简明、计算方法简单和管理手续简单。

三、激励

美国哈佛大学心理学家的一项研究表明，员工在没有被激励的前提下，其个人能力只发挥了 20%，而在激励以后，其潜能会发挥到 80%。这意味着在既定工作条件不变的情况下，员工受到了充分激励，整体绩效可提高到 4 倍。可见，要实现组织目标，必须激励组织成员，以提高其有效的工作贡献。

（一）激励与行为

心理学家斯蒂尔斯认为，激励是“给人以行动的动力，使人的行动指向特定的目标和维持人的行为”。

心理学家一般认为，人的一切行为都是由某种动机引起的。动机是人们产生行为的直接原因，它引起行为、维持行为并指引行为去满足某种需要。人类的有目的的行为都是出于对某种需要的追求。未得到满足的需要是产生激励的起点，进而导致某种行为。行为的结果，可能使需要得到满足，之后再发生对新需要的追求；行为的结果也可能是遭受挫折，追求的需求未得到满足，由此而产生消极的或积极的行为。激励的过程如图 3-6 所示。

（二）激励的效果

1. 激励可以提高企业的工作效率

激励的作用在于调动员工的工作积极性和创造性，充分挖掘员工的潜能，从而提高工作效率。

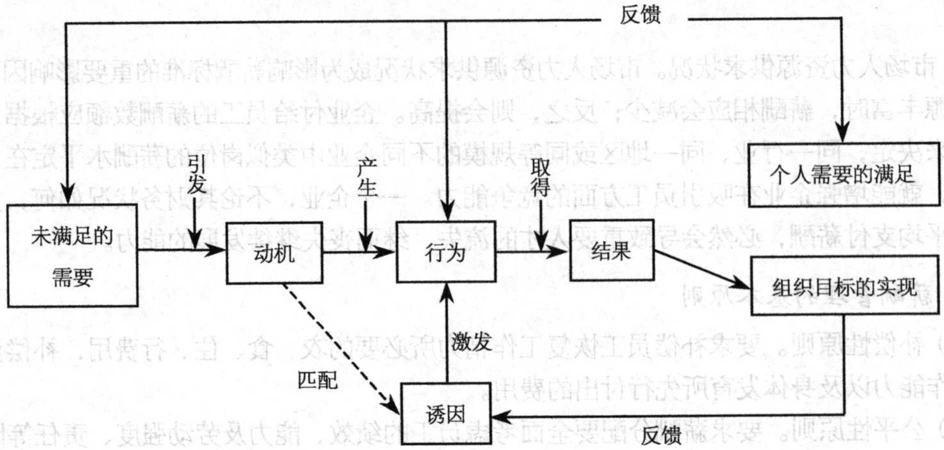

图 3-6 激励过程

2. 激励可以提高人力资源素质

提高人力资源素质的途径主要有两个：一是培训；二是激励。任何值得奖励的行为，都是人力素质优异的表现，也是人力素质提高的证明。奖励可以进一步鼓励员工自觉地提高素质；惩罚可以警告有关人员痛改前非，提高素质，特别是改正不良素质。

3. 激励有利于吸引人才

企业能否吸引人才，取决于企业的吸引力，而有效的激励可以增强企业的吸引力。在企业内部造就尊重知识、尊重人才的环境，给人才提供良好的物质和生活条件，特别是给人才创造自我发展、发挥自己能力的机会，会产生对内外界人才的吸引力。

4. 激励是形成良好企业文化的有效途径

良好的企业文化是组织生产和发展的基础，而良好的企业文化的培育，离不开有效的激励。激励使员工产生既有利于企业目标又有利于个人目标的动机，通过奖、惩正负交替的激励，促进追求卓越工作等价值的形成，塑造良好的企业文化。

（三）激励的方法

1. 物质与精神激励

（1）物质激励是指运用物质的手段使受激励者得到物质上的满足，从而进一步调动其积极性、主动性和创造性。物质激励有资金、奖品等，通过满足要求，激发其努力生产、工作的动力。它的出发点是关心员工的切身利益，不断满足人们日益增长的物质文化生活的需要。

（2）精神激励即内在激励，是指精神方面的无形激励，包括向员工授权、对他们的工作绩效的认可，公平、公开的晋升制度，为员工提供学习和发展以进一步提升自己的机会，实行灵活多样的弹性工作时间制度以及制定适合每个人特点的职业生涯发展道路规划等。精神激励是一项深入细致、复杂多变、应用广泛、影响深远的工作，它是管理者用思想教育的手段倡导企业精神，是调动员工积极性、主动性和创造性的有效方式。

2. 工作激励

随着科学技术进步和信息时代的到来，人们的工作方式、价值观念和需求层次都在发生变化，对工作本身的满足日益成为人们的一种追求。近年来，人们开始注意工作激励。

（1）参与管理。参与管理是通过设立职代会、企业管理委员会、职工建议制度等方法，使员工以主人的身份参与管理的决策，以满足员工自尊和自我实现的需要。由于员工在有关决策中的"参与"，因此在决策的执行中，就能增强他们的认同感、责任心，发挥主观能动性。

（2）工作岗位的动态设计。工作岗位的动态设计可以改变信息时代自动化程度提高带给工作的枯燥乏味状况，提高员工对工作的兴趣和成就感。采用工作轮换、工作扩大化和工作丰富化等方法，可以解除工作单调乏味给员工带来的厌烦情绪，而且可以使员工学到更多的操作技能，提高对多种岗位的适应性，从而使管理者在工作安排和人事调动中更具有弹性。

3. 感情激励

人的需求以生理需求为基础和起点，同时，也在寻求包括情感、友谊和归属需求在内的其他需求。有关调查表明，在很多情况下，人们在生理需求的基础上，排在第一位的需要是良好的工作环境、各方面的公平待遇、领导的关心等，而不是较高的收入。所以，一个有效的管理者在善于运用物质激励的同时，还必须善于运用感情激励。

所谓感情激励，是指领导者通过与其下属和工作人员建立起一种亲密与友善的情感关系，以情感沟通和情感鼓励作为手段调动起员工的积极性。例如，对员工结婚、生孩子、过生日等情况，能及时了解并派人前去祝贺；员工家庭办丧事，派人吊唁等。

4. 榜样激励

榜样的力量是无穷的，树立一个榜样就等于树立一面旗帜，从而使广大员工学有方向、赶有目标，起到极大的激励作用。以先进人物为榜样激励群众，应注意事迹的真实性和群众基础的广泛性。在企业内选择的榜样应该是思想进步、品格高尚、工作业绩突出的成员。发挥榜样的激励作用时要注意以下三点。

（1）实事求是地宣传榜样的先进事迹，激发员工产生学、超榜样的动机。

（2）引导员工正确对待榜样。要一分为二地看待榜样，引导员工学其所长，避其所短，防止机械的、形式主义的模仿。

（3）关心榜样的成长。对榜样要求其戒骄戒躁，保持荣誉，发扬业绩，克服不足，不断前进。

5. 自尊激励

人们都喜欢在自我感觉良好的状态下工作。具有强烈自尊心的人，可缔造积极的工作关系，更愿意尊重他人，能更多地体验到工作的乐趣。营造自尊的工作氛围的方法有以下三种。

（1）尊重人。企业管理人员要体现对员工的尊重，对员工以礼相待，认真倾听员工的意见，关心员工的工作和生活，以平等的态度对待他们。

（2）授权赋能。"授权"就是支持员工自我负责。"赋能"就是给予员工做好工作所需的知识和技能。只有被"赋能"的人，才会对自己有良好的感觉，才会有能力做出卓越的表现；只有被"授权"的人，才会有强烈的责任感，积极、主动地展现他们的才华、智慧和资源，为企业发挥出他们的聪明才智。

（3）营造安全感。在一个"安全"的环境里，人们感到他们可以畅所欲言，不必担心受到嘲讽或谴责。如果缺乏安全感，就不利于员工发挥积极性，不利于创造最好的业绩。

激励还要充分考虑员工的个体差异。例如，相对而言，女性员工对报酬更为看重，而男性则更注重企业和自身的发展；在年龄方面也有差异，一般20～30岁的员工自主意识比较强，对工作条件等各方面要求得比较高，因此“跳槽”现象较为严重，而31～45岁的员工则因为家庭原因，比较安于现状，相对而言比较稳定；在文化方面，有较高学历的人一般更注重自我价值的实现，而学历相对较低的人则更注重的是基本需求的满足；在职务方面，管理人员和一般员工之间的需求也有不同。

企业可以根据自身的特点采用不同的激励机制，也可以多种激励机制综合运用。

四、人性假设理论

在对人的管理中有一个实质性的问题，就是对人性的认识。在管理活动中，管理者制定什么样的管理制度，采取什么样的管理方法，采用什么样的领导方式，建立什么样的组织结构，都与他们关于人性的假设相关。因此，当探讨如何有效地激励员工的工作积极性以提高管理的有效性时，就不可避免地需要了解管理学中关于人性假设的研究。

1. “经济人”假设

“经济人”假设以英国经济学家亚当·斯密为理论先驱。亚当·斯密认为人的本性是懒惰的，必须加以鞭策；人的行为动机源于经济原因，必须以计划、组织、激励、控制等建立管理制度，并以金钱和权利迫使员工服从。与之相对应，激励的主要手段就是“胡萝卜加大棒”，即运用奖金和惩罚来激发员工产生领导者和组织所要求的行为。

2. “社会人”假设

“社会人”假设是由人际关系学说的创始者梅奥等人依据霍桑实验提出来的。梅奥认为人是有思想、有感情、有人格的活生生的“社会人”，作为复杂的社会成员，金钱和物质虽然对其积极性的产生具有重要影响，但是决定因素不是物质报酬，而是使员工在工作中发展起来的人际关系。按照这种假设进行管理，领导者就应该关心和体贴下属，重视人们之间的社会交往关系，重视工作团体对员工的影响，领导者需要通过培养和形成组织成员的归属感来调动人的积极性，以此促进生产效率的提高。

3. “自我实现人”假设

“自我实现人”假设是以马斯洛的需要层次理论为基础的。这种观点认为，人们并非天生就对组织的要求采取消极或抵制态度的，他们之所以会如此，是由于他们在组织内的经历和遭遇所造成的。人们并非天生就厌恶工作，对于人们来讲，运用体力和脑力从事工作，正如游乐和休息一样，是自然的。外来的控制和处罚，并不是使人们努力达到组织目标的唯一手段，它对人们甚至是一种威胁和阻碍。人们愿意通过自我指挥和自我控制来完成应当完成的目标。

从这一观点出发，管理者应改变管理职能的重点，把管理“经济人”的重点放在工作上，即放在计划、组织和监督上；管理“社会人”主要是建立亲善的感情和良好的人际关系；而管理“自我实现人”应重在创造一个使人得以发挥才能的工作环境，此时的管理者已不是指挥者、监督者，而是起辅助者的作用，应从旁给下属以支持和帮助。同时，还应该改变激励方式。无论“经济人”假设还是“社会人”假设，其激励都是来自金钱和人际关系等外部因素。“自我实现人”假设主要给予员工来自工作本身的内在激励，让其担当具有挑战性的工作，担负更多的责任，促使其在工作上做出成绩，满足其自我实现的需要；在管理制度上给予员工更多的自主权，实行自我控制，让员工能够充分表现自己的才能，达到自己所希望的成就，让员工参与管理和决策，并共同分享权力。

4. “复杂人”假设

“复杂人”假设是在20世纪60年代由美国心理学家和行为科学家埃德加·沙因等人提出来的一种体现权变思想的人性观。这种观点认为，现实组织中存在着各种各样的人，不能把所有的人都简单化和一般化地归类为前述的某一种假设之下，而应该看到不同的人以及同一个人在不同的场合会有不同的动机和需要。管理者应该灵活多变，要善于针对不同情况采取相应的管理策略。这种假设是管理权变理论的思想基础。

以上四种人性假设观点与管理措施，如表3-1所示。

表3-1　四种人性假设观点与管理措施

	“经济人”假设	“社会人”假设	“自我实现人”假设	“复杂人”假设
假设观点	认为人是懒惰的，人的行为动机源于经济原因	认为人是有思想、有感情、有人格的复杂的社会成员，影响员工的积极性的决定因素是使员工在工作中发展起来的人际关系	认为人并非天生就对组织的要求采取消极或抵制的态度，也并非天生就厌恶工作，而愿意通过自我指挥和自我控制来完成应当完成的目标	体现权变思想的人性观。认为人是千差万别的，不同的人以及人在不同的场合，会表现出不同的动机和需要
管理措施	管理者激励下属的主要手段是“胡萝卜加大棒”	领导者应该关心体贴下属，通过培养组织成员的归属感来调动人的积极性	管理者应改变管理职能的重点和激励方式。在管理制度上给予员工更多的自主权，让其实行自我控制，自我管理	管理者对人激励的措施和领导方式也应该力图灵活多样，要善于针对不同情况采取相应的领导策略

习　题

案例分析题

“终生交往”让人才流而不失

——亚实公司聪明对待离职员工

对于离职的员工，亚实科技有限责任公司采取的态度是人走茶不凉，与员工保持“终生交往”，使离职员工“流而不失”。离职员工仍被看作公司的人力资源，公司会对这部分特殊的人力资源实施高效管理。这种管理制度不仅使离职员工向公司传递了市场信息，提供合作机会，介绍现供职机构的经验和教训，帮助公司改进工作；而且他们在新岗位上的出色表现，折射出公司企业文化的光彩。

为了和离职员工保持密切的联系，确保其“流而不失”，有效的人力资源管理从员工决定离职的那一刻起就开始了。在该公司，不管是在公司工作多年的老员工，还是那些发现不适应提出要走的新员工，在他们提出离开时，一般都会得到公司挽留，但同时他们的选择也会得到尊重。公司规定在每个员工离职前必须做一次面谈，提出自己对公司的看法和离职的原因，如果是公司管理方面的问题，公司会充分重视，并努力去改善。值得一提的是，公司还十分关心他们今后的发展和去向，甚至会帮助他们寻找一些更适合的单位。从另一个角度讲，离开公司的员工里，有很多是非常优秀、有能力的人，和这些员工保持交往，会为公司带来新的资源。

公司的人力资源部就有这样的一个新职位叫“旧雇员关系主管”。这个主管的工作，就是管理特殊的人事档案，跟踪离职员工的职业生涯变化情况，甚至包括结婚生子之类的细节。一旦发生变化，公司会在24小时内对档案做出更改。只在是曾在公司效力的前雇员，都会定期收到内部通信，并被邀请参加公司的聚会活动。

公司还摒弃了“好马不吃回头草”的陈腐观念，欢迎跳槽的优秀人才重返公司效力。“有的人认为如果让那些所谓的‘叛徒’回来，或者还与他们保持长期的交往，无法面对留下来的那些人。而经验告诉我，事实恰恰相反，这么做是对现有人员最大的尊重，让他们感觉到温暖和信任。而且对于企业文化的建立和企业品牌的树立有着深刻的影响。”公司人力资源部部长强调了这一观点，同时指出，聘用“回头好马”既可以降低公司成本，又有利于提高员工忠诚度。

对于备受人才流失困扰的企业来说，管理者往往殚精竭虑甚至不择手段以求留住优秀的员工。而亚实公司面对日益激烈的商业竞争，摒弃了“终生员工”的概念，更愿意和员工保持“终生交往”，以崭新的态度来看待人才流失和留住的问题，他们不但不竭力阻止优秀人才走出公司的大门，甚至还“鼓励”人才的离开。

鼓励人才流动的机制非但没有造成大量人才流失，相反，公司人才反而越留越多。对于其中的奥妙，公司刘总一语道破天机：“公司培养而又出去的科技人员对企业有一种感情情结，这种感情情结会使他们留下终生不褪的心里烙印，他们会以各种方式报效公司。”

【思考与讨论】

结合所学知识分析该案例中亚实公司人力资源管理的成功之处。

情境四

企业营销管理

任务引入

经过一个月的锻炼，王洋熟悉了人力资源管理的工作流程，来到营销部，开始了新的工作。在这里，王洋不仅要进行产品的营销工作，还要每天和顾客打交道，建立良好的顾客关系。

任务分析

1. 市场营销认知。
2. 市场调研。
3. 市场分析。
4. 市场细分、目标市场选择及市场定位。
5. 市场营销组合策略。

学习目标

- 了解市场营销的概念和营销观念。
- 理解市场调研的内容、方法和步骤。
- 掌握市场细分、目标市场选择及市场定位。
- 掌握市场营销组合及组合策略。

技能目标

- 对学校所在地某企业进行 SWOT 分析。
- 实地调研当地某家企业的市场营销组合策略。

组织与实施评价

1. 全班学生划分为 6～8 人的小组，模拟成立公司，组成项目团队。
2. 进行角色分工，模拟企业营销管理各任务模块。
3. 在教师的讲解下了解市场营销组合的相关策略。
4. 评价与总结：各小组总结评价市场营销管理中各项工作的流程。

任务一 市场营销认知

【案例导入】

TCL 的营销管理哲学

1998 年，TCL 集团以其总资产 58 亿元，销售额 108 亿元，实现利润 8.2 亿元的业绩，在全国电子行业排行榜上跃居前五名。回顾 17 年前由 5 000 元财政贷款起家的成长历程，这个地方国有企业集团的高层决策者体会到，建立并贯彻一套适应市场经济要求的经营理念，是公司生存和发展的关键。

TCL 的经营理念包括两个核心概念和四个支持性概念。

两个核心概念如下。

1. 为顾客创造价值的观念

他们认为，顾客就是市场，只有为顾客创造价值，赢得顾客的信赖和支持，企业才有生存和发展的空间。为此，公司明确提出“为顾客创造价值，为员工创造机会，为社会创造效益”的宗旨，将顾客利益摆在首位。每上一个项目，都要求准确把握顾客需求特征及其变化趋势，紧紧抓住四个环节：不断推出适合顾客需要的新款式产品；严格为顾客把好每个部件、每种产品的质量关；建立覆盖全国市场的销售服务网络，为顾客提供产品终身保修；坚持薄利多销，让利于消费者。

2. 不断变革、创新的观念

他们认为，市场永远变化，市场面前人人平等，唯有不断变革经营、创新管理、革新技术的企业，才能在竞争中发展壮大。为此，他们根据市场发展变化，不断调整企业的发展战略和产品质量与服务标准，提高经营水平。近几年来，集团除推出 TCL 致富电脑、手提电话机、健康型洗衣机和环保型电冰箱等新产品外，对电视机、电话机等老产品每年也各有近 20 种不同型号新产品投放市场，并几乎都受到青睐。

在具体的营销管理工作中，集团重点培育和贯彻了四项支持性观念。

（1）品牌形象观念。将品牌视为企业的形象和旗帜、对消费者服务和质量的象征。花大力气创品牌、保品牌，不断使品牌资产增值。

（2）先进质量观念。以追求世界先进水平为目标，实施产品、工艺、技术和管理高水平综合的全面质量管理，保证消费者利益。

（3）捕捉商机，贵在神速的观念。他们认为，挑战在市场，商机也在市场，谁及时发现并迅速捕捉了它，谁比竞争对手更好地满足消费者需要，谁就拥有发展的先机。

（4）低成本扩张观念。TCL 认为在现阶段我国家电领域生产能力严重过剩，有条件实行兼并的情况下，企业应以低成本兼并扩大规模，为薄利多销奠定坚实基础。1996 年，TCL 以 1.5 亿港元兼并香港陆氏集团彩电项目；以 6 000 万元人民币与美乐电子公司实现强强联合。仅此两项，就获得需投资 6 亿元才能实现的 200 万台彩电生产能力，年新增利润近 2 亿元。

TCL 集团在上述观念指导下，建立了统一协调、集中高效的领导体制，自主经营、权责一致的产权机制，灵活机动、以一当十的资本营运机制，举贤任能、用人所长的用人机制，统筹运作、快速运转的资金调度机制。依据目标市场的要求，TCL 投入上亿元资金，由近千名科技人员建立了三个层次（TCL 中央研究院，数字技术研究开发中心，基层企业生产技术部）的战略与技术创新体系，增强自由和新技术的研究开发能力，以此抢占制高点，拓展新产品领域。20 世纪 90 年代初，TCL 集团在以通信终端产品为主拓展到以家电为主导产品的同时，强化了以“主动认识市场、培育市场和占有市场”为基本任务的营销网络建设。集团在国内建立了 7 个大区销售中心、31 家营销分公司、121 家经营部和 1 000 多家特约销售商，覆盖了除西藏、台湾之外的所有省份，在俄罗斯、新加坡、越南等国家建立了销售网络。

1990 年以来，TCL 集团快速成长。全集团销售额、实现利税年均增长速度分别为 50%和 5%。

【知识链接】

一、市场营销管理基础

在市场经济条件下，企业追求的是以市场为中心的经济运行质量和效益，研究市场营销管理将有助于企业树立正确的经营指导思想，掌握科学的市场营销方法，制定有效的市场营销战略。但是提到市场营销，还有不少人把它等同于推销或销售，我国不少企业的营销部的任务也只是将企业已经生产出来的产品销售出去，而不能对企业的全部经营活动发挥主导作用。站在企业的角度来看，我们认为，所谓市场营销就是企业在不断变化的市场环境中，为了满足并引导消费者的需求，所进行的市场选择、产品开发、产品定价、分销、促销和提供服务等一系列的企业活动，其目的是完成交换并实现企业的目标。

市场营销工作的内容在不断丰富和扩大，主要包括以下七个方面：市场调研、目标市场选择、产品开发策略、产品定价策略、分销渠道策略、产品促销策略、市场营销策划等内容。

二、市场营销观念的改变

市场营销理念是开展市场营销的指导思想，是进行市场营销运作的经营哲学。纵观市场营销的发展历程，主要有以下市场营销理念。

（一）卖方导向理念——传统营销观念

在市场营销发展过程的中早期，统治市场营销的是一种卖方导向的理念，即传统的营销观念。由于生产力还不够发达，物资短缺，产品供不应求；市场经济还不够成熟，市场意识不强，市场机制还不完善，这样在市场上起主导作用的只能是企业，既是由卖方主导的，而顾客被明显地忽视，在市场营销中必然形成卖方导向的理念。卖方导向的理念在演变中可划分为以下三个观念。

1. 生产观念

生产观念是指企业的经营中，只重视生产，而轻视市场的观念。生产观念认为，“皇帝的女儿不愁嫁”，只要生产好的产品，顾客就一定购买。因此，企业要集中精力于资源，提高生产率，扩大生产，降低成本，市场是“不攻自得”，市场与顾客的需求被明显地忽视。在资本主义工业化的初期和以后的很长一段时间，以及我国计划经济时期，基本上是由生产观念支配的。

2. 产品观念

随着生产力与市场经济的发展，消费者的需求受到重视，企业注重生产受顾客欢迎的产品。因此，企业将关注的重点放在如何开发与生产容易销售的产品，但是，仍然不注重对顾客需求的研究与满足。这种产品观念比生产观念有所进步，开始关注顾客的“需求物”了，但仍忽视对顾客本身需求与整个市场的研究，仍属于卖方主导的理念。

3. 推销观念

随着生产力与市场经济的进一步发展，产品市场开始由卖方市场向买方市场转化。在中国时间大致为20世纪20～40年代。由于产品开始出现供过于求，企业把关注点投向市场，将强化推销作为经营的重点。推销观念认为，顾客一般存在购买惰性与抗衡心理，企业只有大力推销，刺激顾客大量购买，才能取得经营的成功。推销观念的进步在于重视了市场，以及对顾客的能动作用；但是它仍然忽视顾客本身的需求与主导地位，因此，仍属于卖方导向。

（二）买方导向理念——市场营销观念

1. 市场营销观念的含义

市场营销观念是指企业在经营的过程中，高度关注顾客的需求，以满足顾客的需求为核心和目标组织营销活动。市场营销观念属于买方导向。市场营销观念认为：

（1）营销是企业经营的关键环节，直接决定企业的绩效与经营的成败。

（2）有效的营销是市场营销，即必须按市场机制运作企业的营销。

（3）市场营销必须以满足顾客的需求为核心与目标。“顾客至上”，“顾客第一”，企业的市场营销，包括一切的经营活动都是为顾客创造价值，这是市场营销观念的灵魂。

（4）决定企业经营的最终力量是顾客的需求。

2. 市场营销观念与传统营销观念的比较

市场营销观念与传统营销观念相比，主要有以下三点区别。

（1）市场营销观念是以买主的需求为出发点的，目标是满足顾客的需求；而传统营销观念是以卖方的需求为出发点，目标是获得最大的利润。

（2）市场营销观念对营销过程关注的重点是如何实现顾客价值的最大化；而传统营销观念对营销过程关注的重点则是营销的最大化，即如何把产品卖出去，换成尽可能多的现金。

（3）市场营销观念属买方导向；而传统营销观念则属于卖方导向。可见市场营销观念是对传统营销观念的巨大改进。

（三）社会导向理念——社会市场营销观念

1. 社会市场营销观念含义

社会市场营销观念是指企业经营要兼顾企业、顾客和社会三者的利益，按照追求企业利润，满足顾客需要的目标，按照有利于社会环保与福利相统一的原则运筹与组织市场营销。社会市场营销观念认为：

（1）市场营销首先是一种社会行为，应与社会整体利益相一致，而不能仅仅局限于消费者的自身需求。

（2）追求企业利润是企业经营的直接目标，并且是企业生存发展的先决条件；重视顾客需要，满足顾客需求永远是企业经营的核心职能；实行绿色营销，使企业的营销有利于环境保护、有利于全社会的整体利益，是现代营销的本质特征，必须实现三者的统一与协调。

（3）社会市场营销是一种以社会利益为核心、兼顾各种利益、协调统一的现代大营销观念，属于社会导向的营销观念。

2. 社会市场营销观念是对市场营销观念的修改与补充

“顾客总是对的”，这既反映了市场营销观念以满足顾客的需求为核心的思想，又暴露了这一观念的缺陷。而社会市场营销对市场营销观念的科学内涵与合理部分作了保留，对过分强调顾客的需求，而忽视社会利益的缺陷作了修改与补充，使市场营销的观念更加科学与完善。

任务二　市场调研

【案例导入】

可口可乐“新口味”的失败

20 世纪 80 年代初，虽然可口可乐在美国软饮料市场上仍处于领先地位，但由于百事可乐公司通过多年的促销攻势，以口味试饮来表明消费者更喜欢较甜口味的百事可乐饮料，并不断侵吞着可口可乐的市场。为此，可口可乐公司以改变可口可乐的口味来对付百事可乐对其市场的侵吞。

对新口味可口可乐饮料的研究开发，可口可乐公司花费了两年多的时间，投入了 400 多万美元的资金，最终开发出了新可乐的配方。在新可乐配方开发过程中，可口可乐公司进行了近 20 万人的口味试验，仅最终配方就进行了 3 万人的试验。在试验中，研究人员在不加任何标识的情况下，对新老口味可乐、新口味可乐和百事可乐进行了比较试验，试验结果是：在新老口味可乐之间，60%的人选择新口味可乐；在新口味可乐和百事可乐之间，52%的人选择新口味可乐。从这个试验研究结果看，新口味可乐应是一个成功的产品。

到 1985 年 5 月，可口可乐公司将口味较甜的新可乐投放市场，同时放弃了原配方的可乐。在新可乐上市初期，市场销售不错，但不久就销售平平，并且公司开始每天从愤怒的消费者那里接到 1 500 多个电话和很多的信件，一个自称原口味可乐饮用者的组织举行了抗议活动，并威胁除非恢复原口味的可乐或将配方公之于众，否则将提出集体诉讼。

迫于原口味可乐消费者的压力，在 1985 年 7 月中旬，即在新可乐推出的两个月后，可口可乐公司恢复了原口味的可乐，从而在市场上新口味可乐与原口味可乐共存，但原口味可乐的销售量远大于新口味可乐的销售量。

【知识链接】

市场营销调研是企业收集、整理和分析各种营销信息，为企业经营管理活动提供决策依据的一种活动。

一、市场调研的内容

1. 市场需求调研

（1）调查产品需求量。了解企业所在地区的需求总量、已满足的需求量和潜在的需求量；了解本企业市场产品销售量在市场销售总量中所占的比重，即本企业的市场占有率；了解开拓地区市场的可能性。

（2）调查需求结构。了解总量结构；了解每类产品的品种、花色、规格、质量、价格、数量等具体结构；了解市场和产品细分的动向；了解引起需求变化的因素及影响程度；了解城乡需求变化的特点；了解开拓新消费领域的可能性等。

（3）调查需求的时间。了解消费者需求的季节、月份、具体的购买时间；了解需求时间内的品种和数量结构。

2. 市场营销环境调研

（1）宏观市场环境调研。宏观环境是对企业营销活动影响较大的社会因素，包括人口、经济、自然地理、科学技术、政治、法律、社会文化等因素。

（2）微观市场环境调研。微观环境是与企业紧密联系，直接影响和制约企业营销活动的各种参与者，包括企业、供应商、营销中介、顾客、竞争者和公众。

3. 市场营销实务调研

（1）产品调研。产品调研的内容一般包括：对新产品的设计、开发和试验的调研；对产品的包装、款式、品牌和品牌个性的调研等。此外，还有一个很重要的方面是了解产品的作用，如果企业的产品是用来吃的，可以强调产品的美味和营养丰富，但如果过多地强调产品的包装漂亮，消费者未必感兴趣。

（2）价格调研。价格调研的内容一般包括市场供求情况及其变化趋势的调研；影响价格变化的各种因素（如产品成本、市场状况）的调研；替代品价格的调研；新产品定价策略的调研等。

（3）渠道调研。销售渠道调研的内容一般包括：对中间商的调研；对影响销售渠道选择的各个因素的调研等。

（4）促销调研。促销调研的内容一般包括：促销手段的调研；促销策略的可行性调研等。

（5）服务调研。服务分为售前、售中和售后服务，在调查时应了解消费者对服务需求的具体内容和形式；了解企业目前所提供的服务网点数量、质量能否满足消费者的需求，消费者对目前服务的意见反应如何；调查了解竞争者提供的服务内容、形式和质量等。

二、市场调研的方法

1. 直接调查

直接调查是通过实地调查收集一手资料的调研方法。

（1）访问法。访问法是被广泛采用的一种直接调查方法。它通过询问的方式向被调查者了解、收集市场资料，可以在准备有问卷的情况下进行，也可以在没有调查问卷的情况下进行。具体包括面谈访问法、邮寄调查法、电话访问法、留置调查法和网上调查法。

① 面谈访问法。这是调查人员通过与被调查者直接面谈询问有关问题的调查方法。在实践中，只有当需要通过深入面谈才能了解到消费者的需求，或者调查询问的内容多而复杂时，才适合采取面谈访问法的方法。

② 邮寄调查法。这是将事先拟定好的调查问卷寄给被调查者，由被调查者根据要求填写后寄回的一种调查方法。采取邮寄调查法，要特别注意调查问卷的设计。

③ 电话调查法。这是调查人员借助电话工具向被调查者询问、了解意见和看法的一种调查方法。电话调查因通话时间不能太长，所以询问时大都采用两项选择法。此外，要注意电话礼仪，包括：积极的态度；语气要对主题充满兴趣；说话速度不可太快；要有礼貌；依问卷进行；不可抢答或不容被调查者作答等。

④ 留置调查法。这是调查人员将调查问卷当面交给被调查者，说明填写要求，并留下问卷，让被调查者自行填写，再由调查人员定期收回的一种市场调查方法。

⑤ 网上调查法。这是借助互联网、计算机通信技术等实现调研的一种调查方法。

（2）观察法。这是通过观察被调查者的活动取得第一手资料的一种调查方法。运用这种方法时，调查人员和被调查者不发生接触，由调查人员直接或借助仪器把被调查者的活动按实际情况记录下来，被调查者往往是在不知情的情况下进行调查的，处于一种自然状态，所以取得的资料能更加反映实际，也不受调查人员等外界因素的影响。有时被调查者不愿意用语言表达的，也可以通过观察其实际行为而获得。当然，现场观察、记录的往往只限于表面的东西，消费者的动机、态度等是无法通过观察而获得的。在某些情况下，当被调查者意识到自己被观察时，可能会有不正常的表现，从而导致调查结果的失真。如果对一些不常发生的行为或持续时间较长的事物进行观察，花费时间较长，成本很高，而且调查人员需要身临其境进行观察，这就要求观察人员具有良好的记忆力、敏锐的观察力、判断能力和丰富的经验，把握观察法的要领。

（3）实验法。这是通过实验对比来取得市场第一手资料的调查方法。实验法通常是由市场调查人员在给定的条件下，对市场经济活动的某些内容和变化加以实际验证，以此衡量影响效果。例如，为了验证改变产品包装的经济效果，就可以运用实验法，在选定地区和时间内进行小规模的实验性改革和销售，以测试、了解市场反应情况，然后根据测试的初步结果，再考虑是否进行推广，推广的规模多大。这样做有利于提高工作的预见性，减少盲目性，比较清楚地了解事物发展的因果关系，这是访问法和观察法不易做到的。因此，在条件允许的情况下，企业改变产品包装、改变产品品质、调整产品价格、推出新产品、改变广告形式和广告内容时，都可以采用这种方法。

2. 间接调查

这是从各种文献资料中收集信息资料的方法，因此也称文案调查。一般来说，企业进行的大量调研都可以首先运用间接调查来满足对信息的需求。在间接调查方式下，调查人员只需花费较少的时间和费用就可以获得有用的信息资料；不受时间和空间的限制，通过对文献资料的搜集和分析，就可以获得有价值的历史资料，搜集资料的范围广；不受调查人员和被调查者主观因素的干扰，反映的信息内容更为真实、客观。

间接资料是历史的记载，随着时间的推移和环境的变化，这些数据资料难免会过时；文献档案中所记载的内容，大多数情况下很难与调查人员从事的调查活动一致，需要进一步加工处理，这限制了它的利用率。所以，对文献资料的搜集，必须根据调研目的，从繁杂的文献档案中识别、归纳出有价值的信息资料，减少资料搜集的盲目性。

三、市场调研的步骤

1. 明确调查目的

这是进行市场调查时首先要解决的问题，即明确为什么进行调查，通过调查要了解哪些问题，调查的具体途径是什么。在营销实践中，市场调查工作涉及面很宽，提出的问题也比较笼统、不明确。例如，某企业在经营过程中出现产品销售额持续下降的现象，这就需要分析原因：是产品货源不足，还是经营产品结构不合理？是服务质量下降，还是消费者购买力发生转移？是企业资金不足，周转缓慢，还是企业促销不利？对这些问题，需要有一个初步的调查过程，找出问题的主要原因，然后再对主要问题进行进一步深入细致的调查。

在初步调查过程中，首先，要对市场的基本情况进行分析，即调查人员对所掌握的有关资料，如企业业务活动记录、统计报表、会计报表、产品质量、消费者的消费习惯、流通渠道情况以及同类新产品情况等，进行认真的分析研究，掌握因果关系。其次，要进行某些非正式调查，如访问有经验的专业人员，听取他们对市场问题的分析。最后，确定市场调查的范围，使调查目标更确定。

2. 制订实施计划

（1）确定调查项目。确定通过调查想要取得什么样的资料，这取决于调查目的和调查目标。

（2）确定调查方法。这是指取得资料的方法，包括在什么地点、找什么人、用什么方法进行调查。

（3）确定调查地点。首先，要从市场调查的范围出发，如果是调查一个城市的市场情况，还要考虑是在一个区调查还是在几个区调查；其次，考虑调查对象的居住地点，是平均分布在不同地区，还是可以集中在某些地区。

（4）确定调查对象。确定调查对象应具备的条件，如性别、文化水平、收入水平、职业等因素，从而选择出符合条件的市场调查对象及样本数目。

（5）确定调查人员。确定参加调查人员的条件和人数，包括对调查人员的必要培训。

由于调查对象的思想认识、文化水平差异较大，因此，调查对象人员必须具备一定的思想水平、工作能力和业务技术水平。首先，要具备一定的文化基础知识，能够正确理解调查提纲、表格、问卷内容，比较准确地记录调查对象所反映出来的实际情况和内容，做一些简单的数学运算和初步的统计分析。其次，要具备一定的市场学、管理学、经济学方面的知识，对调查过程中涉及的专业性概念、术语、指标有正确的理解。再次，要具备一定的社会经验，要有文明的举止、大方开朗的性格，善于和不同类型的人打交道。最后，要有严肃、认真、踏实的工作态度，因为调查工作不仅任务复杂繁忙，而且单调枯燥，如果缺少敬业精神，取得的资料将会与实际产生很大的偏差，可信度很低，调查工作就会失败。

（6）确定调查费用。

（7）确定工作进度日程和工作进度的监督检查。

（8）调查人员的工作考核。

3. 整理、分析资料

市场调查获得的资料，大多数是分散的、零乱的，有时还会出现虚假、差错，甚至是调查人员的偏见，所以必须对资料进行整理、分类、分析。

4. 撰写调查报告

任务三　市场营销环境分析

【案例导入】

冻鸡出口

欧洲一冻鸡出口商曾向阿拉伯国家出口冻鸡，他把大批优质鸡用机器屠宰好，收拾得干净利落，只是包装时鸡的个别部位稍带点血，就装船运出。当他正盘算下一笔交易时，不料这批货竟然被退了回来。他迷惑不解，便亲自去进口国查找原因，才知退货原因不是质量有问题，只是他的加工方法犯了阿拉伯国家的禁忌，不符合进口国的风俗。阿拉伯国家人民信仰伊斯兰教，规定杀鸡只能用人工，不许用机器；只许男人杀鸡，不许妇女伸手；杀鸡要把鸡血全部洗干净，不许留一点血渍，否则便被认为不吉祥。这样，欧洲商人的冻鸡虽好也仍然难免退货的厄运。

【知识链接】

一、市场营销环境的构成

一个企业的营销环境分为三个层次：第一个层次是企业自身；第二个层次是企业所处的微观环境，包括营销中介、供应商、顾客、竞争者、公众；第三个层次是宏观环境，包括一个国家或地区的自然地理、政治、法律、人口、经济、社会文化、科学技术等因素。

（一）宏观环境

1. 政治、法律环境

政治环境是企业从事市场营销活动的外部政治形势，如政策、方针、政治权力、政治冲突等。

在政治环境中，企业除了要考虑来自国内及外国政府的权力制约外，还要注意群众团体对企业营销活动的影响。

法律环境指国家制定、颁布的各项法律、行政法规等，如《商标法》、《专利法》、《反不正当竞争法》、《消费者权益保护法》、《产品质量法》、《公司法》等法律、行政法规。法律环境对市场消费需求的形成和实现具有一定的调节作用，对企业的营销活动而言，既规范了企业行为，又保护了企业的合法权益。

2. 经济环境

（1）经济发展阶段。在经济发展的不同阶段，企业的营销活动会有所不同。对于消费品市场来说，在经济发展阶段高的国家或地区，如美国、日本等国家，由于产品的基本性能大同小异，企业的营销活动强调产品的款式、特色，大量进行广告宣传及促销活动，非价格竞争比价格竞争更占优势；而在经济发展阶段低的国家，企业的营销活动就比较侧重产品的基本功能及实用性，价格竞争占有一定的优势。

（2）经济收入。一个国家或地区市场容量的大小，除了取决于人口的多少，还取决于消费者购买力的大小；而消费者的需求能否得到满足，也取决于消费者经济收入的多少。

（3）储蓄与信贷状况。消费者的储蓄与信贷状况直接影响消费者不同时期的货币持有，进而影响消费者购买力的大小。

此外，对经济环境进行分析，需要考虑以下因素的影响：城市化水平；商品化水平；劳务社会化水平；食物价格指数与消费品价格指数变动是否一致等。

3. 社会文化环境

（1）宗教信仰。宗教作为历史的产物，对人们的态度、价值观及生活方式有重大的影响。研究宗教对营销活动的影响，首先，要了解宗教的分布状况；其次，要了解宗教的要求与禁忌；最后，要了解宗教组织与宗教派别对企业营销活动的影响。

（2）风俗习惯。文化是影响人们欲望和行为的一个重要因素，特定的文化会形成世代相传的风俗习惯。文化背景的差异也会导致商业习惯的不同。例如，在和日本人洽谈生意时，要注意礼节，不能随便开玩笑；和中东人做生意，正式谈判之前要花大量时间闲谈聊天，这在西方人的眼里纯粹是浪费时间，但在中东人的习惯里却是正常的。

（3）价值观念。价值观念涉及面较广，对企业营销影响深刻，是社会文化环境中最难被准确认识的一个方面。例如，一项独具匠心的新产品在美国和中国香港会受到普遍欢迎；但是在德国，消费者却比较保守，并不过分追求标新立异，而是特别重视品牌、信誉好的产品。

（4）道德规范。道德是一种社会意识形态，也是一定社会调整人们之间及个人和社会之间关系的行为规范的总和。道德规范对人们消费行为有着重要影响。不同的道德规范决定人们不同的交往行为，决定不同的家庭模式和消费方式，也决定不同的婚姻习俗。我国是礼仪之邦，重人情，个人行为往往与周围环境或与别人保持一致，这种心理在消费行为中表现为向多数人看齐，不强调个人价值。

（5）审美观念。人们在市场上挑选、购买产品的过程，实际上就是一次审美活动，它是由消费者的审美观念支配的，这种审美观念表面上看纯属个人行为，实质上却反映了一个时代、一个社会人们共同的审美观念和审美趋势。

4. 自然地理环境

自然地理环境指的是影响企业生产经营活动的地理、气候、自然资源等客观因素。目前，自然环境有以下三个发展趋势。

（1）自然资源的短缺或即将短缺。

（2）污染的日益严重。

（3）政府对自然资源的管理及有力的干预。

5. 人口环境

因为人是直接的消费者，所以人口环境很重要。对人口环境的分析包括对年龄结构、收入状况、消费意识、购买能力与意向等的分析。

6. 科学技术环境

科学技术环境不仅影响企业的生产经营，还与其他环境因素相互依赖、相互作用。企业要密切注意科技环境的发展变化，了解其对企业市场营销活动的影响，以便及时采取适当的措施。

（1）新技术的发展与运用促进了新行业的产生。

（2）新技术有利于增强企业的综合实力。

（3）新技术加快了产品的升级换代，使产品生命周期缩短。

（4）新技术可以改变零售商业结构和消费者偏好。

（5）新技术的发展可以缓解全球能源短缺的现状。

（6）新技术在一定程度上可以改变人们的价值观念和伦理观念。

（二）微观环境

1. 营销中介

营销中介是为企业融通资金，销售产品给最终购买者，提供各种有利于营销服务的机构，包括中间商、实体分配公司、营销服务机构（调研公司、广告公司、咨询公司）、金融中介机构（银行、信托公司、保险公司）等。它们是企业进行营销活动不可缺少的中间环节，企业的营销活动需要它们的协助才能顺利进行，如生产集中和消费分散的矛盾需要中间商的分销予以解决，广告策划需要得到广告公司的合作等。

（1）中间商。中间商是协助企业寻找消费者或直接与消费者进行交易的组织或个人，包括代理中间商和经销中间商。代理中间商不拥有产品所有权，专门介绍客户或与客户洽谈、签订合同。代理中间商包括代理商、经纪人和生产商代表。经销中间商购买产品并拥有产品所有权，主要有批发商和零售商。

中间商与企业关系密切。它关系到企业的销售量能不能增加。现在很多企业都对中间商进行培训，目的就是提升中间商的能力。中间商能力强了，企业的生意才好做。

（2）实体分配公司。这主要是指协助生产企业储存产品，并将其从原产地运往销售目的地的仓储物流公司。实体分配包括包装、运输、仓储、装卸、搬运、库存控制和订单处理等内容，其基本功能是调节生产与消费之间的矛盾，弥合产销时空上的分离，以便适时、适地和适量地将产品提供给消费者。

（3）营销服务机构。这主要是指为生产企业提供市场调研、市场定位、促销产品、营销咨询等方面的营销服务的机构，包括市场调研公司、广告公司、传媒机构及市场营销咨询公司等。

（4）金融中介机构。主要包括银行、信贷公司、保险公司以及其他对货物购销提供融资或保险的各种金融机构。

2. 供应商

供应商是指向企业及其竞争者提供生产经营所需要资源的企业或个人。供应商所提供的资源主要包括原材料、零部件、设备、能源、劳务、资金及其他用品等。

供应商能不能给企业优惠，使企业的成本一降再降，这是一个重要的因素。企业既要重视销售，也要重视采购，因为采购环节省下的钱是纯利润，而销售每赚一分钱都是要花成本的。所以在采购方面，采购成本没有最低，只有更低。同时，把省下来的成本用来宣传，企业的销售就能够有很大的突破。

3. 顾客

顾客是企业产品与服务的直接购买者或使用者的总称。顾客是企业服务的对象，也是营销活动的出发点和归宿，它是企业最重要的环境因素。

4. 竞争者

竞争者是指与企业存在利益争夺关系的其他经济主体。企业的营销活动常常受到各种竞争者的包围和制约。因此，企业必须识别各种不同的竞争者，并采取不同的竞争对策。竞争者主要有以下四种类型。

（1）愿望竞争者：是指提供不同产品、满足不同消费欲望的竞争者。

（2）一般竞争者：是指满足同一消费欲望的不同产品的竞争者，是消费者在决定需要的类型之后出现的次一级竞争，也称平行竞争。

（3）产品形式竞争者：是指满足同一消费欲望的同类产品、不同产品形式之间的竞争者。

（4）品牌竞争者：是指满足同一欲望的同种产品形式但不同品牌的竞争者。

5. 公众

公众是指对企业实现营销目标有实际或潜在利害关系和影响力的团体或个人。企业所面临的公众主要有以下七种。

① 融资公众：是指影响企业融资能力的金融机构，如银行、投资公司、证券经纪公司、保险公司等。

② 媒介公众：是指报纸、杂志、广播电台、电视台、网络媒体等大众传播媒介，它们对企业的形象及声誉的建立具有举足轻重的作用。

③ 政府公众：是指负责管理企业营销活动的有关政府机构。企业在制订营销计划时，应充分考虑政府的政策，研究政府颁布的有关法规和条例。

④ 社团公众：是指保护消费者权益的组织、环保组织及其他群众团体等。企业的营销活动关系到社会各方面的切身利益，必须密切注意并及时处理来自社团公众的批评和意见。

⑤ 社区公众：是指企业所在地附近的居民和社团组织。

⑥ 一般公众：是指上述各种类型公众之外的社会公众。一般公众虽然不会有组织地对企业采取行动，但企业形象会影响他们的惠顾。

⑦ 内部公众：是指企业内部的公众，包括董事会、经理、企业员工等。

（三）企业自身

企业自身包括市场营销管理部门、其他职能部门和最高管理层。企业为开展营销活动，必须依赖于各部门的配合和支持，即必须进行制造、采购、研究与开发、财务、市场营销等业务活动。

二、市场营销环境分析的方法

分析市场营销环境常用的方法是 SWOT 法，即 Strength（优势）、Weaknesses（劣势）、Opportunities（机会）、Threats（威胁）的综合分析。

（一）优势和劣势（内部环境）

企业优势和劣势分析，实质上就是企业内部经营条件分析，或称企业实力分析。

1. 优势

优势是指企业和对于竞争对手而言所具有的优势人力资源、技术、产品以及其他特殊实力。充足的资金来源、高超的经营技巧、良好的企业形象、完整的服务体系、先进的工艺设备、与买方和供应商长期稳定的合作关系、融洽的雇员关系、成本优势等，都可以形成企业优势。

2. 劣势

劣势是指影响企业经营效率和效果的不利因素与特征，它们使企业在竞争中处于劣势地位。一个企业潜在的弱点主要表现在：缺乏明确的战略导向、设备陈旧、盈利较少甚至亏损、缺乏管理、缺少某些关键的技能、内部管理混乱、研究和开发工作落后、企业形象较差、销售渠道不畅、营销工作不得力、产品质量不高、成本过高等。

（二）机会与威胁（外部环境）

环境机会的实质是市场上存在着“未满足的需求”。它既可能来源于宏观环境，也可能来源于微观环境。随着消费者需求的不断变化和产品生命周期的缩短，市场上出现了许多新的机会。

环境机会对不同企业是不相等的，同一个机会环境可能成为一些企业有利的机会，也可能成为另一些企业的威胁。环境机会能否成为企业的机会，要看此环境机会是否与企业目标、资源及任务相一致，企业利用此环境机会能否比其竞争者带来更大的利益。

环境威胁是指对企业营销活动不利或限制企业营销活动发展的因素。这种环境威胁主要来自两个方面：一方面，环境因素直接威胁着企业的营销活动，如国家颁布《环境保护法》，对造成环境污染的企业来说，就构成了巨大的威胁。另一方面，企业的目标、任务及资源同环境机会相矛盾。如人们对自行车的需求转化对摩托车的需求，使自行车厂的目标与资源同这一环境机会产生矛盾——自行车厂要将“环境机会”变成“企业机会”，需要淘汰原来的产品，更换全部设备，培训、学习新的生产技术，这对自行车厂无疑是一种威胁；摩托车的需求量增加，自行车的销售量减少，给自行车厂又增加了一份威胁。

（三）市场营销环境分析——SWOT 分析

在对企业环境因素进行评价时，一个有意义的分析方法便是企业优势、劣势和市场机会、威胁的结合分析，这种分析方法就是 SWOT 分析，也称为企业内外情况对照分析。企业 SWOT 分析参见图 2-4。

任务四　市场细分、目标市场选择及市场定位

【案例导入】

抓住空白点

日本电视机生产企业从 1961 年开始，向美国出口电视机。当时美国不只是世界头号电视机生产强国，而且美国消费者还普遍存有“东洋货”是劣质货的观念。但日本经过认真的市场分析发现，在美国市场上，12 英寸以下的小型电视机是一个产品市场空白点。当时美国电视机生产企业都嫌小型电视机利润少而不愿意经营，并且错误地认为小型电视机消费时代已经结束。但事实上仍有不少消费者需要它，日本企业借机将小型电视机打入美国市场。正由于日本企业从美国产品市场空白点入手“钻”入美国，因此，未受到强大的美国企业的反击。待之羽翼丰满，占领大型电视机市场时，美国电视机厂家反击已为时过晚。

【知识链接】

一、市场细分

（一）市场细分的标准

1. 按地理因素细分市场

地理细分是将市场划分为不同的地理单位，如南方和北方、城市和农村等。企业可以选择一个或几个地理区域开展业务，也可以选择所有地区，但要注意各地区在需求和偏好方面的差异。

2. 按人口因素细分市场

这是按人口统计变量，如年龄、性别、家庭生命周期（家庭生命周期指的是一个家庭诞生、发展直至死亡的运动过程，它反映了家庭从形成到解体呈循环运动的变化规律。家庭随着家庭组织者的年龄增长，而表现出明显的阶段性，并随着家庭组织者的去世而消亡）、收入、职业、教育、宗教等因素划分不同群体，从而对市场进行细分。

3. 按心理因素细分市场

常用的心理细分因素包括社会阶层、生活方式、人格特征和对促销因素的灵敏度。例如，不同社会阶层的消费者常常具有不同的个人偏好，这一因素往往是许多企业经常运用的细分标准：高收入阶层的消费者比较偏爱名贵而且稀有的名牌产品，中下收入阶层的消费者则更看好经济实惠、品质相宜的产品；社会阶层的不同也导致了消费者个人偏好的差异，从而造成消费者在产品使用、店铺挑选、媒体接触以及广告信息的接受等方面也极为不同。

4. 按消费者行为因素细分市场

这是指根据消费者不同的购买行为，如追求的利益、购买时机、使用频率和品牌忠诚程度等细分变量进行细分。

（二）市场细分的程序

（1）选择并确定产品进入市场的范围。

（2）列出企业所选定的市场范围内消费者的潜在需求或产品的所有效用。

（3）评议各种需求，确定几种最迫切的需求作为细分市场的重要因素。

（4）除去共同的需求特征，保留各差异特征作为细分的主要标准。

（5）根据不同消费者的不同需求划分相应的市场群，并对每个市场群予以命名。

（6）分析每一个细分市场的不同要求、购买行为的特点及产生的原因，找出各细分市场的新变数。

（7）分析各市场的规模及市场中消费者的潜在购买力，结合本企业的资源情况选择目标市场，进行市场定位。

二、目标市场选择

（一）选择目标市场的条件

目标市场是指企业决定要进入或占领的市场。细分出来的子市场作为企业的目标市场，应具备下列四个基本条件。

（1）必须有一定的需求或市场容量。

（2）有一定的购买力。

（3）竞争者未完全控制目标市场。

（4）企业有能力经营。

（二）目标市场营销策略

1. 无差异市场营销策略

企业经过细分后，权衡利弊得失，不考虑各细分市场的共性推出一种产品，采用一种市场营销组合策略，试图在市场上满足尽可能多的消费者需求，集中力量为之服务的策略，就是无差异市场营销策略。

无差异营销一般用于细分后的市场消费群体，这些消费群体虽有差别，但共性明显是根本性的。企业的基本营销策略可以求同存异，兼顾不同的细分市场。

该策略的优点是：产品可以大量生产、大量运输与储存，成本大大降低；企业深入了解细分市场的需求特点，能采用针对性的产品、价格、促销和渠道策略，从而获得强有力的市场地位和良好的信誉。

该策略的缺点是：由于现实消费需求与欲望的多种多样，消费者的某些特殊需要得不到满足；当行业竞争十分激烈时，企业难以获得较好的利润；容易导致竞争激烈和市场饱和。

采用这种策略受到一些客观条件的限制，以下几种情况可以采用无差异性营销策略：第一，挑选性不大、需求弹性小的基本生活资料和主要工业原料，如棉花、粮食、煤炭等；第二，经营的企业不多、竞争性不强的产品，如石油等。

2. 差异性市场营销策略

选择若干个细分市场作为目标市场，以不同的营销策略适应不同的目标市场，这是差异性营销的战略思路。

该策略的优点是：会使产品的适销性较强，目标市场越多，消费者的需求越大，销量也就越大，利润也就越多。

该策略的缺点是：企业生产的产品多，就会增加设备、工人、研究费用等，生产成本相应增加；经营的产品多，企业的销售费用、广告费用、储存费用等都会大幅度增加，销售成本会相应增加，产品的总成本自然会提高，消费者能否接受是企业应当慎重考虑的。

3. 集中性市场营销策略

在细分市场的基础上，选择一个或有限的几个细分市场作为目标市场，集中企业资源，以相对统一的营销策略开拓市场，这种战略思路称作集中营销。

该策略的优点是：可以照顾个别市场的特殊性，在个别市场占有优势地位，提高企业的市场占有率和知名度；由于采用针对性强的营销组合，节约了成本和营销费用，因此，中小企业较适合运用集中性市场营销策略，大企业在拓展某一区域或国别市场的初期，也可借鉴这种战略思路。

该策略的缺点是：企业的目标市场比较狭小，产品过于专业化，一旦经营市场发生变化，经营风险较大，发展潜力小。

（三）目标市场营销策略的选择

1. 企业的实力

企业的实力主要包括企业的人力、物力、财力及生产力、技术研发力与营销力量。如果企业资源和营销实力强大，可采用无差异性或差异性市场策略，选择不同的目标市场，则宜采取不同的市场营销策略。

2. 产品的特性

根据产品的特性不同，应该采用不同的市场策略，选择不同的目标市场。例如，对于米、面、盐、白糖等日常生活消费品，虽然原材料和加工工艺不同，使产品质量上存在着差别，但是这种差别不是十分明显，消费者一般都很熟悉，不需要特殊的宣传介绍，只要价格相当，消费者一般没有特别的选择和要求，因此，可以采用无差别市场策略；但是对家用电器、家具等高档耐用消费品，因品质差异较大，消费者选购时十分注意产品的特性、功能、价格等因素，常常要反复评价、选择，对售后服务要求很高，这类产品就该采用差异性市场策略或集中性市场策略。

3. 产品所处生命周期阶段

处于导入期的产品，可采用无差异性市场营销策略，探测市场的现实需求和潜在需求，以便及时采取有效措施，不断开拓市场，扩大销售；在成长期和成熟期的产品，则应采取差异性市场营销策略，以开拓新市场；进入衰退期的产品，应采用集中性市场营销策略，以维持和延长产品的生命周期，避免或减少企业的损失。

4. 市场竞争状况

如果竞争对手实力强大，并且对手实行无差异性市场营销策略时，无论企业本身实力大于还是小于对手，采用差异性市场营销策略或集中性市场营销策略，都是有利可图，有优势可占，能取得良好的营销效果的；如果竞争对手采用了差异性市场营销策略，而本企业采用了无差异市场营销策略，就无法有效地投入竞争，很难占有一个有利的地位，因此，必须以集中性市场营销策略应对。

5. 消费者行为

如果消费者的需求和偏好大致相近，购买方式大致相同，可采用无差异市场营销策略；反之，可采用差异性市场营销策略或集中性市场营销策略。

三、市场定位

市场定位是指树立企业及其产品在消费者心目中特定的形象和地位。

（一）市场定位的步骤

市场定位的关键是企业要设法在自己的产品上找出比竞争者更具有优势的特性。

竞争优势一般有两种基本类型：一是价格竞争优势，就是在同样的条件下比竞争者定出更低的价格。这要求企业尽一切努力降低产品的单位成本。二是偏好竞争优势，即能提供确定的特色来满足顾客的特定偏好，这要求企业尽一切努力在产品特色上下工夫。因此，企业市场定位的全过程可以通过以下三个步骤来完成。

1. 分析目标市场的现状，确认本企业潜在的竞争优势

这一步骤的中心任务是要回答以下 3 个问题：竞争对手产品定位如何？目标市场上顾客欲望满足程度如何？确定顾客还需要什么？要回答这 3 个问题，企业市场营销人员必须通过一切调研手段，系统地设计、搜索、分析并报告有关上述问题的资料和研究结果。

通过回答上述 3 个问题，企业就可以从中把握和确定自己的潜在竞争优势在哪里。

2. 准确选择竞争优势，对目标市场初步定位

竞争优势表明企业拥有胜过竞争对手的能力，这种能力既可以是现有的，也可以是潜在的。选择竞争优势实际上就是一个企业与竞争者各方面实力上相比较的过程。比较的指标应该是一个完整的体系，只有这样，才能准确地选择相对竞争优势。通常的方法是：分析、比较企业与竞争者在经营管理、技术开发、采购、生产、市场营销、财务和产品等 7 个方面究竟哪些是强项，哪些是弱项。在此基础上选出最合适本企业的优秀项目，以初步确定企业在目标市场上所处的位置。

3. 显示独特的竞争优势和重新定位

这一步骤的主要任务是：企业要通过一系列的宣传促销活动，将其独特的竞争优势准确地传播给潜在的消费者，并在消费者心目中留下深刻的印象。为此，企业首先应使目标消费者了解、认同和偏爱本企业的市场定位，在消费者心目中建立与该定位一致的形象。其次，企业通过各种努力强化目标消费者形象，保持目标消费者形象，保持了解目标消费者，稳定目标消费者的态度和加深目标消费者的感情来巩固与市场定位一致的形象。最后，企业应注意目标消费者对其市场定位理解出现的偏差或由于企业市场定位宣传的失误而造成的目标消费者对其定位产生模糊、混乱和误会。

企业的产品在市场上定位即使很恰当，但在下列情况下，还应考虑重新定位。

（1）竞争者推出的新产品定位于本企业产品附近，占领了本企业产品的部分市场，使本企业产品的市场占有率下降。

（2）消费者的需求或偏好发生了变化，使本企业产品销售量骤减。

（二）市场定位的方法

1. 产品差异定位

（1）产品质量。质量越高的产品就越能赢得消费者的青睐，虽然高质量往往伴随着高成本，但高成本却可以通过降低退货率、减少残次产品的更换和维修以及提高顾客满意度来抵消。

（2）产品价格。价格是消费者选购产品时一个总要的参考因素。一方面，价格反映企业的成本水平；另一方面，价格又关系到消费者的切身利益，影响消费者的购买力。

（3）产品的用途。

① 为老产品打新用途。例如，小苏打曾经被广泛用作家庭的除臭剂，后来因出现了替代品而减少了产品市场容量，国外有的厂商就开始将它们作为阴沟和垃圾污物的防臭剂以及冰箱的除臭剂。

② 增加产品的新功能、新用途。例如，随着人们生活及需求的多样化发展，许多电信公司在产品开发时不再只考虑电话语言交流的功能，而是力求功能多样化，如发短消息、炒股、上网、图像多样化和立体化等。

（4）产品的特色。即企业给予它的产品独特的造型、独特的包装和独特的使用方式。例如，美国的苹果（Apple）计算机公司将自己的产品定位于适应于个人使用的微型计算机（PC），结果迅速占领市场并获得巨大利润。

（5）使用者类型。

① 不同产品不同定位，即产品定位和特定社会、收入阶层或特定年龄结构的群体相联系。如无线移动电话（俗称大哥大）在引进的初期主要是针对具有较高收入水平的消费群体。

② 同一产品不同定位，即对不同的群体突出产品的不同特征。如中国的无锡大饭店，对欧美旅客的广告是"古有大运河，今有大饭店"；对日本旅客的广告是"唯一的日本人管理的饭店"；对无锡本地顾客的广告是"无锡人自己的大饭店"，从而提高了饭店的知名度，成为全国最佳星级饭店之一。

（6）利益定位。也称为功能定位，即根据产品具有的满足顾客某种需求的功能或所提供的利益来对产品进行定位。

2. 品牌差异定位

品牌的功能在于把不同企业之间的同类产品区别开来，给消费者留下一个深刻的印象。例如，全球头号零售品牌"沃尔玛"最初的定位就是"平价"，明显区别于其最大的竞争对手"西尔斯"，从而赢得了消费者。

3. 服务差异定位

在获得竞争优势中，服务差异是不可忽略的重要一环，因为在产品差异与品牌差异难以让消费者取舍时，消费者往往会根据预期受到的服务作为选购的标准。这种服务差异可以体现在以下几个方面：产品提供给消费者的利益；安装、维修服务；咨询服务、特色服务。

4. 人员差异定位

企业可以通过聘用和培养比竞争者更好的人员来获得更强的竞争优势，尤其是随着市场竞争的加剧，人员素质的培养和提高，对扩大企业差异化的质量起着越来越重要的作用。

5. 创造形象差别

企业形象不同，会给购买者带来不同的认识。企业可以通过建立自己独特的形象区别于竞争对手。

应该指出的是，上述差异化选择并不是绝对分开的，在市场定位时，也不是将它们都与竞争者的产品区分开，应当是在某些方面相同，而在其他方面不同。

任务五 市场营销组合策略

【案例导入】

日本企业想打进美国等海外市场，但当初日本的产品质量形象低劣，声誉不佳。而且许多企业没有产品销售渠道。为此，日本企业采取了以下几种措施。

（1）集中全力选好进入市场的突破口。他们不是采取全线出击一下子占领全部市场，而是选中该市场的某一地区、某个批发商或某种类型的消费者，先打进去，站稳脚跟后再逐步扩大。如丰田汽车公司首先选择了加利福尼亚市场，通过该地区了解到美国市场的特点、消费者的爱好，并积累了与美国批发商和经销商打交道的经验。在“突破口”取得成功，而后全面进入美国市场。日本电视机进入中国市场的步骤：先找经销商销售 12 英寸、16 英寸黑白电视机，而后销售彩色电视机，然后在中国合资建厂。

（2）精心挑选有效的销售渠道和能干的批发商。

（3）对某些特殊产品，直接与用户联系，建立独立的销售机构。

（4）利用竞争者的销售网络进行销售，即在打入某国市场后，利用该国中间商或生产者的牌号或商标销售日本的产品。当其产品打入市场并占有一定地位时，就逐步建立自己产品的品牌形象，形成自己的销售渠道，最后取而代之。

【知识链接】

一、产品整体策略

从营销角度来看，整体产品不仅是指产品的实物形态和功能，还包括带给人们直接的或间接的、有形的或无形的利益和满足感。

一般来说，整体产品包括以下五个层次。

（1）核心产品。它是消费者购买产品或服务所要真正获得的利益和服务。

（2）形式产品。它是核心产品得以实现的方式。形式产品有五大特征或者说是五大功能，包括品质水平、特色、样式、商标及包装，服务产品也同样具有类似的特征。

（3）期望产品。它是指消费者购买产品或服务时期望得到和默认的一系列基本属性与条件。

（4）延伸产品。它是指提供产品或服务时增加的附加服务与保障，也是消费者购买产品或服务时希望得到的附加服务与利益。

（5）潜在产品。它是指现有产品可能发展的前景，包括现有产品的所有延伸和演进部分，最终可能发展成为未来产品潜在状态的产品，如彩色电视机可能发展为录放机或电脑终端机等。

二、产品组合策略

产品组合又称为“产品经营结构”，是指一个企业生产经营的全部产品线和产品项目。

产品线，是指企业生产经营的一组具有类似功能、能满足同类需求的产品；产品项目，是指产品线中各种不同的品种、规格、型号、品牌、质量、价格的特定产品。

（一）产品组合的长度、宽度、深度和关联度

通常而言，一个企业的产品组合是通过产品组合的长度、宽度、深度和关联度来反映的。

（1）产品组合的宽度。这是一个企业产品组合中所拥有的产品线的总数。

（2）产品组合的长度。这是一个企业产品项目的总数，即产品线中产品项目之和。

（3）产品组合的深度。产品线的深度是指一条产品线内有多少不同的产品项目。项目越多，产品线就越长，产品的品种就越多，对于满足同一目标市场消费者的多样化需求和降低产品的成本起着重要的作用。

产品组合的深度是指全部产品线的平均深度。

（4）产品组合的关联度。这是指各产品线在最终用途、生产技术、销售渠道以及其他方面相关联的程度。产品线间联系越紧密，产品组合的关联度就越大，就越有利于企业的经营管理；反之，管理难度增大。

（二）产品组合策略

1. 扩大产品组合策略

它既可以是产品组合长度和宽度的扩大，如一家原来经营空调系列的销售商在冬季来临时增加了取暖器材的销售；也可以是产品组合深度和关联度的扩展，如某家电企业推出智能型的新款冰箱。

扩大产品组合策略的优点如下。

（1）可以使企业尽量利用现有设备的潜能，在更大的领域发挥作用。

（2）避免“把所有的鸡蛋放在一个篮子里”，可以分散风险。

（3）可以满足更大范围消费者的需求，加强产品组合的关联度，提高声誉。

当然并不是产品组合越丰富越好，当市场繁荣时，较长、较宽的产品组合可能会为企业带来较多的盈利机会；但当市场不景气或当产品项目增加后，相应的设计和规划费、仓储费、转产费、运输费以及新产品项目的促销费用也会上升，这将减少企业所获得的利润。

2. 缩减产品组合策略

当企业的产品线中出现衰退产品，以至于影响到整条产品线的利润时，企业就要考虑删减那些利润不高或接近亏损的项目。

缩减产品组合策略的优点如下。

（1）可以集中力量和技术改进能带来较大利润的产品，降低生产经营成本。

（2）减少资金的占用。

（3）便于取得规模效益，有利于专业化的批量生产。

3. 产品延伸策略

这是指全部或部分改变企业原有产业的市场定位。

（1）向下延伸，是指在高档产品线中增加低档产品线。许多企业最初定位于市场的较高端，随后将其产品线向下延伸，其原因或者是企业发现市场低端的增长率较快；或者是想通过增加低端产品来堵住市场的漏洞，以防止其他新的竞争者有隙可乘；或者用来抵挡竞争对手在较高端市场的进攻。

（2）向上延伸，是指在原有的产品线内增加高档产品项目。这是指市场较低端的企业向上延伸产品线，其原因或者是被较高端的快增长率和高利润所吸引；或者想成为全线制造商；或者是为了增加企业现有的产品信誉。采用这一策略要承担一定的风险，因为要改变产品在顾客心目中的地位是相当困难的，一旦处理不慎，会影响原有产品的市场声誉。

（3）双向延伸，是指原来定位于中档产品市场的企业，掌握了市场优势以后，向产品的上下两个方向延伸。

（三）产品生命周期

1. 产品生命周期的四个阶段

产品从投入市场开始，直到被市场淘汰为止的整个阶段，称为产品的生命周期。

以销售额（或销售量）的变化来衡量，一个典型的产品生命周期，一般可以分为四个阶段：导入期、成长期、成熟期及衰退期。

2. 产品生命周期各阶段的特征及对策

（1）导入期。

① 导引期的特点如下。

- 生产不稳定，生产的批量较小。
- 成本比较高，通常不提供利润，常常有亏损。
- 消费者对该产品尚未接受，对产品不熟悉。
- 产品品种少。
- 市场竞争少或没有竞争。

② 导入期的策略如下。

- 大量做广告，扩大对产品的宣传，使消费者了解企业的产品。
- 利用现有名牌携带产品销售。
- 采用试用的办法。
- 加大批发商、零售商的折扣。

（2）成长期。

① 成长期的特点如下。

- 产品大批量生产，成本降低，利润提高。
- 销售量上升较快，价格有所提高。
- 竞争者介入。

② 成长期的策略如下。

- 扩充目标市场。
- 广告宣传转向品牌的宣传，使人们对该品牌产生好感和偏爱。
- 增加或加强销售渠道。

（3）成熟期。

① 成熟期的特点如下。

- 商品普及并趋于标准化。
- 销售数量相对稳定。
- 成本低，产量大。

• 在产品质量、花色、品种等方面竞争激烈。

② 成熟期的策略如下。

• 稳定目标市场。

• 增加产品系列，使产品多样化，提供良好的服务措施。

• 研制第二代产品。

（4）衰退期。

① 衰退期的特点如下。

• 产品价格显著下降。

• 产品销售量日趋下降，利润锐减。

② 衰退期的策略如下。

• 维持策略。这是指企业继续沿用过去的策略，仍然按照原来的细分市场，使用相同的销售渠道、定价及促销方式，直到这种产品完全退出市场为止。

• 集中策略。这是把企业的资源集中在最有力的细分市场、最有效的销售渠道和最易销售的品种上，这样有利于缩短产品退出市场的时间，同时又能为企业创造更多的利润。

• 收缩策略。企业大幅度降低促销水平，尽量减少销售和推销费用，以增加目前的利润。这样可能导致产品在市场上的衰退加速，但也能从忠于这种产品的顾客中得到利润。

• 放弃策略。这是指企业对衰退比较迅速的产品，应该当机立断，放弃经营。企业可以采取完全放弃的形式，将产品完全转移出去或立即停止生产，使其所占有的资源逐步转向其他产品。

（四）品牌与包装策略

1. 品牌策略

（1）统一品牌策略。统一品牌策略是指企业生产的所有产品都使用同一种品牌进入市场。如娃哈哈集团的产品，无论是营养口服液、果奶、营养八宝粥、纯净水、童装都冠以“娃哈哈”这一品牌。采用这种策略，有利于建立一整套企业识别系统和企业统一的品牌商标，广泛传播企业精神和特点，让产品具有强烈的识别性，提高企业的声誉和知名度；可以利用市场上已知名的品牌推出新产品，有利于节省商标设计费用和促销费用，提高广告效果。

企业采用这种策略必须具备以下两个条件。

① 这种品牌必须在市场上已获得一定信誉。

② 采用统一品牌的各种产品具有相同的质量水平，否则，会因为某一产品质量不佳而影响其他产品及整个企业形象。

（2）个别品牌策略。个别品牌策略是指企业按产品的品种、用途和质量，分别采用不同的品牌。如宝洁公司生产的洗发水，采用海飞丝、潘婷、飘柔、沙宣等不同品牌。采用这种策略能够严格区分不同产品的质量、档次，反映不同产品的产品特色，以满足不同消费者的需求，扩大市场容量，取得规模效益；企业承担的风险较小，即使一两种品牌产品不受市场欢迎，也不会影响其他品牌产品的销售，不会对企业整体形象造成不良影响。当然，企业要为每一个产品设计品牌，为每一个品牌做广告宣传，费用高，消费者也不易记住，不利于树立企业的整体市场形象。

（3）中间商品牌策略。中间商品牌策略是指企业将产品大批量地销售给中间商，再由中间商以自己的品牌销售产品。采用这种策略可以利用中间商良好的信誉以及庞大、完善的销售体系，为企业在新市场推销新产品。由于这种策略需要中间商承担各种费用和风险，因此，只有实力雄厚、控制能力强的中间商才能使用自己的品牌。

（4）无品牌策略。一般来说，绝大部分企业或产品都使用品牌，但在某些特殊情况下，可以不使用品牌，只注明产地、生产企业名称。

无品牌策略适用以下三种情况：一是产品技术要求简单，不同企业生产的产品质量是相同的，消费者没有必要凭品牌去购买，如原材料、煤炭、电力等；二是小范围的地产、地销产品，习惯只注明产地或厂家，如土特产、手工艺品等；三是临时性加工或一次性生产的产品，一般使用销售者的品牌。

2. 包装策略

（1）类似包装策略。这是指企业所生产的各种产品在包装上采用相同的图案、标志和色彩或其他共同特征。这种包装策略可以使消费者从包装的共同特点产生联想，一看就知道是哪个企业的产品，从而使企业扩大影响，促进销售。同时，可以节省包装设计费用。但这种策略只适用于质量水平大致相当的产品。如果企业的各种产品品质过分悬殊，将会影响优质产品的声誉。

（2）等级包装策略。将产品分为若干等级，对高档优质产品采用优质包装，对一般产品采用普通包装，使产品的包装与价值相称，表里一致，方便消费者选购。

（3）配套包装策略。这种策略也称为组合包装策略，是将数种有关联的产品组合装置在同一包装物中。这种策略不仅方便顾客购买、携带和使用，也增加了产品的销售。

（4）双重用途包装策略。这种策略也称为再使用包装策略，是指将原包装内的产品使用完后，包装物还可以另作他用。这种策略也能引起顾客的购买兴趣，同时用作其他用途的包装物还可起到广告宣传作用。

（5）附赠品包装策略。这种策略是指在包装物内附赠礼品或奖券。这种策略有利于吸引顾客购买和重复购买，以扩大销售，这在儿童用品市场上最具有吸引力。

三、价格策略

1. 新产品定价策略

（1）高价“撇脂”策略。这是指新产品价格定得较高，以便在短期内取得丰厚的利润，尽快回收投资。采取这种策略必须具备以下四个条件。

① 消费者主观认为某些商品具有很高的价值。

② 市场有足够的消费者，需求缺乏弹性。

③ 高价能带来一定的利润。

④ 独家经营，无竞争者。

这种策略由于价格高，限制了消费者的购买，不利于开拓市场；由于高价带来的高利润富有吸引力，从而使竞争者迅速介入。

（2）低价“渗透”策略。这是指企业为了将新产品尽快投入和占领市场，将产品的价格定得比较低，以求获得长期利益。在这种情况下，由于低价可以吸引消费者，所以企业可以迅速占领市场，利润低也能有效地限制竞争者进入市场。当然，这种策略的投资回收期较长，以后降低价格的回旋余地较小。

采用这种策略要具备以下三个条件。

① 市场需求对价格极为敏感，低价会刺激市场需求迅速增长。

② 生产成本和经营费用会随着产量的增大和生产经营经验的增加而下降。

③ 低价不会引起实际和潜在的竞争。

2. 老产品价格调整策略

产品的销售价格很难保持长期不变，必须及时地进行调整。价格调整包括两种可能情况：一种是根据市场条件的变化主动进行调整，称为主动变价；另一种是针对竞争对手的价格变动进行调价，称为应对变价。

3. 心理定价策略

这是指企业根据消费者的心理特点而采用的灵活定价策略。

（1）声望定价策略。声望定价策略是指企业利用消费者崇尚名牌产品的心理，给产品制定一个较高的价格。一些消费者往往以价格判断质量，认为价格较高的产品还显示其身份、地位或经济实力。企业利用消费者的这种心理给产品定高价，能够获得超额利润。

除了名牌产品外，一些艺术品、礼品或某些"炫耀性"产品的定价也必须保持一定的高价，定价太低反而销售不出去，当然如果高得过分，也会让消费者接受不了。

（2）尾数定价。这是企业根据消费者对数字认识的某种心理，把本来可以定为整数的价格改定为一个带有零头的价格。如一杯果汁是 2.95 元，而不是 3 元。这种定价给消费者一种价格低及企业是经过认真、准确计算的感觉，从而增加了消费者的信任感。

（3）招徕定价。这是指企业有意将少数几种产品的价格降至市场价格以下，甚至低于成本，以招徕顾客，增加其他产品的连带购买，带到扩大销售的目的。采用这种策略用来招徕顾客的特价品应是消费者所熟悉的、质量得到一致公认的或容易鉴别的日常用品或生活用品，这样才能使消费者知道该产品的价格的确低于市场价，从而招徕很多顾客。当然，采用这种策略需要注意的是特价品的数量必须有一定的限额，数量过大将影响企业利润，过小则会使顾客因购买不到而失望，甚至起到相反作用。

4. 折扣定价策略

这是企业根据不同情况，通过让利，鼓励顾客及早付清货款、大量购买产品以及配合促销活动的定价策略。常见的折扣定价策略包括以下四种。

（1）数量折扣。数量折扣也称为批量折价，是企业根据顾客购买数量的不同给予相应的价格折扣。通常是购买量越多，折扣越大，以鼓励顾客增加购买量，加速企业资金周转，减少收账费用和坏账的可能。

（2）现金折扣。现金折扣是指企业根据顾客支付货款的期限给予一定的价格折扣的策略。其主要目的是鼓励顾客在规定的期限内早日付清，以加快企业的资金周转，减少利率变化给企业带来的风险。现金折扣一般在制造商与中间商间使用，折扣的大小根据付款期间的利息和风险成本等因素确定。

（3）功能折扣。功能折扣又称为交易折扣，是企业根据中间商在产品销售过程中所承担的功能、责任和风险，对不同的中间商给予不同的折扣。功能折扣的结果是形成购销差价和批零差价。其目的是一方面鼓励中间商大批量订货，扩大销售，争取顾客，并与企业建立长期、稳定、良好的合作关系；另一方面，对中间商经营有关产品的成本和费用进行补偿，让中间商有一定盈利，以促使中间商愿意执行某些营销功能。

确定功能折扣的比例时，主要考虑中间商在销售渠道中的地位、对销售产品的重要性、购买批量、完成的促销、承担的风险、服务水平、产品在流通中经历的环节多少和产品在市场上的最终售价等因素，通常对批发商的功能折扣较大，对零售商功能折扣较小。

（4）季节折扣。这是指对一些季节性较强的产品，给予在淡季购买的顾客一定的价格折扣。这种折扣可以降低仓储费用，减少资金占用，加速资金周转，调节淡旺季间的销售不均衡。

许多产品的消费都有季节性，如服装生产企业，对不合时令的服装给予季节折扣，以鼓励顾客购买。企业在确定季节折扣时，应考虑成本、仓储费用和资金利息等因素。

四、渠道策略

销售渠道是产品从生产者向消费者转移的过程中各种组织和机构连接起来的通道。

（一）销售渠道的结构

通常而言，一个销售渠道由五种流程构成，即实体流程、所有权流程、付款流程、信息流程及促销流程。

（1）实体流程，是指实体原料及成品从生产者转移到最终消费者的过程。

（2）所有权流程，是指产品所有权从一个市场营销机构到另一个市场营销机构的转移过程。

（3）付款流程，是指货款在各市场营销机构之间的流动过程。

（4）信息流程，是指在市场销售渠道中，各市场营销机构相互传递信息的过程。

（5）促销流程，是指由一个营销机构运用广告、人员推销、公共关系、促销等活动对其他营销机构施加影响的过程。

（二）销售渠道的选择

1. 确定渠道长度

渠道长度有直销、一级渠道、二级渠道、三级渠道等不同模式，如图 4-1 所示。

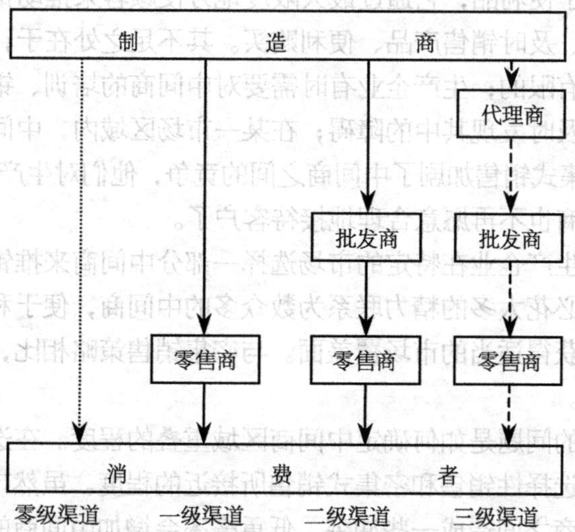

图 4-1　渠道长度的不同模式

与渠道长度有关的一个主要问题是渠道控制与资源运用的关系。长渠道要求企业只支付有限的财务资源就可以，但在销售过程中，对渠道的控制能力却非常低；短渠道虽然耗费企业更多的资源，但却实现了对渠道的高度控制。如何协调二者的关系。应考虑以下因素的影响。

（1）产品。这里是指产品的体积和重量、单位价值、产品的标准化、技术特性对渠道选择的影响。如果产品的单价低，销售渠道就可以长些；产品的单价高，渠道销售就应该短些。

日用百货一般要经过一个以上的批发商，以便通过大量销售和广阔的市场覆盖使企业有利可图，就是考虑日用百货的单价比较低，因而选择了长渠道。

（2）市场因素。

① 市场容量。如果市场容量大而顾客单次购买的数量少，宜采用长渠道；市场容量大而顾客单次购买的数量也大，宜采用短渠道，以减少环节和费用，提高企业的效益。

② 市场密集程度。在顾客密度高的地区，应采用较短的渠道，以减少流通环节的费用；而在分散性市场，则采用长渠道，借助中间商进行产品的销售。

③ 市场成熟度。在导入期，为加快消费者对产品的认识，有些企业会投入大量的人力、物力、财力，组成强大的销售队伍向消费者销售产品，而有些企业因自身营销实力较单薄，主要依靠中间商打开市场，但销售渠道都较短；进入成长期、成熟期后，产品大量生产就要大量销售，因此，应采取较长的销售渠道，将产品全面铺向市场，以取得规模效益。

（3）制造商。

① 制造商规模。较大的企业在渠道设计上有较大的选择，因为这类企业有较强的财务能力和管理能力，所以大企业都倾向于直接销售；小企业一般选择中间商销售，而且往往选择长渠道，使企业更快地从渠道成员那里取得贷款，减少在仓储、运输、零售设施建设等方面的投资。

② 制造商产品组合。产品相似特别是关联度较大的产品，可以通过相同或类似的渠道销售，大大降低成本。

2. 确定渠道宽度

（1）密集式销售。在密集式销售中，凡是符合生产企业最低信用标准的渠道成员都可以参与其产品或服务的销售。密集销售意味着渠道成员之间的激烈竞争和很高的产品市场覆盖率。

密集式销售最适用于便利品，它通过最大限度地方便顾客来推动销售的提升。采用这种策略有利于广泛占领市场、及时销售产品、便利购买。其不足之处在于，在密集销售中能够提供服务的中间商数目总是有限的；生产企业有时需要对中间商的培训、销售支持系统、交易沟通网络等进行评价，以便及时发现其中的障碍；在某一市场区域内，中间商之间的竞争会造成销售努力的浪费；由于密集式销售加剧了中间商之间的竞争，他们对生产企业的忠诚度便降低了，价格竞争更激烈，中间商也不再愿意合理地接待客户了。

（2）选择性销售。生产企业在特定的市场选择一部分中间商来推销本企业的产品。采用这种策略时，生产企业不必花太多的精力联系为数众多的中间商，便于和中间商建立良好的合作关系，可以使生产企业获得适当的市场覆盖面。与密集销售策略相比，采用这种策略具有较强的控制力，成本也较低。

选择性销售中常见的问题是如何确定中间商区域重叠的程度。在选择性销售中重叠的量决定着在某一给定区域内选择性销售和密集式销售所接近的程度。虽然市场高重叠率会方便顾客的选购，但也会在中间商之间造成一些冲突。低重叠率会增加中间商的忠诚度，但也降低了顾客的方便性。

（3）独家销售。生产企业在一定地区、一定时间只选择一家中间商销售自己的产品。独家销售的特点是竞争程度低。一般情况下，只有当生产企业想要与中间商建立长久而密切的关系时，才会使用独家销售。它比较适用于服务要求较高的专业产品。

对中间商而言，独家销售使中间商们得到庇护，即避免了与其他竞争对手作战的风险；独家销售还可以使中间商无所顾忌地增加销售开支和人员，以扩大自己的业务，不必担心生产企业另谋高就。

对生产企业而言，采用这种策略，能在中间商的销售价格、促销活动、信用和各种服务方面有较强的控制力，并通过这种形式取得中间商们强有力的销售支持。

独家销售的不足之处主要是：由于缺乏竞争会导致中间商力量减弱，因为在市场中他们占据了垄断性位置，独家销售会使中间商们认为他们可以支配顾客；对于顾客说，独家销售可能使他们在购买地点的选择上感到不方便。

采用独家销售时，生产企业和中间商通常要签订协议，在一定的地区、时间内，规定中间商不得再经销其他竞争者的产品；生产企业也不得再找其他中间商经销该产品。

3. 选择合适的中间商

要选择合适的中间商，必须考虑以下五个条件。

（1）中间商的市场范围。市场是企业选择中间商最关键的因素，因为它直接关系到企业产品的销售。首先，要考虑选定的中间商的经营范围与所预计销售地区是否一致。其次，确定中间商的销售对象是否为企业所希望的潜在顾客，这是最根本的条件，因为企业都希望中间商能打入自己已确定的目标市场，并最终说服顾客购买自己的产品。

（2）中间商的产品政策。首先，考虑中间商经营多少产品线，这里的产品线是指中间商的产品有多少供应来源。其次，了解中间商经营的产品组合是竞争产品还是促销品，应该避免选用销售竞争产品的中间商。当然，如果本企业产品的竞争优势明显大于竞争对手，可以给顾客一个选择权，由顾客决定购买有竞争力的产品。

（3）中间商的地理区位优势，即位置优势。对于零售商而言，应该是顾客流量较大的地点；批发商的选择要考虑它所处的位置是否有利于产品的批量储存与运输，通常以交通枢纽为宜。

（4）中间商的财务状况及管理水平。中间商能否按时结算，包括在必要时预付货款，这取决于它的财力大小；中间商销售管理是否规范、高效，这也与企业的发展息息相关。

（5）中间商的促销政策。采用什么方式推销产品及运用这种手段的能力，直接影响着销售规模。有些产品比较合适广告促销，有些产品则适合通过人员推销。因此，在选择中间商时应考虑到中间商是否愿意承担一定的促销费用以及是否有必要的物质、技术基础。此外，在现代营销中，服务是满足消费需求非常重要的一个方面，因此，对于需要提供良好售后服务的，或者需要提供专门技术指导或财务帮助的（如分期付款），还要考虑中间商综合服务能力的大小。

（三）销售渠道的管理

1. 激励渠道成员

如何处理好产销矛盾是一个普遍存在的问题，因此，生产企业必须通过对中间商的经常监督和激励来及时消除这些矛盾。激励中间商的主要方法有以下四种。

（1）做必要的让步。了解中间商的经营目标和需要，在必要的时候可以做出一些让步，来满足中间商的要求，如放宽信用条件，以激励中间商积极销售产品。

（2）提供优质产品。提供适销对路的优质产品，这是对中间商最好的激励，即生产企业应该把中间商视为顾客的总代表，只有这样，企业的产品才能顺利地进入最终的市场。

（3）给予各种权利。给中间商适当的盈利、独家经营权利或者其他一些特许权，对中间商来说也是一种很好的激励方法，这样也可以进一步调动其销售的积极性。

（4）进行广告宣传。当生产企业进入一个新市场或者是推出一种新产品时，它的品牌知名度和产品的性能、特点对当地的公众来说都是陌生的，中间商不愿为此花很大的力气进行宣传。因此，生产企业应该提供强有力的广告宣传支持，或者增加广告投入，以提高其产品的知名度。另外，生产企业在必要的时候，应该向中间商提供销售以及维修人员的培训、商业咨询服务等。这不仅可以促进生产企业与中间商的合作关系，而且还可以大大提高中间环节的工作效率和服务水平。

2. 评估渠道成员

企业除了选择和激励渠道成员之外，还应该定期对这些成员进行检查和评估。如果某一个渠道成员的绩效大大低于既定标准，则必须找出主要原因，并且采取一些可能的补救措施；对一些工作业绩欠佳的中间商，要求其限期完成任务，改进工作，否则就取消合作；在渠道管理过程中，由于情况的变化，需要增加或减少渠道成员，局部修正某些渠道或者全面修整销售渠道系统。

评估中间商绩效的方法主要有两种：一种就是将每一个中间商的销售情况与上期的销售情况进行比较分析，以销售百分比作为评价标准；另一种就是将各中间商的实际销售情况与该地区的销售量进行比较，看其占整个销售额的比率，并将各中间商按照先后顺序进行排列。

五、促销策略

促销是指企业通过人员推销、广告、公共关系和营业推广等促销方式，向顾客传递产品信息，从而引起他们的注意和兴趣，激发其购买欲望和购买行为的过程。

企业将合适的产品，在适当的地点、以适当的价格销售的信息传递到目标市场，一般是通过两种方式：一是人员推销，即推销员和顾客面对面地进行销售。这种方式利于直接沟通和及时传递、搜索信息，利于适时发现和满足顾客要求，尤其利于对中商间商的争取；另一种是非人员推销，即通过大众传播媒介在同一时间向大量顾客传递信息，主要包括广告、公共关系和营业推广等多种方式。

此外，目录、通告、赠品、店标、陈列、示范、展销等也都属于促销范畴。通常，企业为了达到某种营销目标，会将各种促销方式有机组合起来加以有效运用。

（一）促销组合策略

一个好的促销策略往往能够起到多方面的作用，如提供信息情况，及时引导采购；激发购买欲望，扩大产品需求；突出产品特点，建立产品形象；维持市场份额，巩固市场地位等。常见的促销组合策略包括以下三种。

1. 推式策略

推式策略是利用推销人员向中间商促销，将产品推入渠道的策略。这一策略需要利用大量的推销人员推销产品，它适用于生产企业和中间商对其看法一致的产品。推式策略风险小，周期短，资金回收快，但前提条件是必须有中间商的共识和配合。

推式策略常用的方式是：派出推销人员上门销售产品，提供各种售前、售中和售后服务。

2. 拉式策略

拉式策略是企业针对最终顾客展开广告攻势，把产品信息介绍给目标市场的顾客，使顾客产生强烈的购买欲望，形成急切的市场需求，然后“拉引”中间商纷纷要求经销这种产品。

在市场营销过程中，由于中间商与生产企业对某些新产品的市场前景常有不同的看法，因此，很多新产品上市时，中间商往往因为过高估计市场风险而不愿经销。在这种情况下，生产企业只能先向顾客直接促销，然后拉引中间商经销。

拉式策略常用的方式有价格促销、广告、展览促销、代销、试销等。

3. 推拉结合策略

在通常情况下，企业也可以把上述两种策略结合起来运用，在向中间商进行大力促销的同时，通过广告刺激市场需求。

在“推式”促销的同时进行“拉式”促销，用双向的促销努力把产品推向市场，这比单独地利用推式策略或拉式策略更为有效。

（二）同质性高的产品促销策略

同质性高的产品除应注意品牌形象建设、营造品牌差异化外，还应采用适当的营业推广，如会员营销，增加顾客的购买量、频次，培养顾客的忠诚度。

会员营销又称俱乐部营销，是企业以顾客为基本单位，以某项利益或服务为主题，将顾客组成一个团体，开展宣传、销售、促销的营销活动。

会员营销充分利用人们虚荣、从众的心理，满足人们对品牌的渴望，最终产生对品牌的拥有感和归属感。会员营销主要采用消费者俱乐部营销方式。这种方式不易被竞争对手发觉，能够达到暗中取胜、提高企业的营销竞争力、培养消费者的品牌忠诚度的目的。但它也有回报慢、费用高、效果难预测等缺点。因此，开展俱乐部营销应事先设定清晰的目标及所提供的服务项目、费用的预算，系统、持续、周期性地与会员进行沟通交流，将会员紧紧团结在企业身边。

习　题

一、简答题

1. 市场营销观念有哪些？针对我国实际情况，企业应树立什么样的市场营销观念？
2. 市场细分有何作用？企业选择目标市场时应考虑哪些因素？
3. 什么是产品组合策略？举例说明其作用。

二、案例分析题

周大福，营销策略演绎成功经典

中国人对于珠宝首饰的喜爱，可谓是由来已久，因为它不仅具有保值功能，更凝结着悠悠华夏几千年的文化古韵，而穿金戴银更是富贵显赫的象征，也是身份、地位的标记。香港的周大福，以自己沧桑而富有传奇色彩的发展历程，见证了中国几十年来珠宝首饰业的历史巨变，用自己独特而张扬个性的营销策略，演绎着周大福珠宝首饰成功拓展的经典。

周大福，这个入选中国最具品牌价值的珠宝首饰企业，缘何能在较短的时间里，星火燎原，成功占领港澳及内地的大片市场，其市场拓展成功的奥秘到底在哪里？

1. 产品策略，全面而彰显个性

珠宝首饰作为一种特殊的商品，具有市场区隔明显、消费人群集中等特点，其目标消费群主要为女性，因此，围绕时尚、新潮等消费心理，周大福推出了适合中国国情的系列产品组合。

周大福系列产品不仅高贵时髦，品质优良，而且产品定位合理，层次分明。周大福产品既有端庄、朴实、大众化的首饰，也有设计新潮、动感前卫的年轻系列，更有雍容华贵的高档饰品。为满足女性求变的消费心理，值周大福75周年纪念庆典之际，还隆重推出“绝配”组合套配，该套配可以随意变换不同戴法，成为市场追逐的新宠。

周大福高超的产品研发能力，使其在市场的角逐中始终捭阖有度，从而在白热化的激烈交锋中傲视群雄，以至立于不败之地。一个产品能否畅销，其关键还在于该产品有没有独特的销售主张，它是一般的竞争对手所不会或不能提出的，它向消费者陈述一个销售主张，也就是购买该产品所应得到的好处，并且具有打动千百万人的吸引力。周大福999.9纯金产品的推出，曾经受到同行的非议与质疑，但周大福成功了，其成功就在于4个9的产品优越于2个9的产品，向众多的女性消费者展示了产品独特的卖点，也即纯度这一难以跨越的“门槛”，使其风靡市场，让竞争对手难以望其项背。

周大福品牌产品的成功，得益于其准确的产品定位与市场细分，使其拥有了最大化的消费群，而其不断创新，与时俱进的研发风格，使其品牌含金量不断积淀，并焕发出恒久的个性张扬魅力。

2. 价格策略，物有所值“一口价”

珠宝饰品价格是目标消费者关注的焦点，也是消费者与商家能否达成交易的关键所在。针对这一敏感的问题，在价格策略上，周大福创出了一套有别于其他同行的新路子。

物有所值，是消费者对商品属性的合理要求，也是目标消费者决定是否购买的参照标杆。但在现实交易当中，作为贵重的珠宝首饰，常常有商品价格远远高于商品价值的不正常现象，使消费者对于珠宝饰品是否物有所值充满怀疑。为了解决消费者这一心理障碍，周大福创新性地推出了“珠宝首饰一口价”的销售政策，并郑重声明：产品成本加上合理的利润就是产品的售价，通过“薄利多销”的经营模式，节省了消费者讨价还价的时间，让顾客真正体验货真价实的感受。

为了降低经营成本，从而更好地参与市场竞争，周大福还自己创立了首饰加工厂，生产自己所售卖的各类首饰，减少中间环节，使生产成本降至最低，并获得了全球最大钻石生产商——国际珠宝商贸公司DTC配发钻石原石胚加工琢磨和钻石胚配售权，保证了它最低的原料成本和较强的竞争实力。

周大福较低的采购成本促使了珠宝饰品的物美价廉，从而获得了价格上的优势，使其“货精价实”的形象深入人心，赢得了目标消费群的钟爱与好评。

3. 经营策略，别具一格“勤与诚”

周大福由周至元于广州始创，在20世纪60年代由其女婿郑裕彤接手经营。目前，郑裕彤在香港超级富贾中排名第三，身价达300亿港元。香港人听到他的名字，都会想到家喻户晓的

“周大福珠宝”，而在他旗下的香港新世界集团更是集黄金珠宝、酒店、房地产等于一体的多元化、全方位发展的跨国集团。周大福能够从几家小店铺发展到一个全球知名的大品牌，与其超前的经营策略密不可分。

（1）诚信经营，业精于勤。“优质服务，货精价精”的企业精神，贯穿周大福创业及发展始终。从如今成为“珠宝大王”的创业者郑裕彤以及他的至交老友、雕龙大师何伯陶，至最年轻的董事黄绍基和最早进入中国内地市场的先锋人物陈世昌，70 多年来，周大福的诚信经营，实干精神可以说一脉相传。有人说，郑裕彤的辉煌业绩的背后是数不清的运气，对此，郑裕彤回复说：“一个人的一生，碰上一两次幸运是可能的，但不可能永远幸运。如果你希望永远幸运，你一定要付出永恒的勤与诚，幸运才会常常伴你左右。”心诚与身勤，成就了周大福的今天。

（2）借力使力，恪守创新。在经营策略上，周大福深谙“胆量”与“商机”及“借力使力”之巧妙。20 世纪 60 年代初，郑裕彤手中握着黄金与钻石两张“王牌”，但久经沙场的郑裕彤在关注国际珠宝饰品流行款式时却发现，许多有身份的西方女士，喜欢佩戴钻石饰品，而对黄金饰品却不再那么热衷，于是，他果断决策，把企业的重点转向钻石业。按照国际上的规定，持有“戴比尔斯”牌照方可批购钻石，而全世界也不过只有 500 张这种牌照。就是这张“戴比尔斯”，曾吓退了一大批钟表商，一些业内人士称：“要从戴比尔斯购到钻石，简直比从天上摘星星还难。”

当时对周大福来说较为有利的情况是，南非的钻石琢磨厂管理不善、举步维艰，但是他们持有戴比尔斯牌照，郑裕彤经过多方调查，最后通过一个南非的朋友买下了这个钻石琢磨厂。周大福从此拥有了戴比尔斯牌照。到 20 世纪 70 年代，周大福已成为香港最大的钻石进口商，每年的钻石入口量约占全港的 30%，并引发了香港珠宝业挑战传统的珠宝革命，周大福也从此成为戴比尔斯全球范围内当时的 125 家国际权威钻石商之一（现在是 84 家），周大福的经营者郑裕彤先生也被誉为香港的“珠宝大王”。

周大福还在 20 世纪 60 年代，一改原有的资本结构模式，放弃传统的金铺、分店形式，以现代连锁手法经营拓展业务，组建了“周大福珠宝金行有限公司”，成为香港黄金珠宝业最早的有限公司机构，从而使单纯的“店铺式”经营转变为“公司化”运作，并使“顾客至上”的营销理念发挥至极致，赢得了广泛的好评。

（3）坚持双赢，协同发展。现代商战的最高境界就是能够实现同行商家的战略“双赢”，它不是你死我活的“火拼”、“双亏”与“敌对”，而是“你赢”、“我赢”与“友好”的协作发展格局。周大福在处理与其他品牌、竞争对手的关系上，时刻强调“双赢”，通过让企业盈利、让同行盈利、让消费者满意的原则，打造新型的战略伙伴新关系。在周大福这个现代化的企业里，“双赢”是每一个周大福人必须树立的企业理念，在员工接受培训过程中，“双赢”思想作为一个重要的概念会被反复灌输。因为周大福人知道，一个有序市场的建立，市场的开发，消费者消费观念的引导，需要众多品牌企业的共同努力。这种高人一筹的战略眼光，为周大福带来了良好的口碑效应，并改变了与竞争对手的关系，从而使其能够更加专注地把市场做深、做精、做透。

4. 战略思路，首饰成为必需品

近年来，珠宝首饰行业在国内的发展风起云涌，且有愈演愈烈之势，因此寻找未来商战的突破点与增长点成为必需。

在这次战略战术的调整上，周大福仍然先人一步，率先提出了“珠宝时装化，首饰生活化”的突破性营销概念，把首饰变成生活必需品，将珠宝变成时尚，甚至是一种艺术。这种营销思路对于周大福将是一次新的飞跃，它使珠宝首饰推向了大众化消费，并走“平民化”路线，它将珠宝首饰更多地走入“寻常百姓家”，并将掀起珠宝首饰领域的一场新浪潮。

随着时代的进步与发展，以及人们生活水平的日益提高，周大福已经认识到以往单件款式的经销形式，已不能满足现今消费者的购买意欲，他们在选购过程中，“求新”、“求异”、“求变”，他们追求各自的艺术素养、文化品位、个性主张和时代风格，他们喜欢的是一件带点个人主义的潮流首饰，并不再单纯是产品本身的价值。消费模式的转变，更加促使周大福锐意革新，将品牌年轻化，由店铺装修，以至推出面向年轻消费群的潮流饰品 CTF2 产品线，以此来吸纳和扩大市场份额。

战略思路的转变，必将引发珠宝首饰行业的新动向，周大福人有理由相信，经过“珠宝时装化，首饰生活化”的战略调整，周大福将增加新的销售空间，并将继续领导珠宝首饰行业快速向前发展。

如今，周大福在内地已经开设了 200 余家分店，并形成了以北京、上海、广州、武汉为中心的华北、华东、华南、中西部四大片区。除了西藏、新疆、内蒙古之外，周大福的专营店铺网络已经遍布全国各地，周大福已经成为中国内地珠宝首饰行业的领头羊，并被评为中国 500 个最具价值品牌之一。

因此，周大福的成功不是偶然的，它是营销策略在珠宝首饰行业实际操作中的战略战术的有效运用，周大福这一传奇品牌，通过产品、价格、服务、经营等方面策略的推陈出新，实现了一个珠宝首饰品牌的深刻巨变，让一个当初仅有几家小店铺的珠宝金行，变成了国际化的“珠宝大腕”，实现了从量变到质变这惊险的跳跃，从而成为了经久不衰的“美丽经典”。

【思考与讨论】

1. 分析周大福营销管理的 4P（产品、价格、渠道、促销）模型。
2. 你认为周大福的成功之处主要在于什么？

情境五

企业生产管理

任务引入

王洋结束了在营销部门的实习，来到制造部。在接下来的这段时间里，他将要向前辈同事们学习如何制订企业的生产计划、生产任务排序和质量管理等内容。

任务分析

1. 生产管理认知。
2. 生产过程组织。
3. 生产计划与控制。
4. 质量管理认知。

学习目标

1. 理解生产运作管理的相关理论。
2. 掌握生产计划的制订、生产排序方法。
3. 掌握质量管理工具。

技能目标

1. 掌握生产运作管理的理论。
2. 学会制订生产计划。
3. 学会对生产任务进行排序。
4. 学会利用质量管理工具对数据进行分析。

组织与实施评价

1. 全班学生划分为6～8人的小组，模拟成立公司，组成项目团队。
2. 进行角色分工，模拟企业生产运作管理工作流程。
3. 根据教师给定的生产数据进行计划制订、任务排序和质量分析。
4. 评价与总结：各小组评比生产计划制订的合理性、生产任务排序的正确性和质量数据分析的准确性。

任务一 生产管理认知

【案例导入】

丰田公司的生产决策分析

日本丰田公司创立于1937年，汽车是其主要产品，经过70多年的发展，目前，丰田公司年产汽车400万辆左右，销往世界上150多个国家和地区。丰田公司是日本最大的汽车生产企业，公司自2008年开始逐渐取代通用汽车公司成为全世界排行第一位的汽车生产厂商。除了在日本国内拥有10家工厂外，丰田公司还在美国、澳大利亚、巴西等十几家国家设有装配厂。

自20世纪70年代起，汽车企业的市场环境发生了很大的变化。首先是原料价格不断上涨，爆发石油危机以后，与汽车产品相关的各种原材料价格大幅度变化。但是，由于汽油涨价，汽车市场的厂家规模收缩，汽车的售价不能因原料的价格上扬而调高，企业的盈利水平降低了。其次，市场向产品种类多、小批量的需求模式转化，更多的消费者愿意追求个人偏好的满足，大批量单品种的汽车生产开始向多品种化发展，为消费者提供更多的选择。同时销售商为了减少存货，订货批量变小。小批量短期交货订单对汽车企业的生产现场管理提出了更高的要求。再次，随着时代的进步，消费者对于产品质量的要求日益提高，安全性、社会性、产品责任等与质量相关的要求，使生产中返修工作量增加。

石油危机引起的一系列变化冲击着丰田公司的大批量生产体制。有的订货合同取消了，不能取消的合同就尽量延后。在这种情况下，丰田公司积极调整生产，推行合理化生产方式，形成了独树一帜的生产管理模式。

以前，丰田公司的工厂内实行专用生产线制度，即“皇冠”有“皇冠”的生产线，“花冠”有“花冠”的生产线，有多少品种就有多少生产线。市场向多品种需求转化后，汽车的品种增加了，各品种的生产批量大小不同，为了既满足品种需求又满足经济批量的要求，丰田公司实行“生产线多用化”，各品种汽车生产线更换使用或者串起来，使各生产线的品种和数量平均化。例如，A、B、C、D、E五种型号的汽车的月销售量如果为4 800辆、2 400辆、1 200辆、600辆和600辆，每月的生产日为20天，每天生产时间为480分钟，则每天生产量分别为240辆、120辆、60辆、30辆、30辆。这五种车型如果分别在生产专用生产线上装配，单辆的生产周期为2～16分钟，而在调整后的一条平均化综合生产线上，单辆汽车的生产周期仅为1分钟。通过各型汽车数量的平均化，多品种小批量的需求得以在多品种大批量方式下进行生产。

【知识链接】

一、生产运作

1. 生产运作的概念

生产运作是指“输入—转换—输出”的过程，即投入一定的资源，经过一系列多种形式的变换，使其价值增值，最后以某种形式产出供给社会的过程，也可以说，是一个社会组织通过获取和利用各种资源向社会提供有用产品的过程。

2. 生产运作的过程

生产运作是一个创造财富的过程，这个过程有输入、输出和转换过程三个要素。具体来说，生产运作是将生产要素输入到转换过程，通过转换后输出产品（包括有形产品和无形产品），这个转换过程构成了企业的生产系统，如图 5-1 所示。

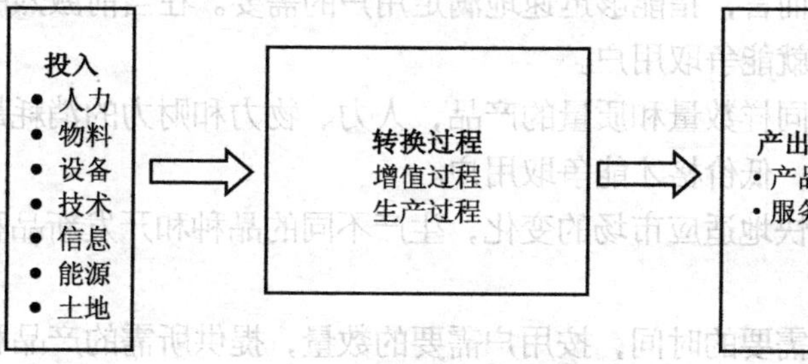

图 5-1　生产运作的定义

把输入的各种资源按照社会需要转化为有用输出，实现价值增值的过程就是生产运作活动的过程。我们可以列出不同行业、不同社会组织的输入、转换、输出的主要内容。其中，输出是公司对社会做出的贡献，也是它赖以生存的基础；输入则由输出决定，生产什么样的产品决定了需要什么样的资源和其他输入要素。一个公司的产品或服务的特色与竞争力，是在转换过程中形成的。因此，转换过程的有效性是影响公司竞争力的关键因素之一。输入—转换—输出的典型公司系统见表 5-1。

表 5-1　输入—转换—输出的典型系统

系　统	主要输入资源	转　换	输　出
汽车制造厂	钢材、零部件、设备、工具	制造、装配汽车	汽车
学校	学生、教师、教材、教室	传授知识、技能	受过教育的人才
医院	病人、医师、护士、药品、医疗设备	治疗、护理	健康的人
商场	顾客、售货员、商品、库房、货架	吸引顾客、推销产品	顾客的满意
餐厅	顾客、服务员、食品、厨师	提供精美食物	顾客的满意

二、生产运作管理

1. 生产运作管理的概念

生产运作管理，是指为了实现公司经营目标，提高公司经济效益，对生产运作活动进行计划、组织和控制等一系列管理工作的总称。

生产运作管理有狭义和广义之分。狭义的生产运作管理仅局限于生产运作系统的运行管理，实际上是以生产运作系统中的生产运作过程为中心对象。广义的生产运作管理不仅包括生产运作系统的运行管理，而且包括生产运作系统的定位与设计管理，可以认为是选择、设计、运行、控制和更新生产运作系统的管理活动的总和。广义的生产运作管理以生产运作系统整体为对象，实际上是对生产运作系统的所有要素和投入、生产运作过程、产出和反馈等所有环节的全方位综合管理。按照广义理解生产运作管理，符合现代生产运作管理的发展趋势。

2. 生产运作管理的目标

生产运作管理的目标可以用一句话来概括：高效、低耗、灵活、准时地生产合格产品和（或）提供满意服务。换句话说，在顾客需要的时候，以适宜的价格，向顾客提供具有适当质量的产品或服务。

（1）高效是对时间而言，指能够迅速地满足用户的需要。在当前激烈的市场竞争条件下，谁的订货提前期短，谁就能争取用户。

（2）低耗是指生产同样数量和质量的产品，人力、物力和财力的消耗最少。低耗才能低成本，低成本才有低价格，低价格才能争取用户。

（3）灵活是指能很快地适应市场的变化，生产不同的品种和开发新品种或提供不同的服务和开发新的服务。

（4）准时是在用户需要的时间，按用户需要的数量，提供所需的产品和服务。

（5）合格产品和（或）满意服务，是指质量。

当前，激烈的市场竞争对公司的要求包括4方面：时间（Time，T）、质量（Quality，Q）、成本（Cost，C）和服务（Service，S）。T指满足顾客对产品和服务在时间方面的要求，即交货期要短而准；Q指满足顾客对产品和服务在质量方面的要求；C指满足顾客对产品和服务在价格与使用成本方面的要求，即不仅产品生产过程中的成本要低，而且在用户使用过程中的成本也低；S指除提供产品之外为满足顾客需求而提供的相关服务，如产品售前服务及售后服务等。

3. 生产运作管理的内容

（1）战略。具体包括公司决定产出什么产品，向社会提供什么样的服务，进入哪个行业，在市场需求日趋多变的环境下如何制订各种不同的产品组合策略和研发新产品策略，以适应产品的更新换代，为此需要投入什么，如何优化配置所需要投入的资源要素，如何设计生产组织方式，如何确立竞争优势，等等。其目的是为产品生产及时提供能取得令人满意的技术经济效果的、全套的技术文件，并尽量缩短开发周期，降低开发费用。

（2）设计。生产运作系统设计包括公司的选址、设施选择、生产规模、技术决策、设施建设、设备选择与购置、生产与运作系统总平面布置、车间及工作地布置等；其目的是为了把公司的战略落到实处，使公司从蓝图变成实实在在的厂房、车间、生产线，最终以最快的速度、最少的投资建立起最适宜公司的生产系统主体框架。如果产品和服务选择不当，将导致方向性错误，造成人力、物力和财力无法弥补的浪费，厂址和服务设施选择不当，将直接影响产品和服务的成本，从而影响公司生产经营活动的效果。

但是在生产运营系统的生命周期内，不可避免地要对生产运营系统进行更新，包括扩建新设施，增加新设备，或者由于产品和服务的变化，需要对生产运营设施进行调整和重新布置。在这种情况下，会遇到生产运营系统重新设计的问题。

（3）运行。生产运作系统的运行，主要解决生产运营如何适应市场的变化，按用户的需求，输出合格产品和提供满足顾客的服务。它是对生产运作系统的正常运行进行计划、组织和控制。其目的是按技术文件和市场需求，充分利用公司资源条件，实现高效、优质、安全、低成本生产，最大限度地满足市场销售和公司盈利的要求。

生产运作系统的运行包括三方面内容，即计划、组织和控制。计划，如编制综合生产计划、主生产计划和生产作业计划；组织，如组织制造资源、进行生产库存管理、生产作业排序、生产现场管理，从而保证生产计划的实施；控制，如以计划为标准，进行生产库存管理、生产现场管理、生产作业管理和生产质量管理。

生产计划、组织和控制是生产运作系统的不可缺少的三个重要组成部分。生产计划着眼未来，是对生产工作各个方面、各个阶段的总体安排；生产组织围绕着生产过程，保证生产计划的完成；生产控制立足现在，参照过去，根据分析得出的生产信息，对未来的生产过程进行监督和纠偏，使各个生产环节之间紧密结合，保证完成生产运作管理的目标。

（4）维护和改进。任何系统都有生命周期，如果不加以维护和改进，系统就会瘫痪。生产运作系统的维护和改进包括设备的维修与质量保证，以及整个生产系统的不断改进和各种先进的生产方式与管理模式的采用。

生产运作系统只有通过正确的维护和不断的改进，才能适应市场的变化。生产运作系统的维护与改进包括设备管理与可靠性、生产现场和生产组织方式的改进。生产运作系统运行的计划、组织和控制，最终都要落实到生产现场。因此，要加强生产现场的协调与组织，使生产现场做到安全、文明生产。生产现场管理是生产运作管理的基础和落脚点，加强生产现场管理，可以消除无效劳动和浪费，排除不适应生产活动的异常现象和不合理现象，使生产运作过程的各要素更加协调，不断提高劳动生产率和经济效益。

三、生产运作的类型

生产运作根据生产输出的不同，可以划分为制造型生产和服务型生产；根据产品或服务的专业化程度可以划分为大量生产、单件生产和成批生产。

（一）制造型生产和服务型生产

制造型生产与服务型生产最根本的区别在于输出的产品不同。制造型生产主要提供物资性的产品，服务型生产主要提供服务性的产品，而产品的不同，又使得两种生产的结构和组织实施不同。制造型生产所有资源都集中于生产出优质的物资产品；而服务型生产就以提供优质的服务为主，其所有的资源都集中于帮助员工为客户提供优质的服务。二者的具体区别如下。

1. 产品物质形态不同

制造型生产提供的产品是有形的，可以被储藏、运输，以用于未来的或其他地区的需求。因此，在有形产品的生产中，公司可以利用库存和改变生产量来调节与适应需求的波动。而服务型生产提供的产品是无形的，是不能预先生产出来的，也无法用库存来调节顾客的随机性需求。

2. 顾客参与程度不同

制造型生产过程基本上不需要顾客参与，而服务则不同，顾客需要在运作过程中接受服务，有时顾客本身就是运作活动的一个组成部分。

3. 对顾客需求的响应时间不同

制造型生产所提供的产品可以有数天、数周甚至数月的交货周期。而对于许多服务型生产来说，必须在顾客到达的几分钟内做出响应。顾客是随机到达的，使得短时间内的需求有很大的不确定性。因此，服务型生产要想保持需求和能力的一致性，难度是很大的。从这个意义上来讲，制造型生产和服务型生产在制定其运作能力计划及进行人员和设施安排时，必须采用不同的方法。

4. 生产运作场所的集中性和规模不同

制造型生产的生产设施可远离顾客，从而可服务于地区、全国甚至国际市场，比服务型组织更集中、设施规模更大，自动化程度更高和资本投资更多，对流通、运输设施的依赖性也更强。而对服务型生产来说，服务不能被运输到异地，其服务质量的提高有赖于与最终市场的接近与分散程度。设施必须靠近其顾客群，从而使一个设施只能服务于有限的区域范围，这导致了服务业的运作系统在选址、布局等方面有不同的要求。

5. 在质量标准及度量方面不同

由于制造型生产所提供的产品是有形的，所以其产出的质量易于度量。而对于服务型生产来说，大多数产出是不可触的，无法准确地衡量服务质量，顾客的个人偏好也影响对质量的评价。因此，对质量的客观度量有较大难度。

（二）大量生产、单件生产和成批生产

产品或服务的专业化程度可以通过产品或服务的品种数多少、同一品种的产量大小和生产的重复程度来衡量。显然，产品或服务的品种数越多，每一种的产量越少，生产的重复性越低，则产品或服务的专业化程度就越低；反之，产品或服务的专业化程度就越高。按产品或服务专业化程度的高低，可以将生产划分为大量生产、单件生产和成批生产三种生产类型。

1. 大量生产

大量生产亦称量产，是指产品数量很大，大多数工作地点长期按照一定的生产节拍（在流水线生产中，相继完成两件制品之间的时间间隔）进行某一个零件的某一道工序的加工。大量生产品种单一，产量大，生产重复程度高。

特征：产品产量大、品种单一，生产连续、稳定。

产品：标准化程度高，可以采用标准设计，设计质量高。

2. 单件生产

产品对象基本上是一次性需求的专用产品，一般不重复生产。因此，生产中品种繁多，生产对象不断在变化，而通常生产设备和工艺装备采用通用性的，且工作的专业化程度很低。

特征：产品品种多、数量少，稳定性及重复性低。

产品：标准化低，设计工作量大，周期长，质量难保证。

3. 成批生产

成批生产是指一年中分批轮流地制造几种不同的产品，每种产品均有一定的数量，工作地点的加工对象周期性地重复。例如，机床、机车、电动机和纺织机的制造属于成批生产。

特征：产品品种较少，产量较多，间断地重复生产，多为轮番生产。

产品：标准化程度相对较高，设计工作量少，质量稳定。

由于成批生产与大量生产的特点相近，所以，习惯上合称“大量大批生产”。同样，小批生产的特点与单件生产相近，习惯上合称“单件小批生产”。有的公司生产的产品品种繁多，批量大小的差别也很大，习惯上称之为“多品种中小批量生产”。“大量大批生产”、“单件小批生产”和“多品种中小批量生产”的说法比较符合公司的实际情况。

流程式生产是通过一条生产线将原料制成成品，比如集成电路、药品及食品、饮料制造、

采掘业、冶炼业等。这个行业关心的是如何在与分销商和零售商打交道的过程中降低成本，并笼络住他们。

制造业和服务业不同生产类型划分举例如表 5-2 所示。

表 5-2　制造业和服务业不同生产类型

生产类型	制造性产品	服　务
单件小批生产	模具，电站锅炉，大型船舶，长江大桥，三峡工程	研究项目，计算机软件，博士生，咨询报告，包机服务，保健，理发，特快专递邮件，出租车服务，零售
大量大批生产	汽车，轴承，紧固件，电视机，洗衣机，电冰箱，灯泡	公共交通，快餐服务，普通邮件，批发，体检
流程式生产	化工，炼油，面粉，造纸	

任务二　生产过程组织

【案例导入】

福特的生产流水线

在 20 世纪初的美国是“大王”频出的时代。铁路大王斯坦福、银行大王摩根、石油大王洛克菲勒、钢铁大王卡耐基，当然，还有汽车大王福特。

在纪录片《大国崛起》中有这样一段解说：“1913 年 8 月一个炎热的早晨，当工人们第一次把零件安装在缓缓移动的汽车车身上时，标准化、流水线和科学管理融为一体的现代大规模生产就此开始了。犹如第一次工业革命时期诞生了现代意义的工厂，福特的这一创造成为人类生产方式变革进程中的又一个里程碑。每一天，都有大量的煤、铁、砂子和橡胶从流水线的一头运进去，有 2 500 辆 T 型车从另一头运出来。在这座大工厂里，有多达 8 万人在这里工作。1924 年，第 1 000 万辆 T 型汽车正式下线，售价从最初的 800 美元降到了 290 美元。汽车开始进入美国的千家万户。”

流水线彻底改变了汽车的生产方式，同时也成为现代工业的基本生产方式。时间过去了近 100 年，流水线仍然是小到儿童玩具大到重型卡车的基本生产方式。

福特让汽车真正进入了美国家庭，比这个贡献更伟大的是流水线所带来的工业生产方式和管理方式的真正革命。

【知识链接】

一、生产过程含义

生产过程是指从投料开始，经过一系列的加工，直至成品生产出来的全部过程。换句话说，生产过程是为完成商品生产所必需的，按一定客观要求组织起来的劳动过程和自然过程的总和。在生产过程中，主要是劳动者运用劳动工具，直接或间接地作用于劳动对象，使之按人们预定目的变成产品或服务。

其中，劳动过程指劳动者直接或间接借助于劳动手段作用于劳动对象，使其发生变化的过程。即劳动者凭体力和智力改变劳动对象的过程。自然过程是指借助自然力作用于劳动对象，使其发生变化的过程。

（一）生产过程的构成

1. 结构性构成

结构性构成主要表现为劳动者和生产设备的组织形式。但它不同于行政性组织，是一种由生产任务关系形成的工作组织，主要有工作地、工作中心等。

工作地由工人、设备、一定的生产面积等要素组成，是具有特定的生产能力，能承担一定任务的生产单位。工作地是生产过程中最基层的生产单位。根据公司的任务即活动内容的不同，工作地的设置和承担的任务也不同，如工厂的工作地可以是一台设备，商店的工作地可以是一节柜台，等等。

工作中心由相互关联的若干个工作地组成，是具有特定生产能力，能完成一定产品或半成品的生产单位。工作中心的形式，可以是作业组、生产线、加工中心、流水线等，或者在辅助生产时的一个仓库、运输组等。工作中心的构成，除各工作地外，一般另外需要一些联结各工作地的设置，如运输装置等。

2. 任务性构成（流程）

任务性构成是指生产过程中任务的分解与结合，主要表现为任务的分工及协作关系。主要包括工艺、工序、工步等。

工艺是劳动者利用生产工具对各种原材料、半成品进行增值加工或处理，最终使之成为制成品的方法与过程。

工序指一个工人或一组工人在同一工作地上对同一劳动对象所进行的局部加工活动。工序是生产过程的一个基本任务环节，它综合地包括了劳动者、劳动手段和劳动对象。可以说生产过程就是一道工序、一道工序地进行的。

工步是指在同一个工位上，要完成不同的表面加工时，其中加工表面、切削速度、进给量和加工工具都不变的情况下，所连续完成的那一部分工序内容。

（二）生产过程的特性

为了实现合理地组织生产过程，需要将生产过程从空间上和时间上很好地结合起来，使产品以最短的路线、最快的速度通过生产过程的各个阶段，并且使公司的人力、物力和财力得到充分的利用，达到高产、优质、低耗。要达到这一目标，需要做到以下四点。

1. 生产过程的连续性

生产过程的连续性是指产品和零部件在生产过程各个环节上的运动，自始至终处于连续状态，不发生或少发生不必要的中断、停顿和等待等现象。这就是要求加工对象或处于加工之中，或处于检验和运输之中。保持生产过程的连续性，可以充分地利用机器设备和劳动力，可以缩短生产周期，加速资金周转。

2. 生产过程的比例性

生产过程的比例性是指生产过程的各个阶段、各道工序之间，在生产能力上要保持必要的比例关系。它要求各生产环节之间，在劳动力、生产效率、设备等方面相互均衡发展，避免“瓶颈”现象。保证生产过程的比例性，既可以有效地提高劳动生产率和设备利用率，也进一步保证了生产过程的连续性。

为了保持生产过程的比例性，在设计和建设公司时，就应根据产品性能、结构以及生产规模、协作关系等统筹规划；同时，还应在日常生产组织和管理工作中，搞好综合平衡和计划控制。

3. 生产过程的节奏性

生产过程的节奏性是指产品在生产过程的各个阶段，从投料到成品完工入库，都能保持有节奏地均衡地进行。要求在相同的时间间隔内生产大致相同数量或递增数量的产品，避免前松后紧的现象。

生产过程的节奏性应当体现在投入、生产和出产三个方面。

其中出产的节奏性是投入和生产节奏性的最终结果。只有投入和生产都保证了节奏性的要求，实现出产节奏性才有可能。同时，生产的节奏性又取决于投入的节奏性。因此，实现生产过程的节奏性必须把三个方面统一安排。

4. 生产过程的适应性

生产过程的适应性是指生产过程的组织形式要灵活，能及时满足变化了的市场需要。随着市场调节的开展、技术的进步和人们生活水平的提高，用户对产品的需要越来越多样化。这就给公司的生产过程组织带来了新的问题，即如何朝着多品种、小批量、能够灵活转向、应急应变性强的方向发展。为了提高生产过程组织的适应性，公司可采用“柔性制造系统”等方法。

二、生产过程的空间组织

（一）工艺专业化形式

工艺专业化原则是指按照工艺特征建立生产单位，将完成相同工艺的设备和工人放到一个厂房或一个区域内，这样构成诸如铸造厂、锻造厂、热处理厂、铸造车间、锻造车间、机械加工车间、热处理车间、车工工段、铣刨工段等生产单位。工艺专业化原则的特点是三“同”一“不同”，即同类设备、同工种的工人、相同的工艺方法，只是加工对象不同。如铸造车间、机械加工车间、装配车间。

按工艺专业化原则建立生产单位的优点是： 对产品品种变化的适应能力强； 生产系统的可靠性较高；工艺及设备管理较方便。

按工艺专业化原则建立生产单位的缺点是：工件在加工过程中运输次数多，运输路线长；协作关系复杂，协调任务重；只能使用通用机床、通用工艺装备，生产效率低；在制品量大，生产周期长。

（二）对象专业化形式

对象专业化原则是指按照产品（或零件、部件）建立生产单位，将加工某种产品（零部件）

所需的设备、工艺装备和工人放到一个厂房或一个区域内，这样构成诸如汽车制造厂、发动机分厂（车间）、电机车间、齿轮工段、曲轴工段等生产单位。

在以对象专业化原则建立的生产单位中集中了为加工某种产品工件所需的全套设备、工艺装备和有关工种的工人，对相似的产品工件进行该产品工件的全部或大部分工艺加工。按对象专业化原则建立的生产单位，其具体形式如下。

工厂：汽车制造厂、齿轮制造厂、飞机制造厂等。

车间：发动机车间、底盘车间、齿轮车间等。

工段：齿轮工段、曲轴工段、箱体工段等。

在服务业也有以对象专业化原则来建立生产单位的，如医院系统的专科医院（胸科医院、五官科医院、肿瘤医院等）。到这类医院来就医的病人要治疗的都是同种疾病，治疗对象相同或相似。

按对象专业化原则建立生产单位的优点是：可减少运输次数，缩短运输路线；协作关系简单，简化了生产管理；可使用专用高效设备和工艺设备；在制品少，生产周期短。

按对象专业化原则建立生产单位的缺点是：对品种变化适应性差；生产系统的可靠性较差；工艺及设备管理较复杂。

三、生产过程的时间组织

合理地组织生产过程，不仅要对公司内部各生产单位和部门在空间上进行科学的组织，而且要使劳动对象在车间之间、工段（小组）之间、工作地之间的运动在时间上互相配合和衔接，最大限度地提高生产过程的连续性和节奏性，提高设备的利用率，缩短生产周期，加速资金周转，降低成本，提高公司劳动生产率。

零件的移动方式同一次生产的零件数量有关。当一次生产的零件只有一个时，零件只能顺次地经过各工序，而不能同时在不同的工序上进行零件加工。当生产零件为多个时，即按一定批量进行加工时，零件在工序间就有不同的移动方式。随着移动方式的不同，批量零件的生产周期是不同的。

在加工装配的成批生产类型公司里，由于零件多种多样，工艺方法、工艺路线和技术装备千差万别，因而，零件在各道工序间的移动方式可分为三种：顺序移动方式、平行移动方式和平行顺序移动方式。

（一）顺序移动方式

顺序移动方式是指每批零件只有在前道工序全部加工完之后，才整批地转送到下道工序进行加工的方式。

设一批零件在各工艺之间无停放等待时间，工序间的运输时间忽略不计，则该批零件的生产周期等于该批零件在全部工序上作业时间的总和，用公式表示如下：

$$T_{顺} = n\sum_{i=1}^{m} t_i$$

式中：m——序数；

t_i——第 i 道工序上的单件工时；

n——零件批量；

$T_顺$——顺序移动方式下一批零件的生产周期。

【例 5-1】某公司生产产品的批量 n=4 件，经过 4 道工序加工，其单件工时为 t_1=10 分，t_2=5 分，t_3=12 分，t_4=7 分，试求该批产品的生产周期。

解：该批产品按顺序移动方式组织生产如图 5-2 所示。

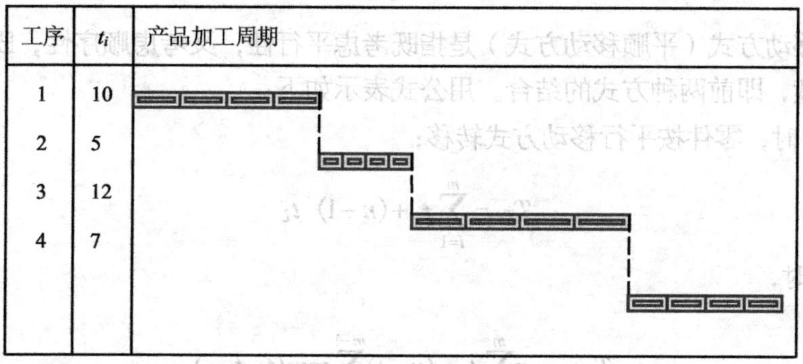

图 5-2　按顺序移动方式组织生产

$$T_顺 = n\sum_{i=1}^{m} t_i = 4\times(10+5+12+7)\ \ =136(分)$$

顺序移动方式加工时间较长，但设备利用较好，与工艺专业化车间相对应，可以在批量较小时采用。

适用范围：工艺专业化的生产单位或批量较小的情况。

（二）平行移动方式

平行移动方式是指每个零件在前道工序加工完后，立即转移到下道工序进行加工的方式，用公式表示如下：

$$T_平 = \sum_{i=1}^{m} t_i + (n-1)\ \ t_L$$

式中：t_L——最长工序单件时间；其余符号含义同前。

同例 5-1，运用平行移动方式时如图 5-3 所示。

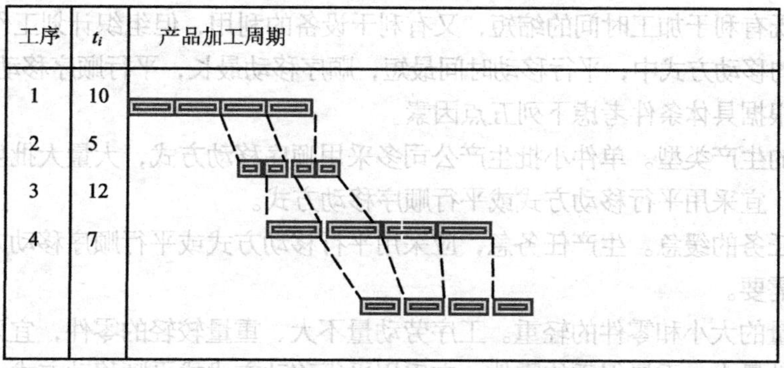

图 5-3　按平行移动方式组织生产

t_L =12 分，则，$T_平 = \sum_{i=1}^{m} t_i + (n-1)\ \ t_L$ =（10+5+12+7）+3 × 12=70（分）

此方式加工周期大大地缩短，但组织比较复杂，要有较方便的运输系统，设备利用时间较短。在各工序加工对象相近的情况下采用最为合适。

适用范围：大量、大批生产，对象专业化的工作中心。

（三）平行顺序移动方式

平行顺序移动方式（平顺移动方式）是指既考虑平行性，又考虑顺序性，既保持工期短，又保持加工连续，即前两种方式的结合。用公式表示如下：

当$t_j < t_{j+1}$时，零件按平行移动方式转移；

$$T_{平} = \sum_{i=1}^{m} t_i + (n-1)\ t_L$$

当$t_j \geqslant t_{j+1}$时，

$$T_{平顺} = n\sum_{i=1}^{m} t_i - (n-1)\sum_{j=1}^{m-1} \min(t_j, t_{j+1})$$

其余符号含义同前。

同【例 5-1】，运用平行顺序时如图 5-4 所示。

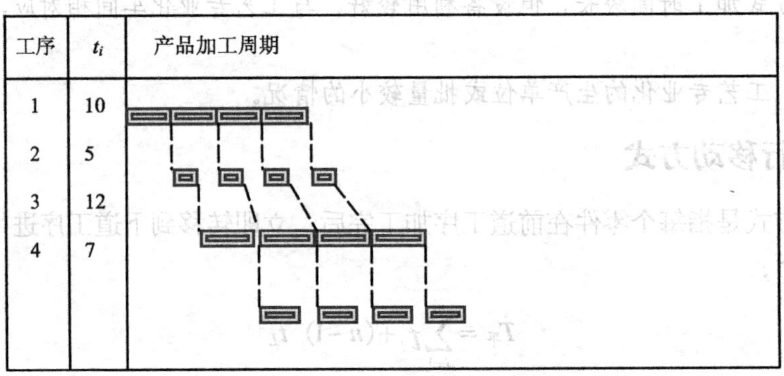

图 5-4　按平行顺序移动方式组织生产

$$T_{平顺}=4\times(10+5+12+7)-(4-1)(5+5+7)=85（分）$$

此种方式既有利于加工时间的缩短，又有利于设备的利用，但组织计划工作较为复杂。

一批零件的移动方式中，平行移动时间最短，顺序移动最长，平行顺序移动介于两者之间。具体应用时要根据具体条件考虑下列五点因素。

（1）公司的生产类型。单件小批生产公司多采用顺序移动方式，大量大批生产特别是组织流水线生产时，宜采用平行移动方式或平行顺序移动方式。

（2）生产任务的缓急。生产任务急，应采用平行移动方式或平行顺序移动方式，以争取时间满足交货期需要。

（3）劳动量的大小和零件的轻重。工序劳动量不大、重量较轻的零件，宜采用顺序移动方式；如工序劳动量大、重量很重的零件，宜采用平行移动方式或平顺移动方式。

（4）公司内部生产单位专业化形式。对象专业化的生产单位宜采用平行或平行顺序移动方式；而工艺专业化的生产单位，宜采用顺序移动方式。

（5）改变加工对象时，调整设备所需的劳动量。如果调整设备所需的劳动量很大，不宜采用平行移动方式。如果改变加工对象时，不需调整设备或调整设备所需时间很少时，宜采用平行移动方式。

任务三　生产计划与控制

【案例导入】

某光学仪器制造厂的生产会

上海某光学仪器制造厂是一家新型的综合性的光学仪器制造企业，属多品种、小批量生产类型。全厂现有职工 300 人，技术力量雄厚、设备齐全，能够生产多种、机、电结合的大型精密光学仪器。其主要产品有光学计量仪器、显微镜仪器、物理光学仪器等 6 大类 80 多个品种。建厂 30 余年来，该厂走过的是一条蓬勃发展的道路，共生产各种光学仪器 24 万多台，创造利税数千万元，并多次获得部级和市级的表彰和奖励，成为同行业中的佼佼者。

然而，最近两天杨厂长在确定下年度生产计划方案上，却有些举棋不定了。体制改革前国家统购统销时，企业制订生产计划比较容易。计划科只要按上级下达的指令性计划安排生产即可，不需要考虑销售问题。体制改革以来，企业由生产型转向生产经营型，制订计划要考虑的因素大大增加了。多年来，该企业一直沿用一套长期以来形成的、以产品为导向的制订计划的方法，已经越来越不适应现实需要，必须加以改革。近两年来，这个厂产值呈低幅度上升，利润却下降了。前年工业总产值 2 584 万元，利润 778.2 万元；去年总产值 2 600 万元，利润 630.7 万元。利润下降，固然有原材料涨价、生产成本提高等多方面因素影响，但计划制订的正确与否却是个关键问题。怎样使明年的生产计划更趋于科学、合理，这正是杨厂长所思索的问题。

前天下午，厂部召开了下年生产计划方案讨论会。这次会议和以往不同。除了充分准备外，还扩大了与会人员的范围，因为此次年度计划的制订难度较大，内外条件复杂，不定因素多，平衡难。而计划制订的正确与否直接关系到企业下年的经济效益，关系到企业能否稳定地向前发展，因此，必须认真对待和严密论证。

计划科朱科长说："从外部形势看，目前销售市场变化迅速。出口创汇难度大，行业竞争加剧，企业负担加重；从内部看，生产能力跟不上，新产品开发难，批量试制周期长。鉴于这些因素，根据市场销售情况和厂里现有的生产能力，同时考虑到各车间的生产周期性、各工种负荷均衡性、原材料供应的保证程度和技术准备等，在进行综合平衡的基础上，我们编了 A、B、C 三个下年生产计划方案供大家讨论。"朱科长说着，向与会人员提供了几则资料。

在展示了这些资料之后，朱科长继续说道："我们制定出三个计划方案主要是为了便于大家就此广泛展开讨论、集思广益，以便最终确定出适合企业情况的最佳生产方案。三个方案的侧重点各不相同：C 方案侧重于效益；B 方案侧重于销售；A 方案介于二者之间，是个折中方案。至于我们计划科的观点，下面由本科计划员王明来讲一下。"

计划员小王说道："我们计划科认为采用 C 方案作为明年的生产计划比较合适。大家从 A、B、C 三方案项目列表中可以看到，C 方案虽然产量、产值都不是最高，但所耗工时最少，效益最好。企业生产的中心任务是提高经济效益。只有通过不断地提高经济效益，才能增加积累，发展生产，才能谈到改善职工的生活条件，才能为社会创造更多的物质财富。所以经济效益是第一位的，我们在安排各种具体产品时，充分考虑了这一点。例如，销售科建议生产计量仪器中的非接触式球径仪（3C）30 台，但我们在 A、C 两方案中均没做安排。其原因主要是考虑到效益问题。这种产品已经几年不生产了，技术资料不全，设备工装也不配套，重新上马，许多技术问题一时难以解决。而且生产这种产品准备工时很长，是生产工时的 2～3 倍。工作量大、工艺复杂，效益相对其他品种而言较低，每台售价 8000 元，利润却只有 25%左右。如果安排这种产品，势必影响计划完成，耽误交货期。考虑到弊大于利，所以没做安排。

"再比如，万能工具显微镜 19JA 的安排也是这样。销售科建议生产 100 台，但在方案中均安排 60 台。而 19JE 产品，销售科建议生产 10 台，但 A、C 方案分别多安排 20 台和 30 台。为什么这样安排？其原因在于 19JE 是在 19JA 的基础上改型换代的，属于新开发产品。多安排 19JE 目的在于向用户推广新产品，让新产品逐渐占领市场，老产品逐渐退出来。不断进行产品的更新换代，是企业长期占领市场、获取长期高效益的关键！因此，推广新产品关系到企业的市场竞争能力和企业今后的长期发展。基于这种考虑，我们在安排计划时做了有意的调整，降低了 19JA 的产量，提高了 19JE 的产量"。

"总之，对于一些产值高、利润大的产品和一些有利于提高企业长期经济效益的产品，我们尽量多做了安排。其他一些和销售科提出的建议数有出入的品种，我们也都是从这一基点出发进行安排的。当然，我们在具体安排时，在考虑利润的同时，也考虑了销售的可能性，并且和企业的生产能力进行了平衡。多安排的品种数量是建立在市场销售还有很大潜力可挖的基础上的；少安排的或不安排的品种数量则是因其生产成本高，消耗工时多，利润少。我们认为，通过加强销售工作，采取适当的促销手段，配合得力的推销人员，开辟潜在市场，按 C 方案生产，销售不成问题"。

销售科科长老肖紧接着阐述了销售科的意见。他说："三个方案各有利弊。如单纯从效益和工时着眼，C 方案显然可取。但是我们认为决定企业年度生产计划，不能把着眼点仅仅放在效益上，应该首先考虑销售的可能性。当今市场竞争激烈，变化多端，产品的销售状况很难预测。由于新产品不断涌现，今天畅销的产品，明天也许变成滞销品。用户的需求多样化、复杂化，因此，制订生产计划不仅仅要考虑企业能否获利、获利多大，还须考虑销售是否有保证。如果没有销售作保证，利润就是一句空话！以销定产、满足用户需要，为社会提供适销对路的产品，是我们企业进行生产的主要目的。我们是社会主义企业，不能唯利是图。制订计划不能仅仅局限于一个企业小范围上获利最大，要考虑到全社会的效益。于国、于民有用的产品就应该生产，这才是根本！而且 C 方案也缺乏严密性。例如，新产品 19JE，从推广新产品角度看，多安排当然有理，但必须有销售的可能性。目前，用户对 19JE 这种新产品还不够了解，习惯于使用 19JA。据市场调查，明年 19JA 的需求将更大。所以应以 19JA 为主。至于向用户推广新产品，以适应将来的发展，这需要一个介绍和引导的过程，不能一下子就增加 30 台 19JE。因为其单价为 3 万元，30 台则为 90 万元。这意味着要冒 90 万元的风险。万一这种新产品推销不出去，必然造成积压，从而浪费大量资金。考虑到企业的经济效益，这笔账不能不算！所以 C 方案不足取，我们认为采取 B 方案，作为下年生产计划比较合适。这样可以保证产销平衡，企业不至于冒太大的风险"。

产品开发部张主任接着发言讲道："我认为 B、C 方案都有其道理，但也都存在着不足。C 方案单纯讲效益，对销售考虑不足，计划自身带有冒险性；B 方案单纯强调销售的保证程度，有些保守，缺乏开拓市场、争取用户的进取精神。所以我认为 A 方案比较合适。A 方案产量低，产值、利润、品种、工时都居中，根据我厂面临的内、外部形势，明年将是我厂生产情况最严峻的一年，因此，我们制订计划一定要慎重、稳妥。近两年产值增长幅度很小，平均只有5.9%，利润则呈明显下降趋势，就目前掌握的情况分析，明年如不采取强有力的措施，利润将进一步下降。目前从企业内部看，生产能力同产值的增长越来越不能同步。由于近几年来在设计、工艺、加工手段等方面所采取的技术措施跟不上生产发展的步伐，使生产能力不足的问题日益严重。现在产值一上升，能力缺口就增大，实际生产能力不仅得不到补充，甚至有下降趋势，所以为稳定生产，谋求长期发展，我们必须从下年开始深入挖掘企业内部潜力，在对现有生产能力填平补齐的基础上，力争使生产能力再提高一步。在恢复、发展生产能力的同时，大搞开源节流，推行现代管理方法，降低成本，提高利润，尽量使产值和利润的增长趋于同步。A方案产值、利润居中，而产量和工时都比较低，便于我们进行生产能力的填平补齐和其他各项工作。因此，我认为下年生产计划采用A方案比较妥当"。

杨厂长听了三位同志的发言，深深地陷入了思考。三个方案各有千秋，到底采取哪个方案，他一时举棋不定，看着难以在会上取得一致的意见，便宣布休会了，因为他需要独自冷静地想一想……

【知识链接】

一、生产计划体系

生产计划是企业经营计划的重要组成部分，是企业对生产任务做出的统筹安排，是企业组织生产活动的依据。编制生产计划是生产管理的一项基本任务，它是根据市场的需求和企业的技术、设备、人力、物资、动力等资源能力条件，合理地安排计划期内应当生产的产品品种、产量和出产进度，充分地满足社会和用户的需要。

（一）生产计划的体系

生产计划可以按其在工业企业生产经营中所处的地位和影响的时间长度，划分为长期、中期、短期三个层次。这三个层次的生产计划相互联系、相互配合，构成了一个完整的生产计划体系。

1. 长期生产计划

长期生产计划是整个企业的生产指导计划，其计划长度一般为3～5年，或更长的时间。它是企业就生产、技术、财务等方面重大问题的规划，提出了企业的长远发展目标以及为实现目标所制定的战略计划。长期生产计划的主要任务是进行产品决策、生产能力决策以及确立何种竞争优势的决策。

2. 中期生产计划

中期生产计划，又称为综合生产计划或生产计划大纲，其计划期一般为1年。因此，很多企业又称之为年度生产计划。中期生产计划的任务是在正确预测市场需求的基础上，充分利用现有资源和生产能力，尽可能均衡地组织生产活动和合理地控制库存水平，以及尽可能满足市场需求和获得利润。中期生产计划是企业为了生产出符合市场需要或顾客要求的产品，所确定的在什么时候生产、在哪个车间生产以及如何生产的总体计划。该计划是对企业总体生产任务的确定与进度安排。企业的中期生产计划是根据销售计划制订的，它又是企业制订物资供应计划、生产任务平衡、设备管理计划和生产作业计划的主要依据。

3. 短期生产计划

短期生产计划，又称为生产作业计划，它的计划期在半年以下，一般为月或跨月计划。它包括物料需求计划、生产能力需求计划等。短期生产计划的任务是直接根据顾客订单，合理地安排生产活动的每个细节，使它们紧密衔接，以确保按顾客要求的质量、数量和交货期交货。

（二）生产计划的主要指标

生产计划是企业经营管理计划的组成部分，是企业在经营计划期内完成生产目标的行动纲领，是企业生产管理的依据，也是企业编制物资供应、财务、劳动等其他计划的主要依据。

生产计划的主要指标包括产品品种、质量、产量与产值等。它们各有不同的经济内容，从不同的侧面反映企业计划期内生产活动的要求。

1. 品种指标

产品品种指标是企业在计划期内应该生产的产品名称和品种数量。例如，钢铁企业有各种不同牌号的钢材；机械制造厂有各种不同型号的机器；纺织企业有不同支数的棉纱和不同花色规格的布匹等。产品品种指标表明企业在花色品种方面满足社会需求的程度，反映企业的专业化协作水平、技术水平及管理水平。品种指标应根据市场需求来确定。

2. 质量指标

产品质量指标是企业在计划期内各种产品应达到的质量标准。产品质量指标一般有产品的使用寿命、效能、产品平均技术性能或有效成分的含量、产品的等级率等。产品质量是衡量产品使用价值的重要指标，也综合地反映了企业的技术水平和管理水平。

3. 产量指标

产品产量指标是企业在计划期内应该生产可供销售的工业产品的实物数量和工业性劳务的数量。它反映企业在一定时期内可向社会提供的产品数量，规定了企业在计划期内产品的构成和主要产品方向。产量指标是表示企业生产成果的重要指标，是企业进行供产销平衡和编制生产作业计划、组成日常生产的重要依据。

4. 产值指标

产值指标是用货币表示的产量指标，能综合反映企业生产经营活动成果，以便于不同行业进行比较。根据具体内容与作用不同，产值指标分为商品产值、总产值和净产值三种。

（1）商品产值。是企业在计划期内应当出产的可供销售的产品和工业性劳务的价值，它表明了企业在计划期内向社会提供的商品总量，一般按现行价格计算。

（2）总产值。是用货币表现的企业生产在计划期内应该完成的工作总量，它一般按不变价格计算。总产值指标反映了一定时期内企业生产总的规模和水平，是计算企业生产发展速度及劳动生产率指标的重要依据。但是，总产值由于受原材料转移价值的影响，往往不能正确反映企业的生产成果。

（3）净产值。是企业在计划期内新创造的价值，它一般按现行价格计算。净产值从工业总产值中扣除转移价值，因此，它不受原材料等转移价值的影响，能正确反映企业的生产劳动成果。

上述各项生产计划指标的关系十分密切。既定的产品品种、质量和产量指标，是计算各项产值指标的基础，而各项产值指标又是企业生产成果的综合反映。企业在编制生产计划时，应首先落实产品的品种、质量与产量指标，然后据以计算产值指标。

二、生产作业计划

生产作业计划是生产计划的具体执行计划，属于生产计划体系中的短期生产计划，它把生产计划中规定的月度生产任务具体地分配到各车间、工段、班组以至每个工作地和个人，规定他们在月、旬、周、日以至轮班和小时内的具体生产任务，并按日历顺序安排生产进度，从而保证按品种、质量、数量、期限和成本完成企业的生产任务。生产作业计划是建立企业正常生产秩序和管理秩序的主要手段，是企业计划管理的重要环节。

（一）作业计划标准

作业计划标准又称期量标准，是指为制造对象（产品、部件、零件等）在生产期限和生产数量方面所规定的标准数据。期量标准是编制生产作业计划的重要依据和组织均衡生产的有力工具。企业的生产类型不同，生产过程组织也就不同，因而形成了不同的期量标准。

1. 批量和生产间隔期

批量是指一次投入（出产）相同制品的数量。生产间隔期是指相邻两批同种制品投入（出产）的时间间隔。其相互间的关系可用下式表示：

$$批量=生产间隔期\times 平均日产量$$

$$生产间隔期=批量/平均产量$$

2. 生产周期

生产周期是指产品或零件从原材料投入生产起一直到成品出产为止所经历的全部日历时间。它是确定产品在各个工艺阶段的投入期和出产期的主要依据。产品的生产周期由各个工艺阶段的生产周期组成。

3. 生产提前期

生产提前期是指产品（零件）在各个工艺阶段出产（投入）的日期比成品出产日期要提前的时间。生产提前期有投入提前期和出产提前期。提前期是编制生产作业计划，保证按期交货履行订货合同的重要期量标准。

提前期是根据车间生产周期和生产间隔期计算的，同时要考虑一个保险期。提前期是按反工艺顺序连续计算的，其计算公式如下：

$$某车间投入提前期=本车间出产提前期+本车间生产周期$$

$$某车间生产提前期=本车间投入提前期+保险期$$

4. 在制品定额

在制品定额是指在一定技术组织条件下，为了保证生产连续而均衡进行所必需的最低限度的在制品数量。一定数量的在制品是保证生产正常进行的客观需要，但在制品过多，就会增加生产面积和资金占用，影响经济效益。如果在制品过少，往往导致生产脱节，设备停歇。因此，必须把在制品定额确定在适当的水平上。在制品、半成品定额计算公式如下：

车间在制品定额=平均每日出产量×车间生产周期+保险储备量

库存半成品定额=车间平均每日需用量×库存定额天数+保险储备量

（二）生产作业计划的编制

编制生产作业计划包括编制车间的作业计划及分工段或分小组的作业计划。这两步工作的方法原理是相同的，区分是计划编制的详细程度和责任单位有所不同。分车间的作业计划由厂部编制，它解决车间与车间生产数量及时间衔接等平衡问题。对于对象专业化车间，因各个车间平行地完成各种不同产品的生产任务，应按照的产品分工、生产能力和各种具体条件直接分配任务给各车间。对于工艺专业化车间，因各个车间之间依次提供半成品，则应根据生产类型和其他情况采用下述三种方法。

1. 在制品定额法

在制品定额法适用于大量大批生产类型。这类企业生产产品品种比较少，产量比较大，工艺和各车间之间的分工协作关系密切稳定，只要把在制品控制在定额水平上，就可以保证生产过程正常地进行。采用在制品定额法，就是运用预先制定上的在制品定额，按照产品的反工艺顺序，从生产成品的最后车间开始，连续地计算各车间的出产量和投入量。其计算公式为：

某车间出产量=本车间投入量+本车间半成品外售量+（库存半成品定额–期初库存半成品预计结存量）

某车间投入量=车间出产量+本车间计划废品量+（车间在制品定额期初车间在制品预计结存量）

2. 提前期法

提前期法适用于成批生产企业。这类企业各种产品轮番生产，各个生产环节结存的在制品的品种和数量经常不一样。但是，各种主要产品的生产间隔期、批量、生产周期和提前期比较固定，因此，可以采用提前期法来规定车间的生产任务。所谓提前期法，就是将先制定的提前期标准转化为提前量，来规定车间的生产任务使车间之间由“期”的衔接变为“量”的衔接。其计算公式如下：

提前期=提前期×平均日产量

3. 生产周期法

生产周期适用于单件小批生产企业。这类企业生产任务多数是根据订货合同来确定的，生产的品种、数量和时间很不确定，产品是一次性或定期重复生产。因此，各车间的生产在数量上衔接比较简单，关键是合理搭配订货，调整处理如品种多变与保持车间均衡负荷之间的矛盾。

采用生产周期法规定车间生产任务，就是根据订货合同规定的交货期限，为每一批订货编制出产品生产周期进度图，然后根据各种产品的生产周期进度表，确定各车间在计划月份应该投入和生产的订货项目，以及各项订货在各车间投入和生产时间。通过编制产品投入和生产进度表，就可以保证各车间的衔接，协调各种产品的生产和平衡车间的生产能力。

三、生产现场管理

生产现场管理是为了有效地实现企业的经营目标，运用科学的管理方法制定、标准和方法，对生产现场的各个生产要素，包括人（操作者和管理人员）、机（设备、工具、工位器具）、料（原材料、辅料）、法（加工、检测方法）、环（环境）、能（能源）、信（信息）等，进行合理、有效的计划、组织、协调、控制和激励，使其处于良好状态，实施优化组合，保持正常运转，以求达到优质、高效、低能、均衡、安全地进行生产。

近年来，在企业中广泛应用的生产现场管理方法有“5S”活动、定置管理和目视管理等。通过这些方法的应用，各企业的生产现场管理水平能得到明显改善。

（一）“5S”活动

1. 5S 活动的起源

5S 活动源自日本，已有 40 多年的历史，刚开始只是强调工厂的整理、整顿，后来由于管理提升的需要，又增加了清扫、清洁、素养，形成了现在的 5S 活动体系。

5S 活动以塑造一个清爽、明朗、洁净的工作场所作为目的，使全体员工尤其是现场作业员能更安全、更轻松、更愉快、更有效地完成任务，从而提升企业形象，强化企业制度。由于 5S 活动对于工厂的安全、卫生、效率、品质、成本等方面有极强的改善力，是工厂管理的基础，因此，日本的企业与国外企业进行技术合作，或在国外设厂时，首先必须导入 5S 活动，使 5S 活动得以遍地开花。近年来，欧美国家的企业也纷纷导入 5S 活动。

2. 5S 活动的内涵

5S 活动指的是整理（Seiri）、整顿（Seiton）、清扫（Seiso）、清洁（Seiketsu）和素养（Shisuke）。因上述 5 个日文词汇的罗马拼音第一个字母均为“S”，故称为 5S。

5S 活动使工厂每个员工在接受教育及活动进行中潜移默化，提升人的行为品质，养成强健、高应变力的企业特征。在市场竞争的时代，企业除了要有独到的技术之外，还需提供低成本、高品质及价格合理的产品，而要达到这些要求，最简单的方法就是实施 5S 活动。5S 理论非常简单，完全是一门行动的科学。

（1）整理。整理是按照整治的原则，规定正确秩序，即要区分“要”与“不要”物，并将“不要”物清理。

（2）整顿。整顿是将必要物品定位、定量放置好，便于拿取和放回，排除浪费。

（3）清扫。清扫是彻底清理场所的垃圾、污垢和异物，使其干净及容易显现问题点。

（4）清洁。清洁是重点地做好整理、整顿和清扫，形成制度化、规范化，包含解决问题的对策及成果的维持。

（5）素养。素养是努力提高员工的素养，使员工遵守规定的事项，自觉执行各项标准，并养成习惯。

企业在实施 5S 活动时，不一定要完全按照上述 5 个项目实施，有的企业可依自身特性去掉其中某项，而另外加入其他项，如安全、认真、准备等配合企业文化背景的项目；或按上述的 5S 而另加入其他项目，如安全、服务等，成为 6S、7S 等。但不管是 6S、7S，其实施的精神都已包含在上述的 5S 活动中。因此，一般以推行上述的 5S 活动较为普遍。

3. 5S 活动的推行

（1）推行 5S 活动成功的条件。企业成功推行 5S 活动的条件包括：管理者或高层管理者的支持，全员彻底了解 5S 活动的意义与重要性，以团队方式来推动 5S 活动，订立明确的活动目标，建立合理的评价考核制度，以渐进的方法来逐步推动 5S 活动，灵活地运用各种技巧与手法，开展有效的宣传配合活动，持续不断地进行活动等。

（2）5S 活动推行的要点。

① 高层管理者的重视与支持。5S 活动需要企业最高管理者给予积极的支持及制定明确的方

针，因为5S活动的推行顺利与否，取决于全员一致的行动，而员工的态度很大程度上取决于管理者的重视程度，如果管理者不能身先士卒，甚至公司总经理在活动期间从不去现场了解情况，也不过问活动推行情况，这样的5S活动从活动开始即可能宣告失败。

② 推行5S活动的应有心态。5S活动容易做，却不容易坚持下去。5S活动的推行切忌急功近利，有的管理者希望5S活动的实施能争取大量订单或认为5S活动只是大扫除，表明5S活动能一劳永逸。其实，5S活动作为工厂体质改善的重要手段，其目的就是为了建设一个能防止事故、有规律的生产现场，通过长期的潜移默化养成员工由打扫垃圾转变为不丢垃圾、保持整洁的良好工作习惯。因此，为了达成5S活动的最终目的，全员必须要有推行5S活动的决心。

③ 5S活动的推行要循序渐进。针对工厂的实际与现状，明确制定5S的目的及目标、活动计划，并依计划采取阶段性推进。5S活动一开始是以谋求防止事故发生为目的，因此首先要以3S（整理、整顿、清扫）为重点，其次才涵盖清洁及素养，当5S达到一定水准时，则通过目标管理达到长期的实施效果。

④ 制定活动规则。5S活动推行时，必须先制定各部门（如车间、办公室、仓库）整理、整顿的基准。例如，“不要”物处理办法、物料定位规定等规则。同时明确各部门5S责任区域及共用区域的责任人。

⑤ 督导与评审。采取定期或随时方式，由总经理或5S推行委员会进行督导与评估，其执行方式有红牌检查、检查表等，维持5S活动新鲜的感觉，通过对优秀单位的表扬、5S赛等活动实现深入的推广。

⑥ 5S活动推行的时机。5S活动的推行时机是影响推行顺利与否的重要因素，如果在工厂的生产高峰期推行5S活动，就有可能导致基层员工抵制，因为此时员工生产任务重，根本无心去执行；或在工厂士气低迷、人员流动较大时，也会遇到重重困难。最好是在生产由旺季转入淡季时开始实施，或在工厂其他活动如ISO 9000实施时进行。

（二）定置管理

定置管理是对生产现场中的人、物、场所三者之间的关系进行科学的分析研究，使其达到最佳结合状态的一种科学管理方法。定置管理是以生产现场为研究对象，通过整理、整顿把与生产现场无关的物品清除干净，把需要的物品放在规定的位置，以物在场所的科学定置的信息系统为（如标牌）媒介，使各生产要素有机结合，达到生产现场管理的科学化、规范化和标准化。

1. 定置管理的基本要求

要进行人、物、场所的合理组合，以提高作业效率和生产效率。

要做到工位器具标准化、规范化，以为生产提供有利条件。

现场道路通畅，环境整洁，以保障操作人员安全和身心健康。

严格按定置图定置，使现场图、物、场、账一致，减少多余的物品存放，做到节约、高效、控制。

2. 定置管理的基本方法

定置管理最终要实现人、物、场所的有效结合，达到高效地完成预定任务的目标。其中最基本的是人和物的结合。

（1）人与物的结合状态。在生产现场，人与物的结合状态有A、B、C三种。

① A状态。A状态即人与物能马上结合并发挥效能的状态。例如，操作工人在生产过程中

需要某种刀具、模具、量具，他能及时拿到后立即使用，不耽搁时间，这时人与物的结合状态就是A状态。这是生产中最理想的状态，能使生产井然有序。

② B状态。B状态是指人与物处于寻找状态或尚不能很好发挥效能的状态。例如，生产现场物品存放缺乏条理与规律，造成需要使用时因寻找而花费时间；在制品堆放不合理，当加工时每次都需要弯腰一个个捡起来，使准备工时增加，又增加了工人疲劳强度。在企业内，B状态是经常见到的一种不良状态。

③ C状态。C状态是指生产现场的人与物失去联系的状态。在这种状态下，物虽然在生产现场，但是人与物之间却失去了联系。

（2）物与所的关系。人与物合理结合的同时，还需要处理物与场所的关系，因为物与场所有效结合是实现人与物合理结合的基础。物与场所的结合，就是对生产现场的人、物进行作业分析和动作研究，使加工对象按生产需要、工艺要求科学地固定在某一位置上，达到物与场所的有效结合，缩短人与物结合的时间，消除人重复的动作，以促进人与物的最佳结合。实现物与场所的有效结合，首先要使场所本身处于良好的状态。就场所本身看，同样有A、B、C三种状态。

① A状态。这是一个良好的状态。工作环境良好，场所中物品置放有序，作业空间、通风设施、恒温设备、光照、噪声、粉尘等状态都符合人的生理、生产、安全与卫生的要求。

② B状态。这是一个需要改善的状态。工作环境存在着一些缺憾。场所的布局不尽合理，或只满足生理需要，或只满足生产需要，或两者都不能满足。

③ C状态。这是一个需要彻底改造的状态。这种状态的存在和延续对现场人员有严重危害。

定置管理的任务是努力使物与场所保持A状态，杜绝C状态，并坚决采取果断措施和对策，将B、C状态转换为A状态。

（3）定置方法。定置方法有两种基本形式。

① 固定位置，即场所固定、物品存放位置固定、物品信息媒介固定。这种“三固定”的方法，适用于那些在物流周转中回归原地，在下一生产活动中重复使用的物品。例如一些较大型工具，在不使用时放在固定地方，这个固定地方就是固定场所，生产需要时领取出来，使用完毕经检验无损，再放回到原固定地点。它突出的特点是特定对象的存放地点始终是固定不变的。

② 自由位置，即相对地固定一个存放物品区域，至于在这个区域内的具体放置位置要由生产过程来决定。这种方法适用于物流系统中那些不回归、不重复使用的物品，它随工序而转移，如原材料、在制品、成品等。采用这种方法需要注意空间的充分利用，便于收发和清点。

3. 定置管理的原则

（1）定置必有图。在开展定置管理时，必须有定置图来辅助进行。

（2）定置必有物。图物相符，要把生产场所存在的各种物品都反映在定置图上。

（3）有物必有区。划区进行管理堆放，区域明确。

（4）有区必有牌。发挥信息媒介的作用，让各区都有鲜明标志，并使信息标准化，标牌的颜色、规格、文字、数字的字体大小，全厂要统一规定。

（5）有牌必分类。将同一类别的物品，放在各自指定的区域内，按类存放，不能乱放，做到各就各位，并且不能占用任何交通运输通道。

（6）账（图）物必一致。使各类台账或定置图与实物一致。

（三）目视管理

1. 目视管理的含义

目视管理是利用形象直观、色彩适宜的各种视觉感知信息来组织现场生产活动，达到提高劳动生产率目的的一种管理方式。它是以视觉信号为基本原则，尽可能地将管理者的要求和意图让员工都看得见，借以推动自助管理、自我控制。因此，目视管理是一种以公开化和视觉显示为特征的管理方式，也可称之为“看得见的管理”。

2. 目视管理的优点

（1）目视管理形象直观，有利提高工作效率。

现场管理人员组织、指挥生产，实质是在发布各种信息。操作工人有秩序地进行生产作业，就是接收信息后采取行动的过程。在机器生产条件下，生产系统高速运转，要求信息传递和处理既要快又要准。如果与每个操作工人有关的信息都要由管理人员直接传达，那么不难想象，拥有成千上百个岗位的生产现场，将要配备多少管理人员。

目视管理为解决这个问题找到了简捷之路。它告诉我们，操作工人接受信息最常用的感觉器官是眼、耳和神经末梢，其中又以视觉信号最为普遍。可以发出视觉信号的手段有仪器、电视、信号灯、标志牌、图表等，其特点是形象直观，容易认读和识别，简单方便。再有条件的岗位，充分利用视觉信号显示手段，可以迅速而准确地传递信息，无需管理人员现场指挥即可有效地组织生产。

（2）目视管理透明度高，便于现场人员相互监督，发挥激励作用。

实行目视管理，对生产作业的各种要求可以做到公开化。干什么、怎么干、干多少、什么时间干、在何处干等问题一目了然，这就有利于人们默契配合、相互监督，使违反劳动纪律的现象不容易隐藏。

大机器生产及要求有严格的管理，又需要培养人们自主管理、自我控制的习惯与能力。目视管理为此提供了有效的具体方式。

（3）目视管理有利于产生良好的生理和心理效应。

对于改善生产条件和环境，人们往往比较注意从物质技术方面着手，而忽视现场人员生理、心理和社会特点。例如，控制机器设备和生产流程的仪器、仪表必须配齐，这是加强现场管理不可缺少的物质条件。

目视管理的长处就在于，它十分重视综合运用管理学、心理学、生理学和社会学等多学科的研究成果，能够比较科学地改善同现场人员视觉感知有关的各种环境因素，使之既符合现代技术要求，又适应人们的心理和生理特点，这样就会产生良好的生理和心理效应，调动并保护工人的生产积极性。

3. 推行目视管理的基本要求

推行目视管理，要防止搞形式主义，一定要从企业实际出发，有重点、有计划地逐步展开。在这个过程中，应做到的要求是统一、简约、鲜明、实用、严格。

（1）统一。即目视管理要实行标准化，消除五花八门的杂乱现象。

（2）简约。即各种视觉显示信号应易懂，一目了然。

（3）鲜明。即各种视觉显示信号要清晰，位置适宜，现场人员都能看得见、看得清。

（4）实用。即不摆花架子，少花钱、多办事，讲究实效。

（5）严格。即现场所有人员都应该严格遵守和执行有关规定，有错必纠，奖罚分明。

4. 目视管理工具

（1）红牌。红牌，适宜于5S活动中的整理，是改善的基础起点，用来区分日常生产活动中非必需品。挂红牌的活动又称为红牌作战。

（2）看板。用在5S的看板管理中，用于表示物品放置场所等基本状况的表示板，标示物品的具体位置在哪里、做什么用、数量是多少、谁负责、谁来管理等重要的项目，让人一看就明白。5S强调的是透明化、公开化，因而目视管理有一个先决条件，就是消除“黑箱”（通常把所不知的区域或系统称为“黑箱”，而把全知的系统和区域称为“白箱”，介于“黑箱”和“白箱”之间或部分可观测的“黑箱”称为“灰箱”）作用。

（3）信号灯或者异常信号灯。在生产现场，第一线的管理人员必须随时知道，作业员或机器是否在正常地开动、是否在正常地作业。信号灯是工序内发生异常时，用于通知管理人员的工具。信号灯的种类有：发音信号灯，适用于物料请求通知，当工序内燃料用完时，或者工序的信号灯亮时，扬声器马上会通知搬送人员立刻及时地供应；异常信号灯，用于产品质量不良、作业异常等情况发生的场合，通常安装在大型工厂较长的生产、装配流水线；运转指示灯，显示设备状态的运转、机器开动、转换或停止的状况，停止时还显示它的停止原因；进度灯，安装在组装生产线（手动或半自动生产线），其每一道工序间隔大概是1～2分钟，用于组装节拍的控制，以保证产量。

（4）操作流程图。操作流程图本身是描述工序重点和作业顺序的简明指示图，也称为步骤图，用于指导生产作业。在一般的车间内，特别是工序比较复杂的车间，在看板管理上一定要有操作流程图。原材料进来后，第一个工序是签收，第二个工序是点料，第三个工序是转换或者转制，这种指示就叫作操作流程图。

（5）提醒板。提醒板，用于防止遗漏。健忘是人的天性，不可能杜绝，只有通过一些自主管理的方法来最大限度地减少遗漏和遗忘。例如，有的车间在进出口处挂一块提醒板，写明今天有多少产品要在何时送到何处，或者什么产品一定要在何时生产完毕；或者有领导来视察，下午2点钟有一个什么检查。这些统称为提醒板。提醒板还可采用图示的方式标示作业情况。一般来说，用纵轴表示时间，横轴表示日期，纵轴的时间间隔通常为1个小时，一天用8个小时来区分，每1个小时，就是每一个时间段记录一次正常、不良或者是次品的情况，让作业者自己记录。提醒板一个月统计一次，在每个月的例会中总结，与上个月进行比较，看是否有进步，并确定下个月的目标，这就是提醒板的另一个重要作用。

（6）区域线。区域线就是对半成品放置的场所或通道等区域，用线条把它画出来，便于整理与整顿，常用于定置管理。

（7）警示线。警示线，就是在仓库或其他物品放置处用来表示最大或最小库存量的涂在地上的彩色漆线，用于看板管理中。

（8）告示板。告示板是一种及时管理的工具，也就是公告，就某一通知或内容广而告之，让所有的人都知道，如几点召开什么会议等。

（9）生产管理板。生产管理板是揭示生产线的生产状况、进度的表示板，记入生产实绩、设备开动率、异常原因（停产、故障）等，用于看板管理。

任务四 质量管理

【案例导入】

海尔集团的全面质量管理

关于过去几十年中日本经济奇迹，我们已经了解了很多。日本在二战前所生产的产品是“廉价货”的代名词，人们对其不屑一顾。而在战后通过对质量的飞跃式的改进，日本产品质量普遍提高，日本所制造并畅销的产品有钢材、轮船、轿车、电子产品、医疗设备等，他们衡量产品缺陷的比例是“百万分之几”，而非我们通常所说的“百分之几”。实施全面质量管理不仅使日本产品质量普遍有所提高，也给经济带来了飞速发展。因此，在21世纪这个信息、交通发达以及对产品要求越来越高的时代，全面质量管理更是一个企业甚至是一个国家发展、成功的最主要的因素。

我国的海尔集团是较早应用全面质量管理方式的企业。

1985年，海尔用铁锤砸烂了76台不合格冰箱，这不仅是公司创业的壮举，更是中国一代名牌的起点。海尔始终靠高质量推销产品，而不是以价格取胜。“高质量”的内涵不仅仅是符合工厂或是国家规定的标准，更意味着不断向顾客提供超出期望的满足。

从起步开始，海尔就实施了一种全面质量管理的驱动战略。简而言之，它的目标是要成为一个高质量的组织，干出高质量的工作，生产高质量的产品。以“零缺陷”为目标是质量百分之百合格。多数人认为这是荒诞的，但实际上，并不能这么轻易下判断。从统计学的观点来看，“零缺陷”是没有道理的，在大公司里，根据大数定律，总会有残次品的出现。但是从另一方面来看，如果不为百分之百而奋斗，那就是容忍错误，而错误也真的会发生。因此，海尔集团对全体员工进行了全面质量管理重要性的教育，使全面质量管理深入人心，增强了每个员工的责任感。

海尔的做法是把质量的认同扩大到企业，即所谓“产品质量就是企业生命”。因此，海尔对上至企业管理层、下至工厂里的生产线都进行了全面质量管理。首先提高对生产线的改进，使内部缺陷成本降到最低；并努力做好售后服务。其次是协调各部门的组织协作能力，全面质量管理重在“全面”，各部门协调就显得非常重要了。消费者对海尔人20多年来艰苦而卓绝树立起来的海尔质量品牌具有深刻的形象认识，对其质量产生一致的认同，并以企业树立的良好质量形象作为购买依据，从而给海尔带来了综合效益。如今，“海尔”已经成为纯正的“中国造”精品的代名词，并以“产品零缺陷、使用零抱怨、服务零烦恼”的特色向全球展示自己的风采。

【知识链接】

一、质量及质量管理的含义

质量是指“一组固有特性满足要求的程度”，是反映产品、过程或服务满足规定或潜在需要（或要求）能力的特征和特性总和。

对于质量的理解包括工作质量和工程质量两方面。

工作质量一般指与质量有关的各项工作对产品质量和服务质量的保证程度。工作质量涉及各个部门、各个岗位工作的有效性，同时决定着产品质量和服务质量。然而它又取决于人的素质，包括人员的质量意识、责任心、业务水平。其中最高管理者的工作质量起主导作用，一般管理层和执行层的工作质量起到保证和落实作用。

工程质量是指服务于特定目标的各项工作的综合质量。工程质量是产品质量的保证，产品质量是工程质量的体现，因此，质量管理工作应该着眼于对工程质量进行管理。

质量管理是指导和控制组织关于产品质量问题的相互协调活动，通常包括制定质量方针和质量目标以及质量策划、质量控制、质量保证和质量改进。具体来说是指为了保证和提高产品质量而进行的一系列技术、组织、计划、协调和控制等工作的总称。其重点是确定质量方针、目标和职责，并在质量体系中通过诸如质量策划、质量控制、质量保证、质量改进而实施的全部管理活动，即对确定和达到质量要求所必需的职能活动的管理。它是企业管理的重要组成部分，是企业管理的中心环节，对促进企业的发展，促进国民经济的发展具有重要意义。

二、质量管理的发展

质量管理发展成为一门科学是在 20 世纪的事情。进入 20 世纪，人类跨入了以“加工机械化、经营规模化、资本垄断化”为特征的工业化时代。在过去的整整一个世纪中，质量管理的发展大致经历了三个阶段。

1. 质量检验阶段（QC）

20 世纪初，人们对质量管理的理解还只限于质量的检验。质量检验所使用的手段是各种的检测设备和仪表，方式是严格把关，进行百分之百的检验。其间，美国出现了以泰罗为代表的“科学管理运动”。“科学管理运动”提出了在人员中进行科学分工的要求，从而产生了一支专职质量检查队伍，构成了一个专职的质量检查部门，这样，质量检验机构就被独立出来了。

质量检验是在成品中挑出废品，以保证出厂产品质量。但这种事后检验把关，无法在生产过程中起到预防、控制的作用。废品已成事实，很难补救，且百分之百地检验，增加了检验费用。1924 年，美国的休哈特提出了控制和预防缺陷的概念，尝试运用数理统计学的原理，使质量检验既经济又准确，并成功地创造了“控制图”，把数理统计方法引入质量管理中，把质量管理推进到新阶段。

2. 统计质量控制阶段（SQC）

这一阶段的特征是数理统计方法与质量管理的结合。控制图的出现，是质量管理从单纯事后检验转入检验加预防的标志，也是形成一门独立学科的开始。第一本正式出版的质量管理科学专著就是 1931 年休哈特的《工业产品质量经济控制》。第二次世界大战开始以后，统计质量管理得到了广泛应用。为了满足战争开始以后军工生产急剧发展的需要，美国军政部门随即组织一批专家和工程技术人员，于 1941—1942 年先后制订并公布了 Z1.1《质量管理指南》、Z1.2《数据分析用控制图》、Z1.3《生产过程中质量管理控制图法》，强制生产武器弹药的厂商推行，并收到了显著效果。

但是，统计质量管理过分强调质量控制的统计方法，使多数人感到高不可攀、望而生畏。同时，它对质量的控制和管理只局限于制造与检验部门，忽视了其他部门的工作对质量的影响。

20 世纪 50 年代以后，以火箭、人造卫星、宇宙飞船等为代表的大型、精密、复杂的产品出现，要求人们运用“系统工程”的概念，把质量问题作为一个有机整体加以综合分析研究，实施全员、全过程、全企业的管理。伴随着 60 年代“行为科学”理论的发展，质量管理又进入了一个新的阶段。

3. 全面质量管理阶段（TQM）

最早提出全面质量管理概念的是美国通用电气公司质量经理费根堡姆，他在 1961 年发表的《全面质量管理》一书中提出：“全面质量管理是为了能够在最经济的水平上并考虑到充分满足用户要求的条件下进行市场研究、设计、生产和服务，把企业各部门的研制质量、维持质量和提高质量活动构成为一体的有效体系。”为全面质量管理理论做出突出贡献的还有美国人戴明和朱兰，以及石川馨、田口玄一等一批日本质量管理学家。这一时期，诞生了一系列质量管理方法和工具，如准时化生产、看板生产、质量功能展开、田口方法、老七种工具、新七种工具等。质量的概念也从狭义的符合规范发展到以“顾客满意”为目标。全面质量管理不仅提高了产品与服务的质量，而且在企业文化改造与重组的层面上，对企业产生深刻的影响，并被许多“世界级”企业的成功经验证明是一种使企业获得持久竞争能力的质量管理战略。

全面质量管理理论产生于美国，而真正的成功是在日本，全面质量管理工作的推行促进了日本经济的极大发展。日本企业的成功，使全面质量管理理论在世界范围内产生巨大影响。在各国积极推行全面质量管理促进本国生产的同时，为了适应经济全球化和国际贸易的发展，需要在质量上有共同的语言和共同的准则，这又将质量管理推向国际标准化阶段。

4. 三个阶段的比较（见表 5-3）

表 5-3 三个阶段比较

项目 \ 阶段	质量检验	统计质量控制	全面质量管理
质量的概念	狭义的质量	从狭义向广义发展	广义质量
管理范围	仅限于生产现场	由生产现场转向设计过程	产品形成全过程
管理特点	事后把关，管结果	从把关转向预防	预防为主，管条件因素
管理依据	重在产品质量符合质量规格	按质量标准控制质量	以用户需要为主，重在产品适用性
参与人员	质检人员	技术部门和质检部门	全体职工

三、全面质量管理

（一）全面质量管理的指导思想

全面质量管理（total quality management，TQM）是企业管理的中心环节，是企业管理的纲，它和企业的经营目标是一致的。这就是要求将企业的生产经营管理与质量管理有机地结合起来。全面质量管理的基本指导思想有以下五个方面。

1. 质量第一

市场的竞争归根结底就是质量的竞争，企业的竞争能力和生存能力主要取决于它满足社会需求的能力。任何产品都必须达到所要求的质量水平，否则就没有或未完全实现其使用价值，从而给消费者、给社会带来损失。从这个意义上讲，质量必须是第一位的，“质量第一”的指导思想已成为世界各国的共同认识。

2. 用户至上

“用户至上”就是要树立以用户为中心，为用户服务的思想。要使产品质量与服务质量尽可能满足用户的要求，用户满意了，产品才有销路，产品质量的好坏最终应以用户的满意程度为标准。企业的全体职工必须牢固树立用户至上的思想，不仅要做到产品质量达到标准，而且要服务周到。同时还要倡导“下道工序就是用户”的思想，不合格的零部件不能转给下道工序。只有这样，用户才能买得放心、用得满意。

3. 事前控制为主

质量是设计、制造出来的，而不是检验出来的，这说明事前控制是提高产品质量的关键所在。在生产过程中，检验属于事后控制，它可以避免不合格品流入市场，但不能决定不合格品的生产。所以影响产品质量好坏的真正原因并不在于检验，而主要在于设计和制造。设计质量是先天性的，在设计时就已决定了质量的等级和水平；而制造只是实现设计质量，是符合性质量。但二者不可偏废，都应重视。

4. 强调用数据说话

数据是客观事物的定量反映，用数据说话就是用事实说话。这就要求在全面质量管理工作中必须具有科学的工作作风，在研究问题时不能满足于一知半解和表面现象，对问题的处理不但要有定性分析，还要进行定量分析，做到心中有“数”，这样可以避免主观盲目性。在全面质量管理中广泛地采用了各种统计方法和工具，其中用得最多的有“七种工具”，即因果图、排列图、直方图、相关图、控制图、分层法和调查表。常用的数理统计方法有回归分析、方差分析、多元分析、实验设计、时间序列分析法等。

5. 突出人的积极因素

与质量检验阶段和统计质量控制阶段相比较，全面质量管理阶段格外强调调动人的积极因素的重要性。这是因为现代生产多为大规模系统，环节众多，联系密切复杂，远非单纯靠质量检验或统计方法能够奏效的。必须调动人的积极因素，加强质量意识，发挥人的主观能动性，以确保产品和服务的质量。全面质量管理的特点之一就是全体人员参加的管理，“质量第一，人人有责”。1962 年日本在我国“鞍钢宪法”三结合小组的启发下开展了质量管理小组活动，对保证和提高质量起了很大的作用。

要提高质量意识，调动人的积极因素，一靠教育，二靠规范，需要通过教育培训和考核，同时还要依靠有关质量的立法以及必要的行政手段等各种激励及处罚措施。

（二）全面质量管理的方法

1. PDCA 循环

PDCA 循环又叫戴明环，是美国质量管理专家戴明博士提出的，它是全面质量管理所应遵循的科学程序。全面质量管理活动的全部过程，就是质量计划的制订和组织实现的过程，这个过程就是按照 PDCA 循环，不停顿地周而复始地运转的。

PDCA 循环的四个阶段。

P（Plan）——计划阶段，确定方针和目标，确定活动计划。

D（Do）——执行阶段，实地去做，实现计划中内容的细节。

C（Check）——检查阶段，总结执行计划的结果，注意效果，找出问题。

A（Action）——处理阶段，对总结检查的结果进行处理，成功的经验加以肯定并适当推广、标准化；失败的教训加以总结，以免重现，未解决的问题放到下一个 PDCA 循环。

例如，设计一个新型红外滤光膜，完成一轮循环后，进行效果检查时发现其中一项的光学性能指标未达到标准要求，总结经验后进入第二轮 PDCA 循环，按计划重新实施后达到了目标值。

2. PDCA 循环的特点

PDCA 循环可以使我们的思想方法和工作步骤更加条理化、系统化、图像化和科学化。它具有如下三个特点。

（1）大环套小环，小环保大环，推动大循环。PDCA 循环作为质量管理的基本方法，不仅适用于整个工程项目，也适应于整个企业和企业内的科室、工段、班组以至个人。各级部门根据企业的方针目标，都有自己的 PDCA 循环，层层循环，形成大环套小环，小环里面又套更小的环。大环是小环的母体和依据，小环是大环的分解和保证。各级部门的小环都围绕着企业的总目标朝着同一方向转动。通过循环把企业上下或工程项目的各项工作有机地联系起来，彼此协同，互相促进。具体如图 5-5 所示。

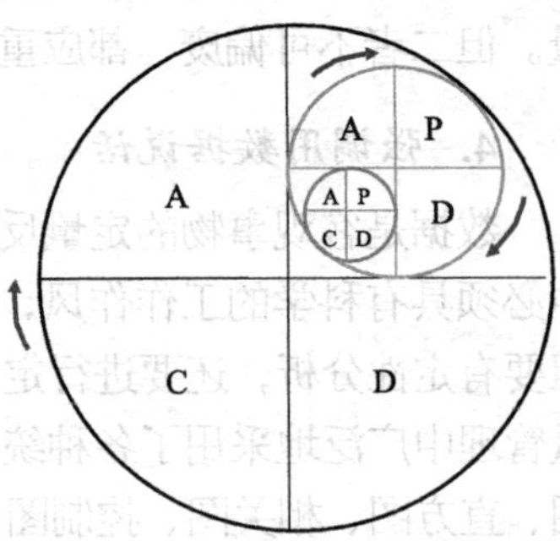

图 5-5 大环套小环，小环保大环

（2）不断前进，不断提高。PDCA 循环就像爬楼梯一样，一个循环运转结束，生产的质量就会提高一步，然后再制定下一个循环，再运转，再提高，不断前进，不断提高。具体如图 5-6 所示。

（3）PDCA 循环是一个综合性的循环。PDCA 循环的四个阶段并非是截然分开的，而是紧密衔接连成一体，各阶段之间也还存在着一定的交叉现象。在实际工作中，往往是边计划边实施，边实施边检查，边检查边总结边调整计划，这就是说不能机械地去转动 PDCA 循环。如图 5-7 所示。

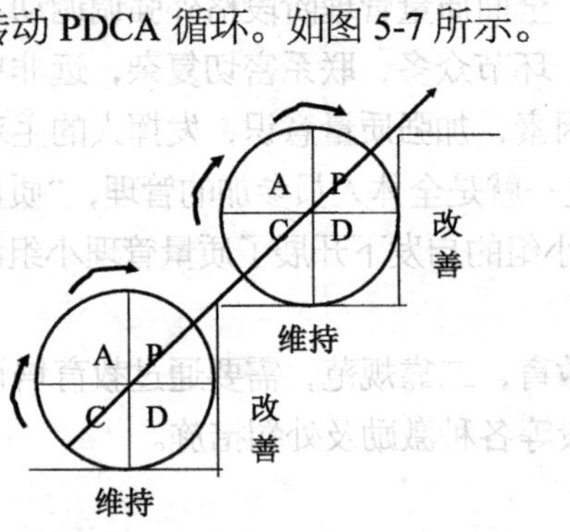

图 5-6 PDCA 循环不停地转动和提高

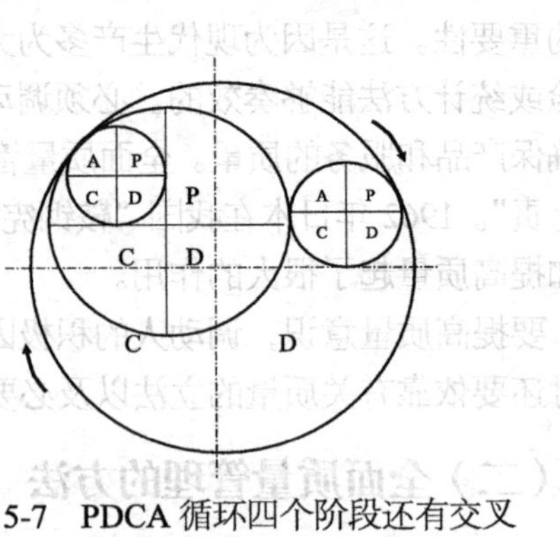

图 5-7 PDCA 循环四个阶段还有交叉

四、质量管理思想

1. 六西格玛管理

六西格玛[Six Sigma,6σ 六西格玛是摩托罗拉公司发明的术语，用来描述在实现质量改进时的目标和过程。西格玛（σ）是统计员用的希腊字母，标准偏差。术语六西格玛指换算为百万分之三点四的错误/缺陷率的流程变化（六个标准偏差）尺度]是一种能够严格、集中和高效地改善企业流程管理质量的实施原则和技术。它包含了众多管理前沿的先锋成果，以“零缺陷”的完美商业追求，带动质量成本的大幅度降低，最终实现财务成效的显著提升与企业竞争力的重大突破。

六西格玛管理的基本理念如下。

（1）真正关注顾客。

（2）无边界合作，也叫全面合作。

（3）以数据（事实）驱动管理。

（4）针对过程采取措施。

（5）主动（预防性）管理。

（6）追求完美但容忍失败。

2. 朱兰的质量管理思想

美国著名质量管理专家朱兰（J.M.Juran）最重要的质量管理思想表现在他的质量管理“三部曲”和质量“螺旋”理论。

朱兰认为，产品中的质量问题 80%是由于管理不善引起的，要提高产品质量，就必须抓住策划、控制、改进这三个主要环节，即质量计划、质量控制和质量改进。这一管理模式称为“朱兰三部曲”。

知识加油站　质量“螺旋”理论即朱兰质量螺旋三部曲理论，指的是质量策划、质量控制和质量改进。其实这三个方面是相辅相成的，就像 PDCA 循环一样。

五、质量管理工具

（一）质量管理的旧七种工具

（1）分层法。分层法又叫分类法，是整理质量数据的一种重要方法。它是把所收集起来的数据按不同的目的加以分类，将性质相同、生产条件相同的数据归为一组，使之系统化，便于找出影响产品质量的具体因素。

（2）排列图。排列图也叫巴雷特图、主次因素分析图和 ABC 法。它是用来找出影响质量的主要因素的一种方法。它一般由两个纵坐标、一个横坐标、几个长方形和一条折线组成。左边的纵坐标表示频数（如件数、金额、时间等）；右边的纵坐标表示频率；横坐标表示影响质量的各种因素，按频数大小自左至右排列；长方形的高度表示因素频数的大小；折线由表示各因素的累计频率的点连接而成。如图 5-8 所示。

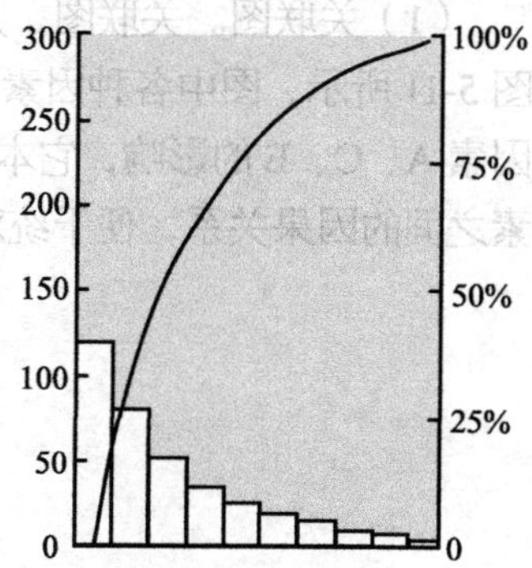

图 5-8　排列图

（3）因果图。因果图是整理和分析影响产品（工程、工作）质量的各因素（原因）之间的关系，即表示质量特性与原因之间的关系的一种工作图。它又称因果分析图、树枝图或鱼刺图。如图 5-9 所示。

（4）直方图。直方图又称质量分布图和质量散布图。它是将数据按大小顺序分成若干间隔相等的组，以组距为底边，以落入各组的频数为高所构成的矩形图。直方图是用来整理质量数据，从中找出规律，用以判断和预测生产过程中质量好坏的一种常用工具。如图 5-10 所示。

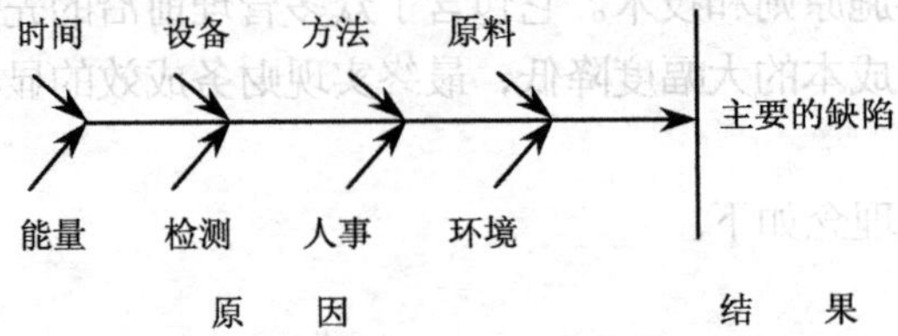

图 5-9 因果图

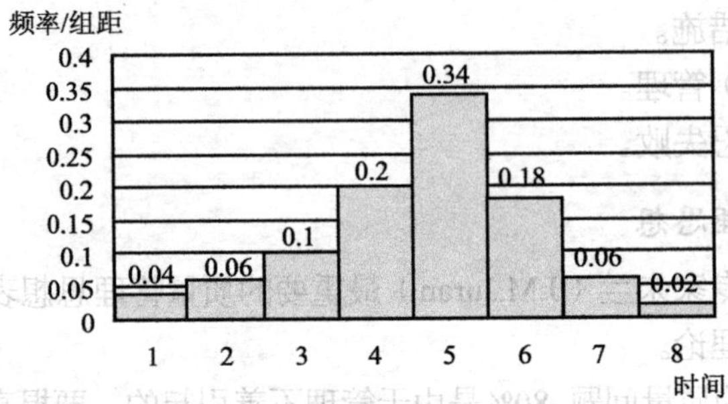

图 5-10 直方图

（5）管理图。管理图，又称控制图。它是用于分析和判断工序是否处于稳定状态，带有管理界限的图。它有分析用管理图和控制用管理图两类。前者专用于分析和判断工序是否处于稳定状态，并且用来分析产生异常波的原因；后者专用于控制工序的质量状态，及时发现并消除工艺过程的失调现象。

（6）散布图。散布图，又称相关图。它是在处理计量数据时，分析、判断、研究两个相对应的变量之间是否存在相关关系，并明确相关程度的一种方法。

（7）调查表。调查表，又称检查表、统计分析表，它是为分层收集数据而设计的图表，用来进行数据整理和粗略的原因分析。可根据不同的目的要求，设计多种多样的调查表。

（二）质量管理的新七种工具

日本在开展全面质量管理的过程中通常将关联图、KJ 法、系统图、矩阵图、矩阵数据分析法、PDPC 法以及箭条图统称为“新七种工具”。

（1）关联图。关联图，是指用连线图来表示事物相互关系的一种方法。它也叫关系图。如图 5-11 所示，图中各种因素 A、B、C、D、E、F、G 之间有一定的因果关系。其中因素 B 受到因素 A、C、E 的影响，它本身又影响到因素 F，而因素 F 又影着因素 C 和 G……这样，找出因素之间的因果关系，便于统观全局、分析研究以及拟定出解决问题的措施和计划。

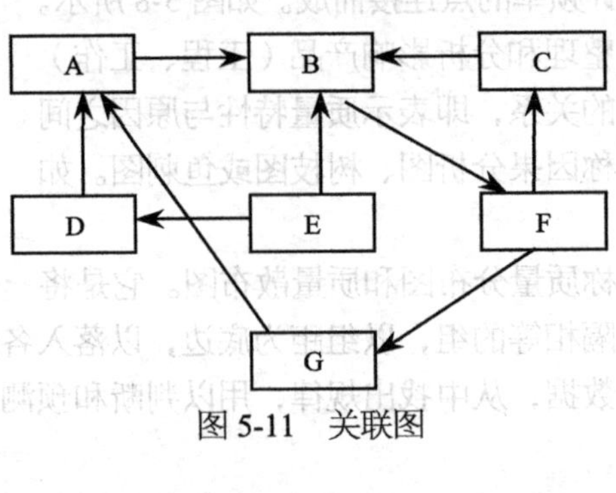

图 5-11 关联图

（2）KJ法。KJ法是日本川喜田二郎提出的一种质量管理工具。“KJ”二字取的是川喜（Kawaji）英文名字的第一个字母。这一方法是从错综复杂的现象中，用一定的方式来整理思路、抓住思想实质、找出解决问题新途径的方法。KJ法不同于统计方法。统计方法强调一切用数据说话，而KJ法主要用事实说话，靠“灵感”发现新思想、解决新问题。

（3）系统图。是指系统地分析、探求实现目标的最好手段的方法。

在质量管理中，为了达到某种目的，就需要选择和考虑某一种手段；而为了采取这一手段，又需考虑它下一级的相应的手段。这样，上一级手段就成为下一级手段的行动目的。如此这样，把要达到的目的和所需要的手段，按照系统来展开，按照顺序来分解，做出图形，如图5-12所示。就能对问题有一个全貌的认识。然后，从图形中找出问题的重点，提出实现预定目的最理想途径。它是系统工程理论在质量管理中的一种具体运用。

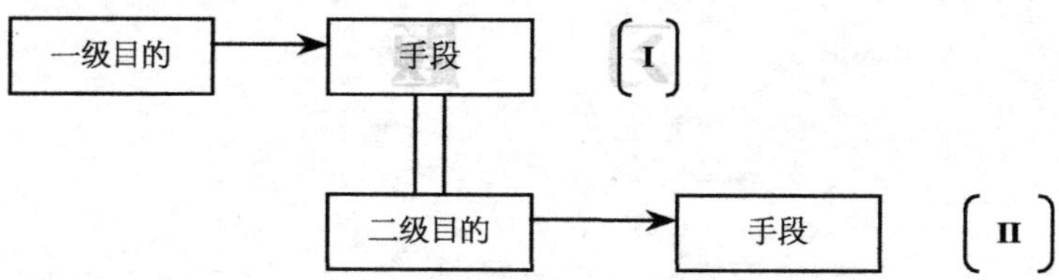

图5-12　系统图

（4）矩阵图。矩阵图，是指借助数学上矩阵的形式，把与问题有对应关系的各个因素列成一个矩阵图；然后，根据矩阵图的特点进行分析，从中确定关键点（或着眼点）的方法。

这种方法，先把要分析问题的因素分为两大群（如R群和L群），把属于因素群R的因素（R1，R2，…，Rm）和属于因素群L的因素（L1，L2，…，Ln）分别排列成行和列。在行和列的交点上表示着R和L的各因素之间的关系，这种关系可用不同的记号予以表示（如用“○”表示有关系等）。图5-13为矩阵图法示意图。

这种方法用于多因素分析时，可做到条理清楚、重点突出。它在质量管理中，可用于寻找新产品研制和老产品改进的着眼点，寻找产品质量问题产生的原因等方面。

		R						
		R1	R2	R3		R*i*		R*m*
L	L1		○					
	L2			◎				
	L3	△						
	L*i*					○		
	L*n*	△						

◎密切关系　○有关系　△可能有关系

图5-13　矩阵图法示意图

（5）矩阵数据分析法。矩阵数据分析法，与矩阵图法类似。它区别于矩阵图法的是：不是在矩阵图上填符号，而是填数据，形成一个分析数据的矩阵。它是一种定量分析问题的方法。目前，在日本尚广泛应用，只是作为一种“储备工具”提出来的。应用这种方法，往往需求借助电子计算机来求解。

（6）PDPC法。PDPC法（process decision program chart的英文缩写），又称过程决策程序图

法。它是在制订达到研制目标的计划阶段，对计划执行过程中可能出现的各种障碍及结果作出预测，并相应地提出多种应变计划的一种方法。这样，在计划执行过程中，遇到不利情况时，仍能有条不紊地按第二、第三或其他计划方案进行，以便达到预定的计划目标。它不是走着看，而是事先预计好。

（7）箭条图。箭条图，又称矢线图。箭条图又叫矢线图，是用网络的形式来安排一项工程（产品）的日历进度，说明其作业之间的关系，以期高效率管理进度的一种方法。其用途主要是用来安排工程、事项的日历进度，尤其是较复杂的进度。它是计划评审法在质量管理中的具体运用，使质量管理的计划安排具有时间进度内容的一种方法。它有利于从全局出发统筹安排、抓住关键线路，集中力量，按时或提前完成计划。

习 题

一、选择题

1. 全面质量管理概念源于（　　）
A. 中国　　B. 日本　　C. 英国　　D. 美国

2. 按生产的专业化程度进行分类，制造类型不包括（　　）。
A. 大量生产　　B. 定制生产　　C. 成批生产　　D. 单件生产

3. 生产过程的空间组织形式包括工艺专业化和（　　）。
A. 对象专业化　　B. 设备专业化　　C. 流水线化　　D. 自动化

4. 每批零件只有在前道工序全部加工完之后，才整批地转送到下道工序进行加工的方式是指（　　）。
A. 平行移动生产方式　　B. 顺序移动生产方式
C. 平行顺序移动方式　　D. 车间生产方式

5. 在对象专业化生产线里（　　）。
A. 集中了同类型的设备、同工种工人，可以对不同类对象进行不同工艺的加工
B. 集中了同类型的设备、不同工种工人，可以对不同类对象进行相同工艺的加工
C. 集中了不同类型设备、不同工种工人，可以对同类对象进行所有工艺的加工

二、判断题

1. 可以把制造性生产按企业生产组织的特点，分为备货型生产和订货型生产。（　　）
2. 生产运作的对象是生产运作系统。（　　）
3. 中期生产计划，又称为综合生产计划或生产计划大纲，其计划期一般为3～5年。（　　）
4. 产值指标是用货币表示的产量指标。（　　）
5. 在生产现场，人与物的结合状态有A、B、C 3种。其中B状态是指人与物能马上结合并发挥效能的状态。（　　）

三、简答题

1. 简述生产过程组织的形式。
2. 简述 5S 管理思想。
3. 简述质量管理的旧七种工具。
4. 简述质量管理的新七种工具。

四、计算题

有一批零件，需经四道工序加工，各工序单件加工时间分别为：T1=15 分钟，T2=10 分钟，T3=15 分钟，T4=10 分钟，设批量为 5 件，试计算顺序移动方式下的加工周期。

五、论述题

试论述全面质量管理的核心思想与实施方法。

情境六

企业物流管理

任务引入

王洋在其他部门工作以后，来到仓储部门，进行物流管理等相关工作的熟悉。在这里，他要参与采购计划的制定、仓储作业管理和配送管理的工作。

任务分析

1. 采购计划管理。
2. 仓储作业管理。
3. 配送管理。

学习目标

1. 了解采购计划的相关知识。
2. 掌握仓储作业管理的内容。
3. 掌握配送管理的基本知识。

技能目标

1. 熟悉采购计划的编制。
2. 掌握仓储作业管理的流程。
3. 能够优化和改进配送作业。

组织与实施评价

1. 全班学生划分为6～8人的小组，模拟成立公司，组成项目团队。
2. 进行角色分工，进行企业物流采购、仓储和配送相关业务的训练。
3. 评价与总结：各小组分析评价企业物流管理各工作环节的相关内容。

任务一　采购计划管理

【知识链接】

中华人民共和国国家标准《物流术语》（GB/T/18354—2001）将物流定义为“物品从供应地向接受地的实体流动过程。根据实际需要，将运输、储存、装卸、搬运、包装、流通加工、配送、信息处理等基本功能进行有机结合”。《物流术语》中对物流管理的定义为：“为了以最低的物流成本达到客户所满意的服务水平，对物流活动进行的计划、组织、协调与控制。”

制订采购计划是采购活动的第一步，对于企业维持正常的产销活动、物流活动、供应链管理活动，以及在特定时期内确定物料或服务安排都具有重要作用。制定采购计划和其他计划一样，必须首先明确企业的总体经营目标，确定采购目标，进而再确定采购分目标。以此为基础收集有关的信息，包括宏观的法律、经济政策、运输信息和微观的物资需求情况、库存情况以及财务情况等。在掌握了大量可靠的信息后，按照采购数量预测以及采购预算的方法制订合适的采购计划。

一、制订采购计划的目的

采购计划是企业管理人员根据企业内部资源和外部环境状况，以研究企业生产经营活动过程和掌握物料消耗规律为基础，采用科学的预算和预测方法，对计划期内（如月、季度、年）物料采购活动所做的预见性的安排和部署，以确定从企业外部采购哪些产品和服务，能够最好地满足企业内部需求的过程。

编制采购计划的主要目的是：预计所需物资、材料的时间和数量，防止供应中断影响产供销活动；避免材料储存过多，积压资金，以及占用堆积的空间；配合企业生产、销售等运营计划和资金调度；使采购部门事先做好准备，选择合适或有利时机购入所需材料或物资；确定材料耗用标准，以便控制材料采购数量及成本。

二、编制采购计划时需要考虑的因素

采购计划的制订从宏观方面讲，要保证和企业整体经营目标相一致，微观方面还要和采购部门的预期目标相一致，但除此之外还要考虑到其他部门的影响因素以及相互关系。

1. 销售和生产计划

企业的年度经营计划多以销售计划为起点，而销售计划又要受到销售预测的影响，销售预测的影响因素可以从企业外部和内部来考虑。外部因素主要是宏观的市场经济环境，包括存款准备金率、失业率、物价、利率、市场分布情况、人口增长以及政治、法律制度；内部因素有企业的财务状况、技术水准、材料储备情况等。

而生产计划又源于销售计划，销售计划完成得恰到好处。生产计划就会顺利进行，还能尽量避免出现库存积压过多和供不应求的状况。而生产计划也会直接影响到采购计划和预算的制定，好的生产计划会促使物料供需处于平衡状态。

2. 物资用料清单

一般生产计划只列出产品的数量，而不能表示某一产品需要哪些物料，以及数量是多少，因此，必须借助用料清单。用料清单是由研发部门制定的。根据用料清单可以精确地计算出制造每一种产品的物料需求数量。所以说，一个好的采购计划的准确性必须依赖最新、最准确的用料清单。企业在运营过程中，一定要及时对用料清单进行修订和更新，以适应不断变化的内外部环境。并有必要及时将最新资料送达采购部门，以便不延误所需物料的进货时间，确保采购的及时性。

3. 存量状态

如果产成品有存货，那么生产数量就不一定等于销售数量了，所以企业所需的采购数量一定是在所需的总量上扣除库存量之后的数据，在确定采购数量时，前提一定是有一个准确而又明细的库存状态的数据。通常企业建立有专门的存量管制卡来表明某一物料目前的库存状况，然后按照用料需求总量，考虑进料时间和安全存量等标准，算出正确的采购数量，最后开具请购单，进行采购活动。所以这个因素也是采购计划制定过程中必须要考虑的因素之一。

三、采购预算编制的步骤

对一般企业来说，通常业务部门的行销计划是年度经营计划的起点，然后生产计划才随之制定。采购预算是采购部门为配合年度的销售预测或生产数量，对需求的原料、物料、零件等数量及成本作翔实的估计，以利于整个企业目标的实现。也就是说，采购预算如果单独编制，不但缺乏实际应用价值，也失去了其他部门的配合，所以必须以企业整体预算制度为依据。

（1）审查企业及部门的战略目标。预算的最终目的是为了保证企业目标的实现，企业在编制部门预算前首先要审视本部门和企业的目标，以确保它们之间的相互协调。

（2）制订明确的工作计划。在明确了企业整体的战略目标和规划、本部门的分目标以后，部门首先要制订出明确的工作计划。在明确了本部门关键的业务活动和工作职责范围等具体情况之后，着手规划部门的工作计划，以与企业的规划相协调。

（3）明确所需资源。在前两个步骤认真做好以后，接下来的主要工作就是管理者明确预算过程中所需的资源情况。包括本企业内部和外部的潜在的资源获得情况，以便为其他计划和预算打好基础，从而也可以确定企业预算所需的人力、物力、财力。

（4）推出准确的预测数据。数量预测是为预算做准备的，无论采用什么方法，针对什么目标得出的预测结果，企业最终要用于生产计划、推行费用预算、管理费用预算以及其他预算中。

（5）汇总。汇总各部门、各分单元的预算，最初的预算总是来自每个分单元，而后层层提交、汇总，最后形成预算。

（6）提交预算。预算是关于预计收入和可能支出的动态模型，反映的是未来的事情。由于外在的环境总是变化的，因此，必须根据实际情况的变化不断进行修订，以确保预算最大程度地贴近现实，反映实际支出。由于预算总是或多或少地与实际有所差异，因此，有必要选定一个偏差范围。偏差范围的确定可以根据行业平均水平，也可以根据企业的经验数据，它的主观性很强，同管理者的偏好有很大关系。

设定了偏差范围以后，管理者应当比较实际支出和预算的差距，以便控制业务的进展。如果支出与估计值的差异达到或超过了容许的范围，就有必要对具体的预算做出建议或必要的修订。采购部门有责任密切地监控其他部门的预算，以确保它们不超过整个企业购买产品和服务的预算限制。

任务二　仓储作业管理

【案例导入】

某光电科技有限公司的仓储管理

某光电科技有限公司位于广东惠州金源工业区，它成立于1999年，是一家专业照明器与电气装置产品制造商，它是行业的龙头企业。凭借优异的产品品质、卓越的服务精神，获得了客户的广泛认可与赞誉。为了适应新形式下的战略发展需要，公司对现有的客户关系网络进行了整合，在全国各地成立了35个运营中心，完善了公司供应链系统、物流仓储与配送系统以及客户服务系统。

1. 仓库储存空间分析

该公司的产品销量很好。仓库的出入库频率大，货品流量也就很大。该公司的仓库空间布局是上货架存放货物，立体的空间利用率不高，所以其仓库机械化程度也不是很高，仓库内只有叉车，包括手动叉车和电动叉车。物理空间即是指货品实际上占有的空间。该公司仓库中，它的物理空间占了整个仓库的75%以上；潜在利用空间占10%左右；作业空间占10%左右，因为该公司的仓库机械化程度并不高，所以作业空间小点并没有什么影响，它的安全间歇还基本符合要求；它的无用空间占5%左右。从整体上看该仓库的空间利用率很高，还有一点拥挤的现象。

2. 货位管理的分析

该公司的仓库货位管理的储存方式采用的是定位储存原则。定位储存是指每一类或每一个储存货品都有固定货位，货品不能互用货位。所以，在规划货位时，每一项货品的货位容量不得小于其可能的最大在库量。但在实际的操作中，定位储存一般会按照情况不同而做适当的调整，它会根据实际情况而做改变。在该仓库的货位管理中，经该公司有关工作人员研究，把理论与实际相结合，实行了定位、定点、定量管理的原则，因此，它的货位容量不是全部按照最大在库量进行定位的。

3. 建议应用产品ABC分类管理法

要想对库存进行有效的管理和控制，首先就要对存货进行分类，只有这样才能对货物进行更好的管理和控制。因此，在原仓储设施条件不变的情况下，采用对货品进行ABC分类而实施管理，这样可有效地利用原仓库的空间和货位。即通过对货品的分析，找出主次，分类排队。

【知识链接】

一、仓储管理概述

1. 仓储的概念

仓储是仓库储存和保管的简称，一般是指从接受储存物品开始，经过储存保管作业，直至把物品完好地发放出去的全部活动过程。概括地讲就是指通过仓库对暂时不用的物品进行收存、保管、交付使用的活动过程。在这个活动过程中包括存货管理和各项作业活动，即静态的物品储存和动态的物品存取。

2. 仓储的作用

（1）仓储是确保社会再生产顺利进行的必要条件。及时、齐备、按质、按量供应生产建设所需物资是确保社会再生产顺利进行的必要条件。

（2）仓储是保持商品使用价值和合理使用的重要手段。任何一种商品，从生产出来至消费之前，由于其本身的性质、所处的条件以及自然的、社会的、经济的、技术的因素，都可能使商品在数量上减少、质量上降低，如果不创造必要的条件，就会不可避免地使商品受到损害。因此，必须进行科学的管理，加强对商品的养护，搞好仓储活动，以起到对商品的保值作用。

（3）仓储可以加快资金周转、节约流通费用，降低物流成本。搞好物资的仓储活动，可以减少物资在仓储过程中的物质耗用和劳动消耗，可以加速物资的流通和资金的周转。从而节省费用支出，降低物流成本，开拓“第三利润源泉”，提高社会的、企业的经济效益。

3. 仓储管理的概念

仓储管理是指对仓库和仓库中储存的货物进行管理，是仓储机构为了充分利用所具有的仓储资源（包括仓库、机械、人、资金、技术），提供高效的仓储服务所进行的计划、组织、控制和协调过程。仓储管理已不是单纯的货物存储，而是兼有包装、分拣、整理、简单装配等多种辅助性功能。

二、商品入库管理

商品入库是商品进入仓库的首要环节，是仓储作业的开始，是商品保管工作的基础，入库工作的好坏直接影响到后续工作的开展。因此，必须对入库作业进行系统的管理，科学地组织入库作业流程。商品入库管理，是根据商品入库凭证，在接受入库商品时所进行的卸货、查点、验收、办理入库手续等各项业务活动的计划和组织。入库作业主要包括入库交接、入库验收和入库手续办理。

（一）商品入库交接

由于货物到达仓库的形式不同，除了一小部分由供货单位直接运到仓库交货外，大部分要经过铁路、公路、航运、空运和短途运输等运输工具转运。凡经过交通运输部门转运的商品，都必须经过仓库接运后才能进行入库验收，因此，货物的接运是入库业务流程的第一道作业环节，也是仓库直接与外部发生的经济联系。商品接运是商品入库和保管的前提，接运工作完成的质量直接影响商品的验收和入库后的保管保养。商品接运的主要方式有以下三种。

（1）到承运单位提货。到承运单位提货是物流中心组织货源的一种重要形式，对于这种提货方式应进行合理组织、精心安排。

（2）到供货单位提取货物。这是仓库受托运方的委托，直接到供货单位提货的一种形式。其作业内容和程序主要是当货栈接到托运通知单后，做好一切提货准备，并将提货与物资的初步验收工作结合在一起进行。最好在供货人员在场的情况下，当场进行验收。因此，接运人员要按照验收注意事项提货，必要时可由验收人员参与提货。

（3）承运单位送货到库。交通运输等承运部门受供货或货主委托送货到库。接货要求与供货单位送货到库的要求基本相同。所不同的是发现错、缺、损等问题后，除了要送货人员当场出具书面证明、签章确认外，还要及时向供货单位和承运单位发出查询函电并作有关记录。

除了以上三种方式外，接运的方式还有铁路专用线到货接运、供货单位送货到库等。

（二）商品入库验收

商品入库验收是根据合同或标准的规定要求，对入库的商品的品质、数量、包装等进行检验查收的总称，凡商品进入仓库储存，必须经过检查验收，只有验收后的商品方可入库保管。

1. 质量检验

质量检验是鉴定商品的质量指标是否符合规定。质量检验分外观质量检验和内在质量检验。前者是从外观、外包、规格、品种等方面进行检验，后者是由专业技术检验单位进行。检验方法有感官检验和理化检验两种。感官检验一般是由仓库保管员在验收商品时凭感官检查商品的包装、外观等；理化检验一般由技术检验部门进行取样测定。

2. 数量检验

商品运到后，收货人员要按商品入库单清点商品数量。商品数量检验包括点件查数、抽验查数和检斤换算等方法。点件查数法是指按件、只、台等计量的商品检验方法，即逐件、逐只、逐台进行点数加总求值。抽验查数法是按一定比率开箱验件的方法，一般适合批量大、定量包装的商品。检斤换算法是指通过重量过磅换算该商品的数量，这种方法适合商品标准和包装标准的情况。

3. 包装检验

物资包装的好坏、干潮直接关系着物资的安全储存和运输。所以，对物资的包装要进行严格验收，凡是产品合同对包装有具体规定的要严格桉规定验收，如箱板的厚度。纸箱和麻包的质量等。对于包装的干潮程度，一般是用眼看、手摸方法进行检查验收。

4. 验收中发现问题的处理

商品在验收中，可能会发现一些问题，验收人员应根据不同情况，采取不同的方法，在有效期内进行处理。

（1）商品入库凭证不齐或不符时，仓库有权拒收或要求重办入库凭证，将所到商品另行堆放，暂作待验处理，待证件到齐后再进行验收。

（2）凡质量不符合规定时，验收人员应如实慎重填写商品验收记录，并及时通知存货单位，由存货单位向供货单位交涉处理。

（3）数量、型号、规格不符合规定时，应根据造成的原因不同分别进行处理，如问题是由于供货单位少发、错发原因引起时，应及时向存货单位和供货单位反映，由存货单位与供货单位协商解决。在问题未解决前，该批商品应单独存放、妥善保管，不得发放出库。以备供货方复查。待问题解决后，再办理入库手续。

（三）商品入库手续办理

入库物品经过点数、查验之后，可以安排卸货、入库堆码，表示仓库接受物品。在卸货、搬运、堆垛作业完毕后，与送货人办理交接手续，并建立仓库台账。

1. 交接手续

交接手续是指仓库对收到的物品向送货人进行的确认，表示已接收到物品。办理完交接手续，意味着分清运输、送货部门和仓库的责任。完整的交接手续包括以下几点。

（1）接受物品。仓库通过理货、查验物品，将不良物品剔出、退回或者编制残损单等表示明确责任，确定收到物品的确切数量、物品表面状态良好。

（2）接受文件。接受送货人送交的物品资料、运输的货运记录、普通记录等，以及随货在运输单证上注明的相应文件，如图纸、准运证等。

（3）签署单证。仓库与送货人或承运人共同在送货人交来的送货单、交接清单上签署。各方签署后留存相应单证。入库、查验、理货、残损单证、事故报告由送货人或承运人签署。

2. 登账

物品入库，除仓库的财务部门有商品账单凭证结算外，报关业务部门也要建立详细反映库存商品进、出和结存的商品明细账单，用以记录库存商品的动态，并为对账提供依据。

登账的主要内容有物品名称、规格、数量、件数、累计数或结存数、存货人或提货人、批次、金额，注明货单位或运输工具、接（发）货经办人。

3. 立卡

物品入库或上架后，将物品名称、规格、数量或出入状态等内容填在料卡上，称为立卡。料卡又称为货卡、货牌，插放在货架上物品下方的货架支架上或摆放在货垛正面明显位置，货卡按其作用不同分为货物状态卡、商品保管卡。其中商品保管卡包括标识卡和储存卡等。

4. 建立档案

建立商品档案，是将商品入库作业全过程的有关资料进行整理、核对，建立资料档案，为商品的保管、出库业务活动创立良好条件。

三、商品出库管理

商品出库，是仓库根据业务部门或存货单位开具的出库凭证，经过审核出库凭证、备料、拣货、分货等业务直到把商品点交给要货单位或发运部门的一系列作业过程。它是仓储作业的结束，是商品保管工作的实现和完成。商品出库工作的好坏直接影响到企业的经济效益和社会效益，因此，及时、准确地做好出库业务工作，是仓储管理的一项重要工作。

（一）商品出库方式

送货与自提是两种基本的发货方式，另外，还有过户、取样、移仓。

（1）送货。仓库根据货主单位的出库通知或出库请求，通过发货作业把应发物品交由运输部门送达收货单位或使用自有车辆把物品运送到收货地点的发货形式，送货可向外地送货，也可向本地送货。以送货方式出库的手续，须由送料人员办理发料凭证，一式四份，一份送料人签收后交给仓库保管留存并依次核销库存，一份由保管员签章后留存，一份由送料人、保管人共同签章后交给送料单位，一份由送料人、保管人共同签章后交物料统计员。

仓库实行送货具有多方面的好处：仓库可预先安排作业，缩短发货时间；收货单位可避免因人力、车辆等不便而发生的取货困难；在运输上，可合理使用运输工具，减少运费。

（2）自提。这种发货形式是由收货人或其代理人持取货凭证直接到库取货，仓库凭单发货。仓库发货人与提货人可以在仓库现场划清交接责任，当面交接并办理签收手续。

（3）过户。过户是一种就地划拨的形式，物品实物并未出库，但是所有权已从原货主转移到新货主的账户中。仓库必须根据原货主开出的正式过户凭证，而予以办理过户手续。

（4）取样。货主由于商检或样品陈列等需要，到仓库提取货样（通常要开箱拆包、分割抽取样本）。仓库必须根据正式取样凭证发出样品，并做好账务记载。

（5）移仓。移仓是指货主为了业务方便或改变储存条件，将某批库存自甲库转移到乙库。仓库也必须根据货主单位开出的正式转仓单办理转仓手续。

（二）商品出库作业

商品出库作业包括两个内容，即发货前的经常性准备和发放商品出库。

通常情况下，仓库在接到客户通过网络传来或送来的提货单后，为了能准确、及时、安全、节约地做好商品出库，提高工作效率，应根据出库凭证的要求做好以下几点：选择发货的货区、货位，原件商品的包装整理，安排好出库商品的堆放场地，送货上门的商品要备好车辆，等等。

商品出库作业流程的一般程序是：核单—记账—配货—复核—发货。

（1）仓库部门在接到出库凭证后，必须对出库凭证进行审核，包括审核出库凭证的合法性和真实性；核对出库商品的品名、型号、规格、单价、数量；审核出库凭证手续是否齐全、内容是否完整。

（2）出库凭证经审核确实无误后，将出库凭证信息进行处理。记账员将出库凭证上的信息按照规定的手续登记入账，同时在出库凭证上批注出库商品的货位编号，并及时核对发货后的结存数量。

（3）配货过程包括拣货和分货两个环节。拣货就是依据客户出库单或仓储部门的拣货单，尽可能迅速地将商品从其储存位置或其他区域拣取出来的作业过程。在拣货作业完成后，根据客户订单进行货物分类工作，即分货。

（4）为了保证出库商品不出差错，配好货后企业应立即进行出货检查，即复核。复核由复核员按出库凭证对出库商品的品名、规格、单位、数量等进行复核，既要复核单货是否相符，又要复核货位结存量来验证出库量是否正确。检查无误后，复核人在出库凭证上签字，方可包装或交付装运。

（5）复核完成后，有的商品不需要进行包装就可直接装运出库，有的需要进行包装才可装运出库，这时需要加上包装这个作业环节。出库商品无论是要货单位自提，还是交付运输部门发送，发货人员必须向收货人或运输人员按车逐件交待清楚，划清责任，即进行点交。在点交办完后，应装车发运。

四、仓储成本管理

仓储成本指仓储企业在储存物品过程中，包括装卸搬运、存储保管、流通加工、收发物品等各项环节和建造、购置仓库等设施设备所消耗的人力、物力、财力及机会成本、风险成本的总和。仓储成本包括折旧费、职工薪酬、修理费、管理费用、财务费用、销售费用、能源费、耗损材料费、货物仓储保险费、外协费、营业税金。仓储成本是衡量仓储企业经营管理水平和管理质量高低的重要标志。

任务三 配送作业管理

【案例导入】

7-11的物流配送

7-11连锁便利店发源于美国，现在全球20多个国家拥有2.1万家左右连锁店，其物流管理模式先后经历了三个阶段三种方式的变革。起初，7-11并没有自己的配送中心，它的货物配送依靠的是批发商来完成的。以日本的7-11为例，早期日本7-11的供应商都有自己特定的批发商，而且每个批发商一般都只代理一家生产商，这个批发商就是联系7-11和其供应商间的纽带，也是7-11和供应商间传递货物、信息和资金的通道。供应商把自己的产品交给批发商以后，对产品的销售就不再过问，所有的配送和销售都会由批发商来完成。对于7-11而言，批发商就相当于自己的配送中心，其功能就是把供应商生产的产品迅速有效地运送到自己手中。为了自身的发展，批发商需要最大限度地扩大自己的经营，尽力向更多的便利店送货，并且要对整个配送和定货系统作出规划，以满足7-11的需要。

渐渐地，这种分散化的由各个批发商分别送货的方式无法再满足规模日渐扩大的7-11便利店的需要，7-11开始和批发商及合作生产商构建统一的集约化的配送和进货系统。在这种系统之下，7-11改变了以往由多家批发商分别向各个便利点送货的方式，改由一家在一定区域内的特定批发商统一管理该区域内的同类供应商，然后向7-11统一配货，这种方式称为集约化配送。集约化配送有效地降低了批发商的数量，减少了配送环节，为7-11节省了物流费用。

配送中心的好处提醒了7-11，何不自己建一个配送中心?与其让别人掌控自己的经脉，不如自己把自己的脉。7-11的物流共同配送系统就这样浮出水面，共同配送中心代替了特定批发商，分别在不同的区域统一集货、统一配送。配送中心有一个电脑网络配送系统，分别与供应商及7-11店铺相连。为了保证不断货，配送中心一般会根据以往的经验保留4天左右的库存，同时，中心的电脑系统每天都会定期收到各个商铺发来的库存报告和要货报告，配送中心把这些报告集中分析，最后形成一张张向不同供应商发出的订单，由电脑网络传给供应商，而供应商则会在预定时间之内向中心派送货物，7-11配送中心在收到所有货物后，对各个店铺所需要的货物分别打包，等待发送。第二天一早。派送车就会从配送中心鱼贯而出，择路向自己区域内的店铺送货。整个配送过程就这样每天循环往复，为7-11连锁店的顺利运行修石铺路。

配送中心的优点还在于7-11从批发商手上夺回了配送的主动权，7-11能随时掌握在途商品、库存货物等数据，对财务信息和供应商的其他信息也能握于股掌之中。对于一个零售企企来说。这些数据都是至关重要的。

有了自己的配送中心，7-11 就能和供应商谈价格了。7-11 和供应商之间定期会有一次定价谈判，以确定未来一定时间内大部分商品的价格，其中包括供应商的运费和其他费用。一旦确定价格，7-11 就省下了每次和供应商讨价还价这一环节，少了口舌之争，多了平稳运行，自己节省了时间也节省了费用。

随着店铺的扩大和商品的增多，7-11 的物流配送越来越复杂，配送时间和配送种类的细分势在必行。以台湾地区的 7-11 为例，全省的物流配送就细分为出版物、常温食品、低温食品和鲜食食品四个类别的配送，各区域的配送中心需要根据不同商品的特征和需求量每天作出不同频率的配送，来确保食品的新鲜度，以此来吸引更多的顾客，新鲜、即时、便利和不缺货是 7-11 管理的最大特点，也是各家 7-11 店铺的最大卖点。

和台湾地区的配送方式一样，日本 7-11 也是根据食品的保存温度来建立配送体系的，日本 7-11 对食品的分类是：冷冻型（–20℃），如冰激凌等；微冷型（5℃），如牛奶、生菜等；恒温型，如罐头、饮料等；暖温型（20℃），如面包、饭食等。对于不同类型的食品会用不同的方法和设备配送，如各种保温车和冷藏车。而冷藏车在上下货时经常开关关门，容易引起车厢温度的变化和冷藏食品的变质，7-11 还专门用一种两仓式货运车来解决这个问题，一个仓中温度的变化不会影响到另一个仓，需冷藏的食品就始终能在需要的低温下配送了。

除了配送设备，不同食品对配送时间和频率也会有不同要求。对于有特殊要求的食品如冰激凌，7-11 会绕过配送中心，由配送车早中晚三次直接从生产商门口拉到各个店铺。对于一般的商品，7-11 实行的是一日三次的配送制度，早上 3 点到 7 点配送前一天晚上生产的一般食品；8 点到 11 点配送前一天晚上生产的特殊食品如牛奶，新鲜蔬菜也属于其中；下午 3 点到 6 点配送当天上午生产的食品，这样一日三次的配送频率在保证了商店不缺货的同时，也保证了食品的新鲜度。为了确保各店铺供货的万无一失，配送中心还有一个特别配送制度来和一日三次的配送相搭配。每个店铺都会随时碰到一些特殊情况造成缺货，这时只能向配送中心打电话告急，配送中心则会用安全库存对店铺紧急配送，如果安全库存也已告罄，中心就转而向供应商紧急要货，并且在第一时间送到缺货的店铺手中。

【知识链接】

一、配送及其功能

1. 配送的概念

配送是指按用户订货的要求，以现代送货形式，在配送中心或其他物流据点进行货物配备，以合理的方式送交用户，实现资源最终配置的经济活动。这个概念说明了以下几个方面的内容：明确指出按用户订货的要求，配送的实质是现代送货，配送是从物流节点至用户的一种特殊送货形式，配与送有机地结合，强调以合理的方式送交用户，配送是对资源的配置，是最终配置。

2. 配送的作用

配送与运输、仓储、装卸搬运、流通加工、包装和物流信息融为一体，构成了物流系统的功能体系，其作用表现在以下五个方面。

（1）配送可以降低整个社会物资的库存水平。发展配送，实行集中库存，整个社会物资的库存总量必然低于各企业分散库存总量。同时，配送有利于灵活调度，有利于发挥物资的作用。此外，集中库存可以发挥规模经济优势，降低库存成本。

（2）配送有利于提高物流效率，降低物流费用。采用配送方式，批量进货、集中发货，以及将多个小批量集中于一起大批量发货，都可以有效地节省运力，实现经济运输，降低成本，提高物流经济效益。

（3）对于生产企业来说，配送可以实现零库存。一方面，对于产成品而言，需要多少就生产多少，实现产成品零库存；另一方面，对于原材料而言，需要多少，供应商就供应多少，也可以做到零库存，从而大大降低经营成本。

（4）配送对于广大用户而言，提高了物流服务水平。配送能够按时按量、品种配套齐全地送货上门，一方面简化了手续，节省了成本，提高了效率；另一方面，保障了物资供应，满足了人们生产生活的物资需要和服务享受。

（5）配送对于整个社会和生态环境来说，也起着重要的作用。它可以节省运输车辆、缓解交通紧张状况、减少噪声和尾气排放等运输污染。

3. 配送的构成要素

集货、分拣、配货、配装、配送运输、送达服务以及配送加工等是配送最基本的构成单元。

（1）集货。将各个用户所需要的各种物品，按需要的品种、规格、数量，从仓库的各个货位拣选集中起来，以便进行装车配送的作业。

（2）分拣。将集货形成的集中物品按运输车辆分开来，分别堆放到指定地点的作业；按品名、规格、出入库先后顺序进行分门别类的作业；分为订单拣取和批量拣取。

（3）配货。使用各种拣选设备和传输装置，按客户的要求将商品分拣出来，配备齐全，送入指定发货区。

（4）配装。将客户所需的各种货品，按其配送车辆的装载容量进行装载组配。在单个用户配送数量不能达到车辆的有效载运负荷时，就存在如何集中不同用户的配送货物，进行搭配装载以充分利用运能、运力的问题，这就需要配装。

（5）配送运输。配送运输属于运输中的末端运输、支线运输，和一般运输形态的主要区别在于：配送运输是较短距离、较小规模、额度较高的运输形式，一般使用汽车做运输工具。

（6）送达服务。配好的货物运输到用户还不算配送工作的完结，这是因为送达货物和用户接货往往还会产生不协调，使配送前功尽弃。因此，要圆满地实现运货的移交，并有效地、方便地处理相关手续并完成结算，还应讲究卸货地点、卸货方式等。

（7）配送加工。按照配送客户的品种要求所进行的流通加工活动。它可以扩大配送品种的实用度，提高客户的满意程度，提高服务水平，提高配送的吸引力。在配送中，配送加工这一功能要素不具有普遍性，但往往是具有重要作用的功能要素。

4. 配送的功能

配送中心是物流领域社会分工、专业分工细化的产物，它适应了物流合理化、生产社会化、商场扩大化的客观需求，集储存、加工、集货、分货、装运、信息等多项功能于一体，通过集约化经营取得规模效益。配送中心的功能包括以下六个方面。

（1）集货功能。为了能够按照用户要求配送货物，首先必须集中用户需求规模备货，从生产企业取得种类、数量繁多的货物，这是配送中心的基础功能，是配送中心取得规模优势的基础所在，一般来说，集货批量应大于配送批量。

（2）储存功能。配送中心的服务对象是众多的企业和商业网点（如超级市场和连锁店），为了顺利而有序地完成向用户配送商品（货物）的任务及更好地发挥保障生产和消费需要的作用，通常情况下，配送中心都要兴建现代化的仓库并配备一定数量的仓储设备、储存一定数量的商品，形成对配送的资源保证。

（3）分拣功能。为了将多种货物向多个用户按不同要求、种类、规格、数量进行配送，配送中心必须有效地将储存货物按用户要求分拣出来，并能在分拣基础上，按配送计划进行理货，这是配送中心的核心职能。为了提高分拣效率，应配备相应的分拣装置，如货物识别装置、传送装置等。

（4）集散功能。在物流实践中，配送中心凭借其特殊的地位和其拥有的各种先进的设施和设备，能够将分散在各个生产企业的产品（即货物）集中到一起，而后，经过分拣、配装，向多家用户发运。与此同时，配送中心也可以做到把各个用户所需要的多种货物有效地组合（或配装）在一起，形成经济、合理的货载批量。配送中心在流通实践中所表现出的这种功能，即（货物）集散功能，也有人把它称为“配货、分放”功能。

（5）信息功能。经济高效的运输、装卸、保管一般需要大的包装形式。但在配送中心下位的零售商、最终客户，一般需要小的包装。为解决这一矛盾，有的配送中心设有流通加工功能。流通加工与制造加工不同，它对商品不做性能和功能的改变，仅仅是商品尺寸、数量和包装形式的改变。

（6）信息功能。配送中心在干线物流与末端物流之间起衔接作用，这种衔接不但靠实物的配送，也靠情报信息的衔接。配送中心的信息活动是全物流系统中重要的一环。

二、配送作业管理

（一）配送作业的基本环节

从总体上看，配送是由备货、理货和送货等三个基本环节组成的，其中每个环节又包含着若干项具体的、技术性的活动。

（1）备货。备货指准备货物的系列活动，它是配送的基础环节。备货应当包括两项具体活动：筹集货物和储存货物。

① 筹集货物。若生产企业直接进行配送，那么，筹集货物的工作自然是由企业自己去组织的。筹集货物由订货、进货、集货及相关的验货、结算等一系列活动组成。

② 储存货物。储存货物是购货、进货活动的延续。在配送活动中，货物储存有两种表现形态：一种是暂存形态，另一种是储备形态。暂存形态的储存，是按照分拣、配货工序要求，在理货场地储存少量货物。储备形态的储存是按照一定时期配送活动要求和根据货源的到货情况，有计划地确定的，它是使配送持续运作的资源保证。

备货是决定配送成败与否、规模大小的最基础的环节，也是决定配送效益高低的关键环节。

（2）理货。理货是配送的一项重要内容，也是配送区别于一般送货的重要标志。理货包括货物分拣、配货和包装等经济活动。货物分拣是采用适当的方法和手段，从储存的货物中分出用户所需要的货物。分拣货物一般采取两种方式来操作：一种是摘取式，一种是播种式。

（3）送货。送货是配送活动的核心，也是备货和理货工序的延伸。在物流活动中，送货的现象形态实际上就是货物的运输，因此，常常以运输代表送货。但是，组成配送活动的运输与通常所讲的“干线运输”是有很大区别的。由于配送中的送货需面对众多的客户，并且要多方向运动，因此，在送货过程中，常常要进行运输方式、运输路线和运输工具三种选择，按照配送合理化的要求，必须在全面计划的基础上，制定科学的、距离较短的货运路线，选择经济、迅速、安全的运输方式和适宜的运输工具。

（二）配送作业的一般流程

配送作业的一般流程即配送活动必须经过的基本工艺流程，也是各种货物的配送活动共同具有的工艺流程。配送的一般流程基本上是这样一种运动过程：进货—储存—分拣—配货—配装—送货。每个流程的作业内容如下所述。

（1）进货。进货亦即组织货源，其方式有两种：一种是订货或购货，一种是集货或接货。前者的货物所有权属于配送主体，后者的货物所有权属于用户。

（2）储存。储存即按照用户提供的要求并依据配送计划将购到或收集到的各种货物进行检验，然后分门别类地储存在相应的设施或场地中，以备拣选和配货。储存作业一般都包括这样几道程序：运输—卸货—验收—入库—保管—出库。储存作业依产品性质、形状不同而形式各异。有的是利用仓库进行储存，有的利用露天场地储存，特殊商品则需储存在特制的设备中。为了提高储存的作业效率及使储存环节合理化，目前，许多商家普遍采用了先进的储存技术和储存设备。

（3）分拣、配货。分拣和配货是同一个工艺流程中有着紧密关系的两项经济活动。有时，这两项活动是同时进行和同时完成的。在进行分拣、配货作业时，少数场合是以手工方式进行操作的，更多的场合是采用机械化或半机械化方式去操作的。随着一些高新技术的广泛应用，自动化的分拣/配货系统已在很多国家的配送中心建立起来，并发挥了重要作用。

（4）送货。在送货流程中，包括这样几项活动：搬运、配装、运输和交货。其作业程序为：搬运—配装—运输—交货。送货是配送的终结。在送货这道工序中，运输是一项主要的经济活动，据此，在进行送货作业时，选择合理的运输方式和使用先进的运输工具，对于提高送货质量至关重要。

习　题

一、简答题

1. 怎样进行采购预算编制？
2. 怎样进行商品入库管理？
3. 配送作业的环节有哪些？

二、案例分析题

对产品的多种包装处理——成功的仓储增值服务

社会经济的发展和客户要求的不断提高使得仓储企业或部门正在承受越来越多的挑战，这种挑战性的动态环境的核心是要看仓储主管应该如何作出反应。到目前为止，典型的情况是仓储主管对顾客的需求作出被动的反应，随着顾客新需求的提出，仓储主管试图找到一种方法以满足这些需要。事实上，新需求出现的速度远远超过了反应的速度，这种传统的方法已经越来越不奏效了。现在需要的是主动而非被动的反应，这种提供给顾客的主动的反应必须以不增加成本及提供无限的选择权为条件。因此，仓储企业只有不断地探索，主动提供越来越多的适应客户需求的仓储增值服务项目，才能在日益激烈的市场竞争中获得一席之地。很明显，这种主动追求客户化仓储的企业必将是今天乃至将来的成功者。

FRUIT TREE 公司是一家生产各类果汁及一些水果的企业，随着零售点数目和类型的增加，果汁市场迅速地成长起来。FRUIT TREE 公司所关注的最主要的一个问题是果汁生产时的鲜度。因此，有些产品是通过冰冻或浓缩制造的。对于 FRUIT TREE 公司的大部分生产来讲，气候在决定公司能否生产出某一产品中起着很重要的作用。

10 年前，FRUIT TREE 公司的产品线上瓶装果汁和罐装水果是独立包装的，所有的标签都是相同的，并且只有两种标准容器，即瓶和罐。如果你需要苹果汁、梨罐头等，FRUIT TREE 公司将会给你提供独立的产品。

然而，在过去 10 年中发生了许多变化，对果汁产品的要求也越来越多元化，这些多元化要求包括如下六方面内容。

（1）世界各地的顾客需要不同的品牌。

（2）顾客不再完全为英语语种的消费者，因此需要有新的品牌和标签。

（3）顾客的消费习惯要求容器大小能有一个可变的空间。

（4）顾客的包装需要从独立的包装变为 24 罐的不同包装。

（5）顾客对个性化品牌包装需求呈上升趋势。

（6）大量商品不再接受标准化的托盘式装卸，而要求被重新托盘化。

在这种趋势下，公司的库存和销售出现了一些问题，单一的包装形式很难适应多元化的市场需要，从而出现了有些产品库存过多，而同类产品的其他产品却缺货的情况，因此，公司需要寻求另一种方法来解决问题。

于是，FRUIT TREE 公司认识到，传统的生产、装箱、包装、打包、集合及运输入库的方法并不有效，问题的解决方式是重新设计对仓库的责任。这一战略将生产环节设计成为生产产品并将之放于未包装的罐或瓶上，这种产品被称为“裸装产品”。这种“裸装产品”与相关的各种瓶和罐一起被送入仓库，仓库成为了一个为托盘化“裸装产品”与瓶和罐的半成品储存地。当顾客向 FRUIT TREE 公司提交每月的购买意向后，直到货物装车前两天，公司才会确认订单，并立即将订单安排到仓库的四条包装线上的一条上，完成最后的包装和发运工作。为了保证包装生产线的利用率，当生产线有闲余时，包装生产需求量大的产品，并将其入库以备后用。

FRUIT TREE 公司通过将包装业务后置到仓储过程中完成，有效地解决了库存不均匀和生产预测的复杂问题。该公司仓库改建包装流水线的总投资约 700 万美元，另外增加了 6 名包装操作员来充实包装线及安排已完工的托盘，但是库存的减少和运输成本的减少带来了 26%的额外税后利润率。更重要的是，顾客服务的改进和对市场需求反应能力的提高，曾认为无法实现的要求现在已能顺利完成。

【思考与讨论】

1. 包装环节由仓储企业或仓储部门来完成有什么优点？

2. 为什么说仓储企业只有不断主动提供越来越多的适应客户需求的仓储增值服务项目，才能在日益激烈的市场竞争中获得一席之地？

情境七

企业财务管理

任务引入

王洋结束了在仓储部门的实习，来到财务处，开始了新的工作。在这里，他要与同事们一起完成集团公司财务管理的相关工作，包括企业筹资管理、投资管理、资产管理、利润管理等。

任务分析

1. 企业财务管理基础认知。
2. 企业筹资管理。
3. 企业投资管理。
4. 企业资产管理。
5. 企业利润管理。

学习目标

1. 了解企业财务管理的基础理论。
2. 掌握企业财务管理的内容、程序和方法。

技能目标

1. 掌握企业财务管理的基本理论和技术。
2. 掌握企业筹资管理、投资管理、资产管理、利润管理工作的相关内容、程序和方法。

组织与实施评价

1. 全班学生划分为6～8人的小组，模拟成立公司，组成项目团队。
2. 进行角色分工，模拟企业财务管理工作流程。
3. 在教师的指导下根据掌握的企业财务管理方法开展企业财务管理工作。
4. 评价与总结：各小组分析评价从企业资金获取到投资再到资产使用与利润分配过程中的工作方法及效果。

任务一　企业财务管理基础认知

【案例导入】

诺基亚中国的财务管理案例

中国作为诺基亚全球最大的单一市场，曾供应全球1/5手机产量，也是诺基亚全球子公司最多、投资最多的地区，诺基亚的战略财务管理体系也随着其全球运营体系一起延伸到中国。这些被移植到中国的财务管理体系包括其会计核算体系、资金管理体系、经营管理与控制体系（预算与业绩评价）、风险管理体系。

诺基亚的中国财务战略实际上包括三个方面的内容。

第一是其中国区财务战略目标的确立；

第二是其财务管理的体系结构与系统战略；

第三是其财务管理体系建立的实施战略。

第二个战略部署决定了诺基亚中国将采取与诺基亚全球相同的财务管理概念和系统，第三个战略的实施完美实现了这个想法，而这些将帮助它最终达到中国财务战略目标。那么，它的中国财务战略有什么值得借鉴之处呢?

诺基亚中国战略的目标是追求这个巨大的市场中的高份额和生产加工环境下的低成本，它的财务战略核心是建立一套与其全球一致的财务管理体系，它的成功之处在于它的整个实施策略和步骤。

在一开始，诺基亚中国企业的财务管理并不是世界级的，或者说，完全是本地水平的会计核算而已，唯一不同的是招聘的都是高水平、高素质的会计人员，这为以后的发展和转型奠定了基础，但是会计报告是由诺基亚派到合资公司的人来做。

在会计核算体系健全稳定之后，诺基亚亚太区负责会计体系的主管就经常来中国，为会计人员讲解诺基亚会计核算的理念、对账的流程、母子公司协调一致的方法、作为诺基亚公司的子公司需要遵守的会计准则，并反复与会计人员确定本地的特殊会计政策，需要遵守的中国会计制度、税法的细节、中国的统计报告时间、规定以及是否具有可以协商的灵活性等。在培训、指导的同时搜集和确认了本地的相关信息。会计人员多数是初次接触世界大公司的现代会计理念以及国外的会计准则，因此，培训非常成功和有效。没用多久，诺基亚开始在中国使用与诺基亚相同的财务软件，软件系统是全球联网，设置相同的会计科目，使用相同的供应商和客户数据库，使用与全球一致的会计准则，并针对中国的外汇汇率不同与折旧年限的限制等进行单独调整，以便在此基础上，提供能够满足本地法律要求的财务报表，还有更难的工作，比如：诺基亚的会计体系主管人员与本地的会计人员一起同税务机关和统计机关商谈，最后政府主管部门同意合资公司使用与诺基亚公司相同的结账时间，这改变了中国本地按月度为时间单位的结账方式，改成与诺基亚全球一致的按周结账的方式。无论在系统、技术、人员还是政策层面，都扫除了障碍，建立了与诺基亚全球一致的会计信息系统。

这个系统的建立，为诺基亚管理和监控中国区的业务提供了便利的条件，在形式上也完成了集团公司财务统一管理的架构雏形，而这个步骤也进行得非常顺利，没有产生任何负面影响，时间前后经历了约 3 年的时间。会计核算体系统一之后，诺基亚派来的财务人员就离开了中国区。这些人员的工资都是由诺基亚总部支付，避免了子公司的抵触，节省了子公司的费用；诺基亚总部获得了掌控子公司的权力和机会，并促使了本地与全球的顺利接轨，应该是双赢的局面，这个过程对于诺基亚的财务战略的形成至关重要，因此，费用就显得不重要了，这也是具体工作环节中的技巧之一。每一个点的布置都是为了成就最后的目标尽快实现。它所带来的收益远远大于付出的成本。

在会计体系建立的后期，诺基亚派来中国一些财务控制人员，称为财务总监（business controller），这些财务总监被派到财务部、制造部、销售部等业务部门，人事关系隶属于财务部，工资费用依然是由诺基亚总部负担，他们负责控制业务部门的经营并辅助业务部门经理进行管理、商业交易和预算，并同时向业务部门经理和财务部经理汇报工作。

在这些财务总监来到合资公司之前，合资公司的财务部根本没有设置这些职位和职责，也没有人做这些事情，财务部的主要职责就是记账和报表。他们与本地财务人员共同探讨问题、解决问题，并指导本地财务人员做管理报告和预算，参与绩效考核与费用控制，并与本地高级财务人员一起参与诺基亚的财务总监会议，在这些合作与会议中，使得本地财务人员学习如何代表公司和总部的利益，学习如何与业务人员交涉和解决问题，学习如何参与到经营决策中，学习如何为企业经营管理设计财务方案等。

经过两年多时间的磨合，这些诺基亚派来的财务总监逐步被本地人取代了，在中国区逐步形成了以预算和业绩评价为主的财务管理的经营控制体系。这个体系的建立成功来源于两个方面，一个是人力资源的培养，一个是诺基亚管理控制方法与风格“诺基亚式”的管理控制体系，这一点是最关键的，这个风格与管理理念的形成，奠定了日后的诺基亚全球管理指示的被接受和有效落实的基础，因为所有财务总监都是接受这种管理风格、管理思想与管理方式，认为只有这样的做法才是正确和有价值的，这使得管理很到位，执行力非常强。

接下来引入中国的是资金管理模式。其实，诺基亚的集团资金统一管理做法早就是明确的，只是在中国区很难行得通。一方面是因为中国的外汇管制瓶颈问题，另一方面也是诺基亚自己单方面的充分准备过程；因此也就没有子公司在意资金管理这件事情，反正公司业绩好，有很多钱，资金管理相对来说轻松多了。

但是，诺基亚要贯彻的资金管理是充分发挥其资金效率的一条路，因此，诺基亚总部在很早的时候就委派人员到中国区，负责建立资金管理体系的工作。这个工作遇到的第一个难题就是子公司没有人积极响应，甚至是极力躲闪和抵触，每一个子公司都有自己的利益，尤其体现在资金方面，没有人愿意别人占自己的便宜，更不希望总部的人员来指手画脚。但是，诺基亚并没有被这个困难拦住，事实上，它根本就没有碰到这个困难，为什么呢？

因为它根本就没有在中国区实行资金集中管理的政策，而是利用了两年时间在做协助各个子公司管理资金的助手。他们利用自己的专业知识和诺基亚的信用，与合作的大银行谈优惠条件的贷款，他们与各个子公司谈互抵的结账方式并起草相关文件，同时提供结账信用担保，他们根据诺基亚国际市场资金情况和企业的采购周期与银行谈外汇风险的屏蔽，并协助起草相关文件，所有这些工作都非常专业和有价值。例如，每个子公司单独都不能拿到他们谈的优惠贷款。这样，子公司就直接使用了他们提供的资金管理方面的服务。最后，子公司完全依赖诺基亚方面提供的资金和金融方面的技术支持与观念；并且，每一个子公司发现自己实际上都参与到了诺基亚的资金管理统一集中的游戏规则中，这个游戏给每一个企业都带来了益处，更给诺基亚集团带来最大效益，提高了整个集团的资金使用效率和竞争能力。

从上面介绍的目标的设定、体系架构的搭建和实施的步骤上看，它所采用的财务战略全球扩张方式完全是仿照技术转让的模式来进行的；一个成熟的大型跨国公司在制定中国财务战略时煞费苦心，也是值得借鉴的。

【知识链接】

一、企业财务管理的定义

财务管理也称理财，是在一定的整体目标下，企业组织财务活动、处理财务关系的一项经济管理工作。财务管理的对象是资金及其流转，包括资金筹集、资金投放、资金分配等方面。

二、企业财务管理的内容

财务管理的内容主要包括财务活动的管理控制和财务关系的处理两个方面。

（一）企业的财务活动

企业的财务活动具体包括资金的筹集、运用、回收及分配等一系列行为。也就是企业的资金运动过程。从整体上讲，企业的财务活动包括以下四个过程。

1. 筹资活动

筹资活动是指企业为了满足生产经营活动的需要，从一定的渠道，采用特定的方式，筹措和集中所需资金的过程。筹集资金是企业进行生产经营活动的前提，也是资金运动的起点。一般而言，企业可以从三个方面筹集并形成三种性质的资金来源：一是从所有者处取得权益性资金；二是从债权人处取得债务性资金；三是从企业获利中留存一部分权益性资金。企业筹集的资金可以是货币资金，也可以是实物资产或无形资产。从资金的运动状态看，筹资活动表现为资金的流入。

2. 投资活动

企业在取得资金后，必须将资金投入到生产经营活动中去，以谋取最大的经济效益，否则，筹资不仅失去意义，而且还会给企业带来损失。投资有广义和狭义之分。广义的投资是指企业将筹集的资金投入使用的过程，包括企业内部使用资金的过程和企业对外投资资金的过程。就前者而言，企业主要是通过购买原材料和机器设备、聘用员工、建造生产设施、开展研发活动等行为将筹集的资金投放到生产经营中，形成各种生产资料，如流动资产、固定资产、无形资产和其他资产等；然后营运这些资金，开展生产经营活动，并合理确定和控制资金在使用过程中的耗费，最终通过生产经营收入，使这些耗费得以补偿，重回资金起点。狭义的投资仅指企业将现金、实物或无形资产等投放于企业外部其他企业或单位而形成的股权型投资或债权性投资。从资金的运动状态看，投资活动表现为资金的流出。

3. 资金营运活动

资金营运活动是指在日常生产经营活动中所发生的一系列资金的收付活动。相对于其他财务活动而言，资金营运活动是最频繁的财务活动。资金营运活动围绕着营运资金展开，如何加快营运资金的周转，提高营运资金的利用效果，是资金营运活动的关键。资金营运活动既包括由于支付工资、营业费用及其他各项费用的现金支出，也包括由于企业销售产品或提供劳务所取得收入的现金回收。从资金的运动状态看，资金营运活动既表现为资金的流出，又表现为资金的流入。

4. 分配活动

企业通过资金的投放和使用，必然会取得各种收入。企业的收入首先要弥补生产耗费及期间费用，缴纳流转环节的税费，剩余部分形成企业的营业利润。营业利润和对外投资净收益、营业外净收支构成企业的利润总额。利润总额首先要按国家规定缴纳所得税，税后利润要提取公积金，分别用于扩大积累、弥补亏损和改善职工集体福利设施，其余利润分配给投资者或暂时留存企业。企业必须根据国家有关法律、法规和制度所确定的分配原则，合理确定分配的规模和分配的方式，这是一项重要的财务管理工作。从资金的运动状态看，分配活动表现为资金的流出。

筹资活动、投资活动、资金营运活动和分配活动等共同构成了财务活动的主要内容，同时这些财务活动之间也是密切相关的。例如，筹资活动是投资活动的前提与基础；资金营运活动是投资活动取得成功的保证；分配活动是其他财务活动的必然结果和归宿，同时也为其他财务活动的正常开展提供动力。总之，以上财务活动伴随着企业生产经营活动反复进行，按既有的轨迹不断地运动，共同构成了企业财务管理的主要内容。

（二）财务关系

企业在筹资、投资、营运和分配等财务活动中必然要与企业的利益相关者之间发生广泛的经济联系，从而产生与利益相关者之间的经济利益关系。这种经济利益关系，也称财务关系，主要包括以下八个方面。

1. 企业与国家之间的财务关系

企业与国家之间的财务关系，主要体现在两个方面：一是国家为了实现其职能，以社会管理者的身份，无偿参与企业收益的分配。企业必须按照法律规定向国家缴纳各种税费，包括所得税、流转税、资源税、财产税、矿产资源补偿费和教育费附加等；二是国家作为投资者，通过其授权部门或机构以国有资产向企业投入资本金，并根据其投资比例，参与企业利润的分配。前者体现的是强制的、无偿的分配关系；后者则是体现所有权性质的投资与受益的关系。

2. 企业与投资者之间的财务关系

企业的资产除来自国家投资者之外，还来自其他投资者，从而形成企业与这些投资者之间的财务关系。现行有关法律明确规定，投资者凭借其出资，有权参与企业的重大经营管理决策，分享企业的利润并承担企业的风险；被投资企业必须依法保全资本，并有效运用资本实现盈利。投资者是企业最重要的利益相关者，因为投资者拥有企业的所有权。企业与投资者之间的财务关系体现为投资与受资的关系。

3. 企业与债权人之间的财务关系

企业与债权人之间的财务关系，主要是指企业向债权人借入资金，并按借款合同的规定按时支付利息和本金所形成的经济关系。企业除利用投资者投入的资本进行经营活动外，还要借入一定数量的债务资本，以扩大企业经营规模，并相应降低企业的资本成本。企业的债权人主要由本公司的债券持有人、金融信贷机构、商业信用提供者及其他出借资金给企业的单位和个人。企业利用债权人的资金，要按约定的利率，及时向债权人支付利息。债务到期时，要合理调度资金，按时向债权人归还本金。企业与债权人的财务关系在性质上属于债务与债权关系。

4. 企业与受资企业之间的财务关系

企业与受资企业之间的财务关系，主要是指企业以购买股票或直接投资的形式向其他企业投资所形成的经济利益关系。随着市场经济的不断发展，企业经营规模和经营范围的不断扩大，企业收购或兼并其他企业和对其他企业进行参股、控股越来越普遍。企业向其他企业投资，应按约定履行出资义务，并根据其出资额参与受资企业的利润和分配。企业与受资企业的财务关系在性质上也属于所有权性质的投资与受资的关系。

5. 企业与债务人之间的财务关系

企业与债务人之间的财务关系，主要是指企业以购买债券、提供贷款或商业信用等形式将资金出借给其他企业所形成的经济利益关系。企业将资金出借后，有权要求债务人按约定的条件支付利息和归还本金。企业与债务人的关系体现的是债权与债务关系。

6. 企业内部各单位之间的财务关系

企业内部各单位之间的财务关系，主要是指企业内部各单位之间在生产经营各环节中相互提供产品或劳务所形成的经济关系。企业内部各单位之间既分工又合作，共同形成一个完整的生产经营系统。企业内部每个单位是一个相对的子系统，各子系统既要履行各自独立的职能，又要相互协调、配合，只有这样，企业整个系统才能高效而稳定地运行，从而实现企业既定的生产目标。在实行企业内部经济核算制和企业内部经营责任制的情况下，企业供、产、销各个部门以及各个生产车间，相互提供的产品和劳务要按内部转移价格进行核算，以便客观考核和评价各单位之间的工作业绩与利益关系。

7. 企业与职工之间的财务关系

企业与职工之间的财务关系，主要是指企业向职工支付劳动报酬过程中所形成的经济关系。企业应向职工及时足额支付工资、津贴、奖金等劳动报酬，从而实现按照职工提供劳动数量和质量对消费品的分配。企业与职工之间的财务关系，体现着职工个人与企业在劳动成果上的分配关系。

8. 企业与社会公众之间财务关系

企业与社会公众之间的财务关系主要体现在两个方面：一方面，作为商品或劳务的提供方和接受方，应该遵循等价交换的原则；另一方面，企业作为社会的组成部分，不仅不能将环保成本转嫁给社会，而且必须拿出一定的财力支持社会公益事业。企业与社会公众之间的财务关系，体现为一种责任与义务的关系。

上述财务关系广泛存在于企业财务管理中，体现了企业财务管理的实质，从而构成了企业财务管理的另一重要内容。企业应该通过正确处理和协调与利益相关者之间的财务关系，创造良好的财务管理的内、外部环境，为最终实现企业的财务管理目标服务。

任务二 企业筹资管理

【案例导入】

华谊兄弟股票发行

1. 公司简介

华谊兄弟传媒股份有限公司是中国大陆一家知名综合性娱乐公司，由王忠军、王忠磊兄弟创立，主要从事电影的制作、发行及衍生业务；电视剧的制作、发行及衍生业务；艺人经纪服务及相关服务业务。浙江省东阳市横店影视产业实验区 C1-001，注册资本 12 600 万元，2008 年 3 月 12 日，公司注册资本增至 12 600 万元。

2. 华谊兄弟发行股票的原因

（1）营运资金短缺：公司当前遇到的最主要的发展瓶颈就是资本实力与经营目标不相匹配，营运资金瓶颈已成为制约公司进一步良性快速发展的最大障碍。资金是未来娱乐公司能不能壮大的重要依托。

（2）股票筹资的作用：是筹集资金的有效手段，通过发行股票可以分散投资风险，实现创业资本的增值，并且对公司上市起到广告宣传作用。

（3）股票筹资的优点：没有固定的股利负担；没有固定到期日；筹资风险小；增加公司信誉；普通股筹资限制较少，上市的融资方式显然对华谊兄弟未来的发展具有更加巨大的吸引力。

（4）与其他融资方式的比较：发行股票融资相对于债务融资来讲，因其风险大，资金成本也较高，同时还需承担一定的发行费用，并且发行费用一般比其他筹资方式高。普通股投资风险很大，因此投资者要求的收益率较高，增加了筹资公司的资金成本；普通股股利由净利润支付，筹资公司得不到抵减税款的好处，公司的控制权容易分散。

（5）市场前景：公司对募集资金项目的市场前景进行分析时已经考虑到了未来的市场状况，做好了应对规模扩大后市场压力的准备，有能力在规模扩大的同时，实现快速拓展市场的目标。

（6）以华谊兄弟现有的规模及股东持股状况，分散控制权和被收购的风险较小。

3. 华谊兄弟发行股票的具体情况分析

公司于 2009 年 10 月 15 日，采取“网下向询价对象询价配售与网上资金申购定价发行相结合”的方式，公开发行人民币普通股（A 股）4 200 万股，每股面值 1.00 元，发行价为每股人民币 28.58 元，其中，网下发行占本次最终发行数量的 20%，即 840 万股；网上发行数量为本次最终发行数量减去网下最终发行数量。本次发行的股票拟在深交所创业板上市。募集资金总额为人民币 1 200 360 000.00 元，扣除发行费用人民币 52 121 313.55 元，公司募集资金净额为人民币 1 148 238 686.45 元，其中：增加股本 42 000 000.00 元，增加资本公积 1 106 238 686.45 元。

（1）本次发行的基本情况。

① 股票种类。本次发行的股票为境内上市人民币普通股（A 股），每股面值人民币 1.00 元。

② 发行数量和发行结构。本次发行股份数量为 4200 万股。其中，网下发行数量为 840 万股，占本次发行数量的 20%；网上发行数量为本次最终发行数量减去网下最终发行数量。

③ 发行价格。本次发行的发行价格为 28.58 元/股。

（2）招股意向书的拟募集资金数量为 62 000 万元，若本次发行成功，发行人实际募集资金数量将为 120 036 万元，超出发行人拟募集资金数量 58 036 万元。

（3）按发行价格计算的预计募集资金量与拟投资项目实际资金需要量的对比分析。

公司本次预计募集资金数额为 62 000 万元，将用于补充影视剧业务营运资金。如本次发行实际募集资金量超出预计募集资金数额，则公司将运用超额部分资金投资于影院投资项目，该项目总投资额为 12 966.32 万元。若用于影院投资项目后仍有余额的，则将剩余资金继续用于补充公司流动资金。如果实际募集资金不能满足募集资金项目需求，则不足部分公司将自筹解决。

根据 28.58 元/股的发行价格及 4 200 万股的发行股数计算，本次公开发行实际募集资金为 120 036 万元，较 62 000 万元的募集资金投资项目资金需求多出 58 036 万元，超募比率为 93.61%。

本次发行实际募集资金量扣除发行费用后的募集资金净额约为 114 806 万元，其中 62 000 万元将用于补充补充影视剧业务营运资金，12 966.32 万元用于影院投资项目，剩余约 39 839.68 万元用于补充公司流动资金。

上述分析显示华谊兄弟发行股票是成功的，并且在融资市场上发展空间很大。

4. 华谊兄弟发行股票的启示

（1）成功上市增加了公司信誉，提高了知名度。使公司有足够的资金投资影院建设，盈利来源增加，有能力提高核心竞争力。

（2）为我国文化产业的繁荣和发展做出了贡献，公司应该抓紧产业链的发展，将电影电视及艺人经纪服务业很好地结合起来。

（3）从制度、文化、合作方式、激励机制等多个方面巩固旗下明星股东对企业的忠诚度，是华谊兄弟的重要工作之一。

【知识链接】

企业筹资是指企业根据生产经营活动对资金需求数量的要求，通过金融机构和金融市场，采取适当的方式，获取所需资金的一种行为。

一、企业资金筹集的基本要求

资金是企业的血液，供血不足，企业就会经营困难甚至陷入倒闭的绝境。筹集资金是企业的基本财务活动，是使用和分配资金的前提条件。筹资管理是一项重要而复杂的工作，成功的企业管理人员应该具备筹资能力，善于利用有效的筹资渠道和方式，化解资金匮乏问题，使企业不断发展壮大。为了经济有效地筹集资金，企业必须满足一些基本要求。

（一）合理确定资金需求量，努力提高筹资效果

企业筹资首先要考虑筹集多少资金。筹资过多而企业没有相应的投资能力，会降低资金使用效率，提高企业财务成本；筹资不足会影响企业正常生产经营。为了确定生产经营所需的资金量，必须认真做好预测工作，使资金的筹集量和需求量相适应。

（二）适时取得资金，保证资金投放需要

筹资还涉及时间问题，即何时需要资金。筹集资金要按照资金投放使用时间来合理安排，使筹资和用资在时间上相衔接。既要避免筹资过早形成资金闲置，又要避免因取得资金滞后而贻误投资的有利时机。

（三）周密研究投资方向，大力提高投资效果

筹集资金的效果最终是通过投资反映出来的。好的项目会增加企业盈利，并改善以后的筹资条件；而差的投资项目不仅不能使企业增加盈利，甚至连投资都难以收回，使企业财务状况进一步恶化。因此，企业筹资前必须进行周密的投资分析，选择最佳投资方向。

（四）认真选择投资渠道和方式，力求降低资金成本

企业筹集资金可以采用的渠道和方式多种多样，不同筹资渠道和方式的难易程度、资本成本和财务风险各不一样。因此，要综合考虑各种筹资渠道和筹资方式，研究各种资金来源的构成，求得最优的筹资组合，以便降低筹资成本。

（五）综合安排资本结构，保持适当偿债能力

企业资金有两种来源：负债和自有资金。负债和自有资金的比例形成了企业的资本结构。资本结构不仅决定企业财务风险的大小，还直接影响企业的偿债能力。企业筹资必然要影响原有的资本结构。所以，企业在选择筹资渠道和方式时，必须合理安排资本结构，既要防止负债过多，导致财务风险过大，偿债能力不足，又要有效地利用负债经营，以提高权益资本的收益水平。

二、资金筹集的渠道和方式

（一）筹资渠道

筹资渠道是指企业筹措资本的来源和通道。认识和了解各种筹资渠道及特点，对企业充分拓宽和正确利用筹资渠道是很有必要的。企业筹资渠道主要有以下六种形式。

（1）国家财政资金。国家对企业的直接投资是国有企业最主要的资本来源渠道，特别是国有独资公司，其资本全部由国家投资形成，产权归国家所有。

（2）银行信贷资本。银行信贷资本是各类企业筹资的重要来源。我国银行分为商业性银行和政策性银行两种。商业银行是以营利为目地，从事信贷资金的投放；政策性银行是为特定企业提供政策性贷款。我国商业性银行主要有中国工商银行、中国农业银行、中国建设银行、中国银行以及交通银行等。政策性银行主要有国家开发银行、农业发展银行和中国进出口银行。银行信贷资本拥有居民储蓄、单位存款等经常性的资本来源，贷款方式灵活多样。

（3）非银行金融机构资本。非银行机构是指除了银行以外的各种机构及金融中介机构，在我国主要由信托投资公司、保险公司、租赁公司、证券公司等。它们有的集聚社会资本，融资融物；有的承销证券，提供信托服务，为一些企业直接筹集资本或为一些公司发行证券集资提供服务。

（4）民间资本。我国企业和事业单位的职工以及广大城乡居民持有大笔的货币资金，这些人可以对一些企业直接进行投资，为企业筹资提供资本来源。

（5）企业内部资本。企业内部资本主要是指企业通过提留盈余公积金和保留未分配任务而形成的资本。这是企业内部形成的融资渠道，比较便捷，成本低，有盈利的企业都可以利用。

（6）外商和我国港澳台资本。外国和我国香港、澳门、台湾地区的投资者持有的资本也可以加以利用，从而形成所谓的外商投资企业的筹资渠道。

（二）筹资方式

筹资方式是指企业取得资金的具体形式。目前我国企业有六种筹资方式：吸收直接投资、发行股票、银行借贷、发行债券、融资租赁、商业信用。其中，吸收直接投资和发行股票筹集的资金为永久性的权益资本；发行债券和融资租赁主要是为企业获得长期债务资本；商业信用通常是为企业筹集短期债务资本；银行借贷既可以用于筹集长期债务资本，也可以用于筹集短期债务资本。

1. 吸收直接投资

吸收直接投资是企业以协议等方式吸收国家、其他企业、个人和外商直接投入的资本，形成企业资本金的一种筹资方式。吸收直接投资不以股票为媒介，适用于非股份制企业，是非股份制企业筹集自有资金的一种基本方式。

（1）吸收直接投资的优点如下。

① 所筹集的资本属于企业的自有资本，与借贷人资本相比，能提高企业的自信和借款能力。

② 不仅可以获得现金，而且能够直接获得所需要的先进设备和技术，能够尽快形成生产经营能力。

③ 所筹集的资金不能随意抽回，也不需要到期偿还，有利于降低财务风险。

（2）吸收直接投资的缺点如下。

① 通常资本成本比较高。

② 由于没有证券作为媒介，产权关系不够明晰，也不便于产权交易。

2. 发行股票

股票是公司为筹集自有资本而发行的有价证券，是持股人拥有公司的凭证，代表持股人在公司中拥有的所有权。股票持有人即为公司的股东，股东凭股票从公司分得红利，并可根据规定行使某些权利。股票融资是公司最主要的资金来源之一。

普通股是股票中最普通的一种形式，也是公司资金的基本来源。

（1）普通股筹集资金的优点如下。

① 没有固定的股息负担。公司有盈利，并认为适于分配股利才分配股利；公司盈利较少，或者虽有盈利但资金短缺或有更好的投资机会，也可以少支付或暂不支付股利。

② 普通股股本没有固定的到期日，无需偿还，成为公司的永久资本（除非公司清算时才可能予以偿还）。

③ 筹资的风险小。利用普通股筹资不存在到期还本付息的风险，资本使用上也无特别限制。

④ 发行普通股筹集自有资本能提高公司信誉。普通股股本以及由此产生的公积金，是公司筹集资本的基础。较多的普通股本，有利于提高公司的信用价值，同时也为筹资提供了强有力的支持。

（2）普通股筹资的缺点如下。

① 资本成本高。由于投资股票的风险较高，股东相应要求得到较高的报酬率，并且股利要求从税后利润中支付，无法享受纳税上的好处。此外，普通股的发行、上市等都需要较高的费用，所有这些都增加了成本。

② 可能分散公司控制权。发行新股会增加新的股东而使原股东的控制权分散，可能会遭到现有股东的反对。

3. 银行借贷

银行借贷是指企业根据合同向银行（或其他金融机构）借入的需要还本付息的款项。期限在1年以上的为长期借款，在1年以下的为短期借款。银行借贷是企业筹集债权资本的常用方式。

（1）银行借贷的优点如下。

① 速度快。由于借款合约是借款双方直接协定的，无需公开招募资金的程序，因此，可以在较短的时间里筹集资金。

② 成本低。银行借款的利息可在税前支付，减少企业实际负担的利息费用。

③ 灵活性大。借款合约是借款双方协定的，因此，借贷的时间、数量和条件可以根据条件在经双方协商后变更。

④ 不改变股东的控制权。借贷表明一种债券债务关系，贷款者对企业没有控制权，削弱不了股东对企业的控制权。

⑤ 发挥财务杠杆作用。由于银行借款的利息一般是固定或相对固定的，当企业的资本报酬率超过了贷款利息时，企业只需给银行支付固定利息，剩余部分归企业所有，从而发挥财务杠杆作用。

（2）银行借款的缺点如下。

① 增加企业风险。银行借款有固定的还本付息期限，企业到期必须足额支付。在企业经营不景气时，这种情况无异于釜底抽薪，会给企业带来更大的财务困难，甚至可能导致破产。

② 限制条件多。银行借款合同对借款的用途有明确的规定，对企业资本支出额度、再融资等行为有严格的约束，借款后企业的生产经营活动必将受到一定程度的影响。

③ 筹资数量有限。银行借款的数额往往受到贷款机构资本实力的制约，一般不能像发行债券、股票那样一次筹集大笔资金。

4. 发行债券

债券是企业依照法定程序发行的，约定在一定时期内还本付息的有价证券，是债券持有人拥有企业债券的凭证。债券持有人可按期取得固定利息，到期收回本金，但无权参与企业经营管理，也不参与分红，持券人对企业的经营亏损不承担责任。由于购买债券的投资者来自社会的各个层面，所以从某种程度上来说，发行债券是向社会借钱。企业发行债券通常是为其大型项目一次筹集大笔长期资本。

（1）发行债券筹资的优点如下。

① 资本成本较低。债券的利息通常低于股票的股利，而且债券的利息允许在税前扣除，发行企业可享受减税利益，故企业实际负担债券成本明显低于股票成本。

② 具有财务杠杆作用。由于债券利息率通常是固定的，不论企业盈利多少，债券持有人只收取固定利息，而更多的盈利可用于分配给企业所有者，起到财务杠杆的作用。

③ 保障企业控制权。债券持有人无权参与企业的管理决策，企业发行债券不会像发行普通股那样分散股东对企业的控制权。

（2）发行债券筹资的缺点如下。

① 财务风险较高。债券有固定的到期日，并需定期支付利息。在企业经营不景气时，还本付息将成为企业严重的财务负担，甚至会导致企业的破产。

② 限制条件多。为了保证债券持有人的权益，发行债券的限制条件较多且严格，从而会限制企业对债券融资的作用，还可能会影响企业以后的筹资能力。

③ 筹资额有限。企业利用债券筹资一般受一定额度的限制。我国规定累计债券总额不能超过企业净资产的40%，这就限制了企业的筹资数量。

5. 融资租赁

融资租赁是指当企业需要筹措资金、添置设备时，不是以直接购买的方式投资，而是以付租金的形式向租赁公司借用设备。租赁公司按照企业选定的机器设备，先行融通资金。它是现代租赁的主要类型，是承租企业筹集长期资本的一种特殊方式，通过租赁，企业可不必预先筹措一笔相当于设备价款的资金，即可获得所需设备。

（1）融资租赁的优点如下。

① 迅速获得所需资产。融资租赁集“融资”和“融物”于一身，一般要比先筹措现金后再购置设备来得快，可使企业尽快形成生产经营能力。

② 限制较少。企业运用股票、债券、银行借款等筹资方式，都受到相当多的资格条件的限制，相比之下，融资租赁的限制条件较少。

③ 全部租金通常在整个租期内分期支付，可适当减低不能偿付的危险。

④ 租金费用可在所得税前扣除，承租企业能享受税收优惠。

（2）融资租赁的缺点如下。

① 成本高。租金总额通常要高于设备价值。

② 承租方要承担必要的维修、保养、保险工作。

6. 商业信用

商业信用是指商品交易中因延期付款或延期交货而形成的借贷关系。它是企业之间的一种直接信用行为。商业信用已经成为企业短期融资的主要来源之一。一般来说，中小企业从其他渠道融资比较困难，只好借助于商业信用融资。

商业信用融资的优点如下。

① 融资便利。商业信用与商业买卖同时进行，属于一种自发性融资，不用进行非常正规的安排，而且不需办理手续，一般也不附加条件。

② 限制条件小。商业信用使用灵活且具有弹性，在使用规定等方面较少限制。

商业信用融资的缺点是期限较短，不利于企业对资本的统筹运用，如果拖欠，则有可能导致企业信用地位和信用等级下降，对今后的购货和筹资不利。

任务三　企业投资管理

【知识链接】

企业投资，是指企业投入财力，期望在未来获取收益的一种行为。

一、企业投资行为认知

投资贯穿于企业整个存续期内，是企业生存和发展的基础，具有特殊的意义。投资决策始终是企业管理的重要内容。对于创造价值而言，投资决策是所有决策中最重要的决策。投资决定了企业购置的资产类别，不同的生产经营活动需要不同的资产，因此，投资决定了企业日常经营活动的特点和方式，投资的方法和策略决定着企业的前景。

1. 企业投资的动机

获取投资收益是企业投资的主要动机，其根本目的是增强企业竞争力，降低风险，获取更大利润。具体来说，企业投资的动机主要有以下三种。

（1）发展性动机。企业发展有两种方式：一是提高企业效率为特征的内涵性发展方式；二是以扩大企业规模为特征的外延性发展方式。企业规模的扩展必然需要增加厂房、设备等固定资产或技术等无形资产，管理效率的提高和改善往往也需要增加管理技术的投入，如管理软件、管理方案、计算机硬件的购置及管理人员的培训等，这些方面的投入都是投资，来自于企业的发展性动机。

（2）恢复性动机。在企业的存续期间，正常的经营耗费、技术的进步或管理上的损失，会使原有生产经营能力逐步减弱。为了维持自身的生存能力，企业必须不断补充已消耗的能力，及时维护或更新设备，改进技术和管理，由此产生企业正常经营活动中的投资需要。

（3）挑战性动机。企业的经营战略要随着经济形势、发展趋势和市场需求变化进行调整，以适应快速变化的竞争需要。企业的战略调整涉及产品方向、经营方式等诸多内容的改变，有时甚至涉及资产重组。无论是资产调整还是经营调整，往往都需要改变企业的生产场所、生产技术与工艺，为此，也需要资金的投入。

2. 企业投资的分类

（1）直接投资和间接投资。按投资与企业生产经营的关系，投资可分为直接投资和间接投资两类。直接投资是指把资金投放于生产经营性资产，以便获取利润的投资。在非金融性企业中，直接投资所占比重很大。间接投资又称证券投资，是指把资金投放于证券等金融资产，以便获取股利或利息收入的投资。随着我国金融市场的完善和多渠道筹资的形成，企业间接投资越来越广泛。

（2）短期投资和长期投资。按投资回收时间的长短，投资可分为短期投资和长期投资两类。短期投资又称为流动性投资，是指投资期不超过一年或一个营业周期的投资，如短期票据、存货等投资，能随时变现的长期有价证券也算是短期投资。长期投资则是指超过一年或一个营业周期的投资，主要是对厂房、机器设备等固定资产的投资，也包括对无形资产和长期有价证券的投资。其中，固定资产是长期投资的最基本类别，因此，长期投资有时专指固定资产投资。

（3）对内投资和对外投资。根据投资的方向，投资可分为对内投资和对外投资两类。对内投资即项目投资，是指把资金投放在企业内部，购置各种生产经营用资产的投资。对外投资是指以现金、实物、无形资产等方式或者以购买股票、债券等有价证券方式对其他企业的投资。对内投资都是直接投资；对外投资主要是间接投资，也可以是直接投资。随着企业横向经济联合的开展，对外投资越来越重要。

（4）初始投资和后续投资。根据投资在生产过程中的作用，可将投资分为初始投资和后续投资。对企业的整个生命周期而言，初始投资是在建立新企业时所进行的各种投资。其特点是投入的资金通过建设形成企业的原始投资，为企业的生产、经营创造必要的条件。后续投资则是指为巩固和发展企业再生产所进行的各种投资，主要包括为维持企业简单再生产所进行的更新性投资，为实现扩大再生产所进行的追加性投资，为调整生产经营方向所进行的转移性投资等。对企业的一个具体投资项目而言，初始投资是在新项目开始时所投入的第一笔资金；后续投资则是在新项目取得阶段性成果所进行的追加性投资。

二、企业投资管理的基本原则

1. 认真进行市场调查，及时捕捉投资机会

捕捉投资机会是企业投资活动的起点，也是企业投资决策的关键。在市场经济条件下，投资机会不断变化，它受到诸多因素的影响，最主要的是受市场需求变化的影响。企业投资前，必须认真进行市场调查和市场分析，寻找最有利的投资机会。市场是不断变化和发展的，对于市场和投资机会的关系，也应从动态的角度加以把握。正是由于市场不断变化和发展，才有可能产生一个又一个新的投资机会。随着经济不断发展，人们收入水平不断增加，人们的消费需求也发生了很大变化，无数的投资机会正是在这种变化中产生的。

2. 建立科学的投资决策程序，认真进行投资项目的可行性分析

在市场经济条件下，企业的投资决策都会面临一定的风险。为了保证投资决策的正确有效，必须按科学的投资决策程序，认真进行投资项目的可行性分析。投资项目可行性分析的主要任务，是对投资项目技术上的可行性和经济上的有效性进行论证，运用各种方法计算出有关指标，以便合理确定不同项目的优劣。财务部门是企业资金的规划和控制部门，财务人员必须参与投资项目的可行性分析。

3. 及时足额地筹集资金，保证投资项目的资金供应

企业的投资项目，特别是大型投资项目，建设工期长，所需资金多，一旦开工，就必须有足够的资金供应，否则就可能使工程项目中途下马，出现“半截子工程”，造成很大的损失。因此，在投资项目上马之前，必须科学预测投资所需资金的数量和时间，采用适当的方法，筹集资金，保证投资项目顺利完成，尽快产生投资效益。

4. 认真分析风险和收益的关系，适当控制企业的投资风险

收益与风险是共存的。一般而言，收益越大，风险也越大，收益的增加是以风险的增大为代价的，而风险的增加将会引起企业价值的下降，不利于财务目标的实现。企业在进行投资时，必须在考虑收益的同时认真考虑情况，只有在收益和风险达到比较好的均衡时，才有可能不断地增加企业价值，实现财务管理的目标。

三、企业投资的基本程序

（一）投资项目的提出

投资项目的提出是项目投资程序的起点。根据企业投资战略，对各投资机会加以初步分析，从所投资行业的成长性、竞争情况等方面进行分析。投资方向初步确定以后，在投资方案设计前应进行广泛的信息分析与收集工作，从财务决策支持网络中调出并补充收集有关总市场规模、年度增长率、主要或潜在对手的产品质量、价格、市场规模等信息，分析自己的优势、劣势，选择合适的投资时间、投资规模、资金投放方式，制定出可行的投资方案。

企业的股东、董事、经营者都可提出新的投资项目。一般而言，企业的最高层提出的投资，多数是大规模的战略性投资，其方案一般由生产、市场、财务等各方面专家组成的专门小组提出；基层或中层提出的主要是战术性投资项目，其方案由主管部门组织人员拟定。

（二）投资项目的评价与决策

1. 投资项目的评价

投资项目的评价主要涉及如下工作：一是把提出的投资项目进行分类，为分析评价做好准备；二是计算有关项目的预计收入和成本，预测投资项目的现金流量；三是运用各种投资评价指标，由各项投资及可行性顺序进行排队；四是编制项目可行性报告。

（1）项目正式立项后，由项目小组负责对项目进行下一步可行性分析，一般从以下四个方面评估。

① 相关法规、政策是否对该业务已有或有潜在的限制。

② 行业投资回报率。

③ 企业能否获取与行业成功要素相对应的关键能力。

④ 企业是否能筹集项目投资所需资源。

如果项目不可行，应通报相关人员并解释原因；如可行，则向董事会或项目管理委员会递交可行性分析报告。如果董事会通过了投资项目的可行性分析报告，则投资管理部门应聘请人员对投资项目的实施进行下一步的论证，包括建设规模、建设依据、建设布局和建设进度等内容，作为项目决策的最后依据，并开始投资项目的洽商，以确定其实际可行性。项目小组确认项目的可行性后，编制项目计划书提交总经理参考并指导项目实施。

（2）项目计划书的主要内容如下。

① 项目的行业背景（市场规模、增长速度等）介绍。

② 项目可行性分析。

③ 项目业务目标。

④ 业务战略实施计划。

⑤ 财务分析。

⑥ 资源配置计划。

⑦ 项目执行主体。

2. 投资项目的决策

对投资项目做出评价后，要由企业的决策层做出最后决策，投资金额小的战术性项目投资或维持性项目投资，一般由部门经理做出；特别重大的项目投资还需要报董事会或股东大会批准。不管由谁最后决策，其最后所做的结论一般可以分成以下三种：接受这个投资项目，可以进行投资；拒绝这个项目，不能进行投资；发还给项目提出的部门，重新论证后再处理。

（三）投资项目的实施与评价

对项目做出进行投资的决定后，要积极筹措资金，按照拟定的投资方案有计划、分步骤地实施项目。在投资项目的执行过程中，要对项目进度、项目质量和项目概算等进行监督、控制和审核，防止项目建设中的舞弊行为，确保项目质量，保证按时完成。

在投资项目的实施过程中和实施后都要对项目的效果进行评价，以检查项目是否按照原先的计划进行，是否取得了预期的经济效益，是否符合企业总体战略和投资战略规划。

1. 项目实施控制的关键点

（1）项目质量的控制。这是项目成功的关键。企业应规定工作质量标准，并以此为尺度来衡量项目的目标，同时监督这些目标的进度。

（2）项目成本的控制。企业应把预算的和实际的项目进度、成本和工作状况结合起来，组成成本控制系统，采用关键路线法控制项目时间进度，并制定一个项目成本办公机构监督、检查项目进度和成本支出。

（3）对项目施工时间的控制。编制施工项目进度表，根据各项工作的先后顺序安排完成时间。

2. 投资项目预期目标评价

在投资项目建成投产后，要评价项目是否实现预期目标，主要内容包括以下两点。

（1）项目的总结评价。一般是在项目建成投产后一定时期，检查投资项目决策是否合理、正确，一旦出现新的情况，要随时根据变化的情况作出新的评价。如果情况出现重大的变故，原投资决策已经变得不合理，就要对投资是否终止做出选择，以避免更大的损失。项目的总结评价包括：项目在生产、财务、管理方面存在的问题及其原因；项目建成后，在决算、进度等方面同项目准备与审定时预算的数据是否有偏差及其原因；项目实施过程中对项目原设计或原评估的重大修改及其原因；项目建成提出后对社会、政治、经济和环境的影响程度；为使项目建成投产后获得最大的经济效益而采取的一系列措施；对项目前景的展望。

（2）投资回收及其分析。为了保证投资的收回，要建立一整套规章制度，在项目投资前，应签订有关投资贷款偿还合同，规定投资的回收期、回收额以及防范风险的措施。

四、企业投资决策指标

投资决策指标是指评价投资方案是否可行或孰优孰劣的标准。现金流量是评价投资方案是否可行的基础性指标。

现金流量是指在投资活动中，由于引进一个项目而引起的现金流入和现金流出的数量。这里的现金不仅包括各种货币资金，而且包括项目需要投入企业拥有的非货币资源价值（或重置成本）。

投资决策的评价指标分为贴现现金流量指标和非现金贴现流量指标两大类。

（一）贴现现金流量指标

1. 净现金流量

净现金流量是指一定期间内现金流入量与现金流出量的差额。这里所说的一定时期，有时指一年，有时指投资项目持续的整个年限内。净现金流量的计算公式为：

$$净现金流量=现金流入量-现金流出量$$

在投资决策中，对现金流量的估计一般分三个阶段考虑。

（1）第一阶段：初始现金流量，即开始投资时发生的现金流量。它一般包括以下四个部分。

① 固定资产投资，包括固定资产的购置、建造、运输、安装等。

② 流动资产上的投资，即流动资产上垫支的资金，包括材料、在产品、产成品和现金等，一般假设项目结束时收回。

③ 原有固定资产变价收入，指固定资产更新时原有固定资产变卖收入所得的现金收入。

④ 其他，指有关职工培训费、注册费等。

（2）第二阶段：营业现金流量，即项目投产后整个寿命期内，正常生产经营活动所产生的现金流量。

营业现金流量一般以年为单位进行计算。这里的现金流入是指营业现金流入（销售收入或业务收入）；现金流出是指营业现金支出（材料费、工作费、维修费等）缴纳的税金。

在分析营业现金流量时，一般要计算每年的净现金流量，其计算公式是：

净现金流量=营业收入–付现成本–所得税=净利润+折扣

（3）第三阶段：终结现金流量，即投资项目完结时所发生的现金流量。它主要包括如下三方面内容。

① 固定资产的产值收入或变价收入。

② 原来垫支的各种流动资金的回收。

③ 停止使用的土地变价收入等。

2. 贴现指标

贴现指标是指考虑了资金时间价值的指标。

资金的时间价值，是指资金在不同的时点上的价值量不等。今天的 1 元钱与将来的 1 元钱的价值是不等值的，资金随着时间的推移而增值或贬值。资金的时间价值可以用相对数表示，即利率（或报酬率）；也可用绝对数表示，即利息（或报酬额）。贴现指标主要有三个。

（1）净现值。净现值是指与投资项目有关的所有净现金流入量，按某一贴现率折算为现值，减去初始投资总现值后的余额，或未来现金流入现值与初始投资现值的差额。净现值的计算公式为：

净现值=各年现金流入量的现值之和–投资额的现值之和

净现值能够反映投资方案给企业带来的总收益是多少，对企业的贡献有多大。按该指标评价投资方案，如果是单个投资方案，净现值大于 0，该方案可行；如果净现值小于 0，该方案不可行。如果两个或多个方案比较，则净现值大的方案较优，一般选择净现值大的方案。

净现值指标的优点是考虑了资金的时间价值，能够反映各种投资方案的净收益，因此是一种较好的方法；缺点是不能揭示各个投资方案本身可能达到的实际报酬率是多少，特别是初始投资额不同的项目比较时，用绝对数净现值指标可能会做出错误的判断。

（2）获利指数。获利指数是指投资项目未来报酬总现值与初始投资总现值之比。获利指数的计算公式为：

获利指数=未来报酬总现值/初始投资额总现值

获利指数反映投资获利程度，但不反映获利多少。在只有一个备选方案是否采纳的决策中，获利指数大于等于 1，则采纳；否则就拒绝。再有多个方案的互斥选择决策中，应采用获利指数大于等于 1，且最大的投资方案。

获利指数指标的优点是能够真正反映出投资项目的盈亏程度，有利于在初始投资额不同的方案对比；缺点是不能揭示出项目对企业贡献额的大小，无法判断出企业价值增加多少。

（3）内涵报酬率。内涵报酬率也称为内部收益率，是指使投资项目未来各期现金流入现值等于其现金流出现值，即净现值等于0时的贴现率。

内涵报酬率就是投资项目的实际投资报酬率，反映了投资项目的实际获利水平，但不能反映项目给企业带来的收益总额。在只有一个备选方案的决策中，如果计算出的内涵报酬率大于或等于企业的资本成本或必要报酬率就采纳；反之，则拒绝。在有多个备选方案的互斥选择决策中，应选用内涵收益率超过资本成本或必要报酬率最多的投资项目。

内涵报酬率指标的优点是考虑了资金的时间价值，反映了投资项目的真实报酬率，而且不受贴现率高低的影响，比较客观，易于理解；缺点是这种方法的计算过程比较复杂，特别是每年的营业净现金流量不等的投资项目，一般要经过多次预算才能算出。

（二）非贴现指标

非贴现指标是指不考虑资金时间价值的各种指标。

1. 投资回收期

投资回收期是指从投资方案实施起，至回收全部原始投资所需要的时间，也就是使投资项目的累计现金流入量等于累计现金流出量的时间。一般以年为单位。投资回收期越短，说明收回投资所需要的时间越少，投资风险越小，投资效果越好。

如果每年的营业净现金流量不相等，则运用累计净现金流量的办法计算回收期，根据各年尚未收回的投资额进行确定。运用投资回收期法进行投资决策时，首先要确定一个企业能够接受的期望投资回收期，然后用投资方案的投资回收期与期望投资回收期比较。只有实际的投资回收期小于期望投资回收期时，方可接受该投资方案，如果有多个投资方案进行比选，则应在满足上述要求的可接受方案中选择投资回收期最短的方案。

投资回收期指标的主要优点是：计算简单，指标含义清楚，容易理解，能鼓励投资者尽快收回投资；可以在一定程度上揭示投资方案的风险大小，投资回收期越长，风险就越大，反之亦然。主要缺点是：一是没有考虑货币的时间价值，人为地缩短了投资项目的回收期限；二是忽略了不同投资项目超过投资回收期以后的现金净流量的差别，影响了决策的准确性。因此，此法不作为评价项目取舍的方法，仅作为辅助评价方法使用。

2. 平均报酬率

平均报酬率是投资项目寿命周期内平均的年投资报酬率，也称平均投资报酬率。

平均报酬率的计算方法有很多，其中最常见的计算公式为：

$$平均报酬率=（平均现金流量/初始投资额）\times 100\%$$

运用平均报酬率进行评价时，应实现确定企业要求达到的收益率或必要平均报酬率。当只有一个备选方案时，投资项目的平均报酬率高于必要的报酬率的方案才能入选；在有多个方案的互斥选择决策中，应选择平均报酬率最高的方案。

平均报酬率指标的优点是简明易懂，容易计算掌握，并能说明各投资方案的收益水平；缺点是未考虑资金的时间价值，把第一年的现金流量看作与其他年份具有相同的价值，有时会做出错误的决策。平均报酬率通常不作为独立的投资决策评价指标，更多的是在事后的考核评价中使用。

任务四　企业资产管理

【案例导入】

中国联通资产管理案例分析

中国联通实行总部、省份、地市三级管理模式，作为中国全业务电信营运商之一，联通公司经过高速发展，整个企业拥有上千亿的资产，其资产的主要部分是覆盖全国范围的电信基础设施和各种功能、各种型号的电信网络设备。中国联通资产现状和特点主要表现在以下八个方面。

（1）数量庞大。中国联通经过 12 年的发展，随着网络建设的完善，机构的壮大，已经积累了数量非常庞大的资产，固定资产规模庞大。截至 2006 年 12 月，固定资产原值已达 2151 亿元，净值也已达到了 1147 亿元，占企业总资产的 80%。如何管理好数量如此庞大的资产对联通资产管理部门来说是一个挑战。

（2）价格昂贵。联通公司是电信运营商，其资产特别是生产类资产价格昂贵，而且其价值表现经常表现到板卡一级，以交换机为例，其一张板卡的价值就超过一辆小汽车的价值，管好用好这些高价值的资产，对企业资金利用，减少重复投资具有重要意义。

（3）地点分散。中国联通公司下辖 31 个省分公司及几百家地市分公司，经营的业务主要包括移动电话（GSM 和 CDMA 两种制式网络）、无线寻呼、长途电话、本地电话、数据通信（互联网和 IP 电话）、电信增值业务以及其他业务。全国各地遍及乡镇的营业网点和大量的基站都管理着大量的资产，地点分散的特点突出。

（4）涉及岗位、人员众多。中国联通部门人员众多，每个部门、每个人员都是资产的占用者或使用者，要管理好资产离不开资产占用人或使用人的参与。

（5）增长速度快。中国联通同时也是一个高速发展的公司，随着用户的增长，系统升级换代的要求，资产不断在进行着建设、扩容、升级、更新，高速增长的资产规模也是中国联通资产管理的一大特点。

（6）资产形态多样。中国联通资产主要分为生产类资产和管理类资产，其中生产类资产具有联通的专有特点。生产资产主要是通过工程转过来的，主要分为三个阶段，在建工程、暂估资产和固定资产。在建工程物资完工交付转为暂估资产，暂估资产结算完成，转为固定资产。

（7）管理难度大。一方面正是因为数量庞大、地点分散、人员众多、资产增长快等特点造成要进行资产的动态管理与监控，甚至是例行的清查盘点，都非常的困难。另一方面由于通信网络运营的特点和市场竞争的压力，快速、频繁的资产调动、转移以及管理变革带来的机构、人员调整等，都给资产管理带来了非常大的难度。管理者很难做到真正的账实相符，责任分明往往心有余而力不足。

（8）内控制度对资产管理提出新的要求。中国联通作为一家同时在纽约、香港、上海三地上市的公司，随着美国《萨班斯法案》的执行和我国《上市公司内控指引》的推出，在资产管理的内部控制方面的要求也越来越高，加强资产的内控制度建设，找出并控制风险点，利用信息化手段建立规范的流程，确保资产安全完整，防止企业潜亏是中国联通在资产管理方面的首要任务，也对中国联通的持续发展具有战略意义。

总体而言，联通资产管理主要难点在于没有良好的信息化手段，使管理难以落到实处，资产管理变得低效；同时因为涉及部门多，处理流程烦琐，信息反映不及时；加之资产数量庞大、建设周期长，从而无法对变动情况全程监控；同时，手工方式进行资产清查比较困难，数据不一致、数据不完整、历史数据跟踪难度大。

【知识链接】

资产管理是指企业运用各种手段对资产进行组织、协调、控制，以达到保值、增值的效果。资产是企业过去的交易或者事先形成的、由企业拥有或控制的、预期会给企业带来经济利益的资源。资产是企业、自然人、国家拥有或控制的，能以货币来计量收支的经济资源，包括各种收入、债权等。资产是会计最基本的要素之一，与负债、所有者权益共同构成的会计等式，成为财务会计的基础。

一、资产的分类

1. 按照流动性对资产进行分类，可以分为流动资产和非流动资产

流动资产是指可以在一年或超过一年的一个营业周期内变现或者耗用的资产，主要包括货币资金、短期投资、应收和预付款项、存货、待摊费用等。除流动资产以外的其他资产，都属于非流动资产，包括长期投资、固定资产、无形资产和其他资产。

2. 按照有无实物形态对资产进行分类，可以分为有形资产和无形资产

有形资产有狭义和广义之分。狭义的有形资产通常是指企业的固定资产和流动资金。广义的有形资产则包括企业的资金、资源、产品、设备、装置、厂房、人才信息等一切生产要素在内，即有形资产就是有一定实物形态的资产。

无形资产是指企业长期使用而没有实物形态的资产，包括专利权、非专利技术、商标权、著作权、土地使用权、特许权等。

二、流动资产的管理

流动资产是指能够在一年或超过一年的一个营业周期内变现的资产。

流动资产包括现金、短期投资、应收票据、应收账款、存货、待摊费用、待处理财产损益、一年内到期的长期投资等。

加强对流动资产管理有利于企业生产经营活动的顺利进行；有利于提高企业流动资金的利用效果；有利于保持企业资产结构的流动性，提高偿债能力，维护企业信誉。因此，流动资产的管理目标就是合理安排结构，加快周转，实现流动性与收益性双赢。

（一）现金管理

现金是指在生产过程中暂时停留在货币形态的资金，包括库存资金、银行存款、银行本票、银行汇票等。

现金是变现能力最强的资产，既可以满足企业生产经营开支的各项需求，也是企业贷款还本付息和履行纳税义务的保证。拥有足够的现金对于降低企业的风险，增强企业资产的流动性和债务的清偿性具有十分重要的意义。但是，由于现金属于非盈利性资产，即使是银行存款，其活期利润也是非常低的，因此，现金的持有量并非多多益善，现金的持有量过多，它所提供的流动性边际效益便会随之下降，从而导致企业的收益水平降低。因此，加强企业的现金管理，首先是必须合理确定企业的现金持有量，并保持现金持有量的实际值与理论值相对均衡。

1. 企业持有现金的主要动机

（1）交易性需求，主要是应对企业日常经营生产的现金支付。如日常的采购、发放工资与股利、纳税、分红、偿还债务等。

（2）预防性需求，是指正常活动以外的随机需求，它决定了企业承担风险的程度。企业持有这部分现金是备意外之需。

（3）投机性需求，主要是将置存的现金用于有利可图的方面，利用市场的波动来获利。如企业可以购入价格有利的有价证券，或是在原材料价格突然下跌时购入原材料等。

2. 现金管理目标

现金管理的目标就是在保证企业高效、高质地开展经营活动的情况下，尽可能地保持最低现金占用量。

3. 库存现金限额

企业库存现金由其开户银行根据企业的实际需要核定限额，一般以 3～5 天的零星开支额为限。边远地区和交通不便地区的企业的库存现金限额，可以多于 5 天，但不得超过 15 天的日常零用开支。

4. 现金预算

现金预算是基于现金管理目标，依托企业未来发展规划和组织架构，在充分调查与分析各种现金收支影响因素的基础上，合理估测企业未来一定时期的现金收支状况，并对预期差异进行控制的方法体系。

现金预算通常按年、分季、分月（包括旬、周、日）编制。现金预算有收支预算法和调整净收益法两种。

（1）收支预算法。这是指将预算内可能发生的一切现金流入、流出项目分类列入现金预算表内以确定收支差异，采取适当财务对策的方法。它意味着凡涉及现金流动的事项均纳入现金预算，不论这些项目属于资本性还是属于收益性。

（2）调整净收益法。这是指运用一定的方式，将企业按权责发生制计算的预期净收益调整为按收付实现制计算的预计净收益，在此基础上加减有关现金收支项目，使企业净收益与现金流量相互关联，从而确定预算期现金余额并做出财务安排的方法。

5. 现金的收支管理

现金收支管理要实现在保证有充足的现金支付能力的同时，降低占用额。降低占用额的途径有以下四种。

（1）加速收款。发生应收账款可以扩大销售规模，但会占用企业的资金，因此需实施妥善的收款策略，缩短收账时间。

（2）推迟应付款的支付。企业在不影响自己信用的条件下，尽可能地推迟应付款的支付期。

（3）合理使用现金浮游量。从企业开出支票，收款人收到支票并存入银行，到银行将款项划出企业账户，中间需要一段时间，这段时间占用的现金量称为现金的浮游量。尽管企业已开出支票，但仍可以使用，不过须注意控制使用时间。

（4）闲置现金投资管理。可将闲置现金用于短期证券投资以获取股息收入，如果管理得当，可为企业增加相当可观的净收益。

6. 最佳现金持有量的确定

企业因交易性动机、预防性动机和投机性动机的需要而持有一定量的现金余额，同时由于现金基本上是一种非营利性资产，过多地持有现金势必造成资源浪费。考虑到上述两方面的原因，企业必须确定现金的最佳持有量。最佳现金持有量的确定方法主要有现金周转法、随机模式和成本分析模式。

7. 现金收支的日常管理

遵守国家《现金管理暂行条例》关于现金使用范围、库存现金限额及严格现金存取手续的规定。

合理组织现金收入支出，及时处理收支矛盾。

做好收支余缺的调节工作。

建立企业内部结算中心，合理调度资金。

搞好银行转账结算工作。

（二）应收账款的管理

应收账款是指由于对外销售产品、材料、供应劳务及其他原因，应向购货单位、接收劳务的单位及其他单位收取的款项，包括应收销售款、其他应收款、应收票据等。

应收账款是流动资产管理的一个重要内容。企业通过赊销、委托代销和分期收款等商业信用形式，利用应收账款可以扩大销售，减少存货，从而增加销售利润，但是也会相应增加应收账款成本，包括机会成本，即因资金被占用在结算过程中而失去可用于投资所能获取的收益；管理成本，即在客户信用状况的调查、有关信息的收集以及记账和催收账款等方面发生的费用；坏账成本，即应收账款因故无法收回而造成的损失。

1. 应收账款管理的目标

在发挥应收账款强化竞争、扩大销售功能效应的同时，尽可能降低投资的机会成本、坏账损失与管理成本，最大限度地提高应收账款投资的效益。

2. 信用政策的确定

既然应收账款是一种商业信用，同时也是企业的一种投入，那么，企业在利用应收账款进行赊销时，就一定要考虑其利用效果的好坏。为此，必须建立企业的信用政策，包括信用期、信用标准、现金折扣政策和收账政策。

（1）信用期。这是指企业对外提供产品或劳务时允许顾客延迟付款的时间界限。例如，若某企业允许顾客在购货后的50天内付款，则信用期为50天。延长信用期，会使销售额增加，产生有利影响；反之，应收账款、收账费用和坏账损失相应增加，并产生不利影响。因此，企业必须慎重研究，确定恰当的信用期。信用期的确定，主要是分析改变现行信用期对收入和成本的影响。

（2）信用标准。这是指顾客获得企业的交易信用所应具备的条件。如果顾客达不到信用标准，便不能享受企业的信用或只能享受较低的信用优惠。企业在设定某一顾客的信用标准时，往往先要评估顾客赖账的可能性，这可以通过"5C"系统来进行。所谓"5C"系统，是评估顾客信用品质的 5 个方面，即：品质（Character）、能力（Capacity）、资本（Capital）、抵押（Collateral）、和条件（Conditions）。

（3）现金折扣政策。现金折扣是企业对顾客在产品价格上所做的扣减。向顾客提供价格上的优惠，主要目的在于吸引顾客为享受优惠而提前付款，缩短企业的平均收款期。另外，现金折扣也能招徕顾客购货，借此扩大销售量。折扣的表示通常采用如 5/10、3/20、N/30 等形式，其含义为：5/10 表示 10 天内付款，可享受 5%的价格优惠，即只需支付原价的 95%，如原价为 10 000 元，只需支付 9 500 元；3/20 表示 20 天内付款，可享受 3%的价格优惠；N/30 表示付款的最后期限为 30 天，此时付款无优惠。

（4）收账政策。企业对各种不同过期账款的催收方式，包括准备为此付出的代价，就是收账政策。例如，对过期较短的顾客，不过多地打扰，以免将来失去这一市场；对过期稍长的顾客，可措辞婉转地写信催款；对过期较长的顾客，可频繁地信件催款并电话催询，如有必要可亲自上门催款；对过期很长的顾客，可在上门催款时措辞严厉，必要时提请有关部门仲裁或提请诉讼等。需要说明的是，催款收账要发生费用，而且有些费用还很高（如诉讼费）。一般来说，收账的花费越大，收账措施越有力，可收回的账款应越大，坏账损失也就越小。因此，在制定收账政策时，要在收账费用和减少坏账损失之间做出权衡。

3. 应收账款日常管理

为了进一步规范应收账款的日常管理和健全客户的信用管理体系，要对应收账款在销售的事前、事中、事后进行有效控制。

（1）建立客户档案，进行有效的信用评估和跟踪记录。

（2）事前控制。从初识客户到维护老客户，经办业务的各级管理人员都应全面了解客户的资信情况，选择信用良好的客户进行交易。

（3）事中控制。包括做好发货查询、货款跟踪及回款记录、账龄分析工作。

由于上述情况会给企业应收账款的管理带来困难，因此要定期对账，避免双方财务上的差距像滚雪球一样越滚越大，从而造成呆账、死账现象；对账之后要形成具有法律效力的文书，而不是口头承诺。

（4）事后控制。一是做好欠款的追收工作。对拖欠账款的追收，要采用多种方法清讨，催收账款责任到位。原则上采取大区经理负责制，再由大区经理落实到具体的业务员身上。如果是单一的大区经销商或代理商，则由客服中心定期与其沟通、催讨。对已发生的应收账款，可按其账龄和收取难易程度，逐一分类排序，找出拖欠原因，明确落实催讨责任。对于资金周转确实困难的企业，应采取订立还款计划、限期清欠、债务重整策略。应收账款的最后期限，不能超过回款期限的 1/3（如期限是 60 天，最后收款期限不能超过 80 天）；如超过，应马上采取行动追讨。二是做好总量控制、分级管理。财务部门负责应收账款的计划、控制和考核。销售人员是应收账款的直接责任人，企业对销售人员考核的重点首先是指标。货款回收期限前一周，电话通知或拜访负责人，通知其结款日期，并在结款日时前往拜访。

（三）存货管理

存货是指企业在日常活动中持有的以备出售的产成品或商品、处在生产过程中的产品，在生产过程或提供劳务过程中耗用的材料、物料等。

存货是反映企业流动资金运作情况的晴雨表，因为它不仅在企业营运资本中占很大比重，而且又是流动性较差的资产。企业持有存货的最终目的是为了出售，无论是可供直接出售的存货（如企业的产成品、商品等），还是需要经过进一步加工后才能出售的存货（如原材料等）。

存货管理的基本目标是如何在其成本与收益之间进行利弊权衡，实现二者的最佳组合。

1. 企业的存货内容

（1）原材料。这是指企业在生产过程中经加工改变其形态或性质并构成产品主要实体的各种材料及主要材料、辅助材料、外购半成品（外购件）、修理用备件（备品、备件）、包装材料、燃料等。而为建造固定资产等各项工程而储备的各种材料，虽然同属于材料，但是因其不符合存货的定义，因此，不能作为企业的存货进行核算。

（2）在成品。这是指企业正在制造的尚未完工的产品，包括正在各个生产工序加工的产品和已加工完毕但尚未检验或已检验但尚未办理入库手续的产品。

（3）半成品。这是指经过一定的生产过程并已检验合格交付半成品仓库保管，但尚未制造成为产成品，仍需进一步加工的中间产品。

（4）产成品。这是指工业企业已经完成并验收入库，可以按照合同规定的条件送交订货单位或者可以作为商品对外销售的产品。企业接受外来原材料加工制造的代制品和为外单位加工修理的代修品，制造和修理完成验收入库后，应视同企业的产成品。

（5）商品。这是指商品流通企业外购或委托加工完成，验收入库用于销售的各种产品。

（6）周转材料。这是指企业能够多次使用，但不符合固定资产定义的材料，如为了包装本企业产品而储备的各种包装物、各种用具、玻璃器皿、劳动保护用品，以及在经营过程中周转使用的容器等低价值易耗品及其他周转材料。但是周转材料符合固定资产定义的，应当作为固定资产处理。

2. 存货管理

（1）存货经济采购批量控制。

（2）存货 ABC 分类管理。特别重要的库存（A 类）；一般的库存（B 类）；不重要的库存（C 类）三个等级，然后针对不同等级分别进行管理和控制。

三、固定资产的管理

固定资产通常是指使用期限超过一年的房屋、建筑物、机器、机械、运输工具以及其他与生产经营有关的设备、器具和工具等。

固定资产属于产品生产过程中用来改变或者影响劳动对象的劳动资料，是固定资本的实物形态。固定资产在生产过程中可以长期发挥作用，长期保持原有的实物形态，但其价值则随着企业生产经营活动逐渐转移到产品成本中去，并构成产成品价值的一个组成部分。

1. 固定资产的特点

（1）周转时间比较长。

（2）固定资产变现能力差。

（3）固定资产数量相对稳定。

（4）固定资产的价值和实物形态可以分离。

2. 固定资产的分类

企业固定资产种类很多，根据不同的分类标准，可以分成不同的类别。企业应当选择适当的分类标准对固定资产进行分类，以满足经营管理的需要。

（1）按经济用途分类，分为生产固定资产和非生产固定资产。生产固定资产，是指直接服务于企业生产经营过程的固定资产。非生产固定资产，是指不直接服务于生产经营过程的固定资产。

固定资产按经济用途分类，可以反映企业生产经营用固定资产和非生产经营固定资产之间的组成变化情况，借以考核和分析企业固定资产的管理与利用情况，从而促进固定资产的合理配置，充分发挥其效用。

（2）按使用情况分类，分为使用中的固定资产、未使用的固定资产和不需用的固定资产。使用中的固定资产，是指正在使用的经营性和非经营性固定资产。由于季节性经营或修理等原因，暂时停止使用的固定资产仍属于企业使用中的固定资产；企业出租给其他单位使用的固定资产以及内部替换使用的固定资产，也属于使用中的固定资产。未使用的固定资产，是指已完工或已购建的尚未交付使用的固定资产以及因进行改建、扩建等原因停止使用的固定资产。不需用的固定资产，是指本企业多余或不适用，需要调配处理的固定资产。

固定资产按使用情况进行分类，有利于企业掌握固定资产的使用情况，便于比较、分析固定资产的利用效率，挖掘固定资产的使用潜力，促进固定资产的合理使用，同时也便于企业准确、合理地计提固定资产折旧。

（3）按所有权进行分类，分为自有固定资产和租入固定资产。自有固定资产，是指企业拥有的、可供企业自由支配使用的固定资产；租入固定资产，是指企业采用租赁方式从其他单位租入的固定资产。

（4）按经济用途和使用情况进行综合分类，分为生产经营用固定资产、非生产经营用固定资产、租出固定资产、不需用固定资产、未使用固定资产、租入固定资产。

3. 固定资产管理的要求

（1）保证固定资产完整无缺。

（2）提高固定资产的完整程度和利用效果，减少固定资产占用，节省固定资产寿命周期的费用支出。

（3）正确核定固定资产需用量。

（4）正确计算固定资产折旧额，有计划地计提固定资产折旧。

（5）进行固定资产的投资预测。

四、无形资产的管理

1. 无形资产的内容

无形资产作为以知识形态存在的重要经济来源，在经济增长中的作用越来越大。一切与企业生产经营有关，能为企业带来经济效益的、没有物质实体的资产，都属于无形资产，主要包括以下六种。

（1）专利权。专利权是国家专利机关依照有关法规规定批准的发明人或其权利受让人对其发明创造成果，在一定期限内享有的专有权或独占权。

（2）商标权。这是指专门在某类指定的商品或产品上使用特定的名称或图案的权利。

（3）著作权。这是指制作者对其创作的文学、科学和艺术作品依法享有的某些特殊权利。

（4）土地使用权。这是指国家准许某企业在一定期间内对国有土地享有开发、利用、经营的权利。

（5）非专利技术。也称专有技术，是指不为外界所知的、在生产经营活动中应用的、可以为企业带来经济效益的各种技术和诀窍。

（6）特许权。又称经营特许权，是指企业在某一地区经营或销售某种特定商品的权利，或是一家企业接受另一家企业使用其商标、商号、技术秘密等的权利。

2. 无形资产的确认

无形资产在满足以下两个条件时，企业才能加以确认。

（1）该资产产生的经济利益很可能流入企业。

（2）该资产的成本能够可靠地计量。

企业能够控制无形资产所产生的经济利益。例如，企业拥有无形资产的法定所有权，或企业与他人签订了协议，使得企业的相关权利受到法律的保护。在判断无形资产产生的经济利益是否能流入企业时，企业管理部门应对无形资产在预计使用年限内存在的各种因素做出稳健的估计。企业自创商誉以及内部产生的品牌、报刊名等，不应确认为无形资产。

3. 无形资产的转让和投资

（1）无形资产的转让。无形资产的转让包括所有权转让和使用权转让两种类型。无论哪种转让取得的收入，均计入企业其他销售收入。

转让成本的计算因转让类型的不同而不同。转让无形资产所有权时，转让成本按无形资产的摊余价值计算；转让使用权时，按为履行出让合同规定的义务所发生的费用（如派出的技术服务人员的费用等）作为转让成本。

土地使用权的转让与其他无形资产有所不同。根据国家有关规定，国有企业的建设用地，现仍采取划拨方式，政府不对企业收取地价费，企业通过划拨方式取得的土地使用权也不得转让、出租或抵押。如确有需要对土地使用权进行转让时，对其转让收入，包括土地出让金和土地收益金（或土地增值费），企业不能作为其他销售收入处理，需全部上缴国家。

（2）无形资产的投资。无形资产的投资，是指企业用无形资产的所有权对其他企业所进行的长期投资。投资时按评估确认或按合同、协议约定的价值作为投资额。这一数额与无形资产账面净值的差额，作为资本公积金处理。

4. 无形资产的管理

无形资产管理是指企业对无形资产资源进行筹划、控制、配置、运用，使之得到有效保护，充分实现保值、增值效果的管理活动，其核心在于构建和完善知识产权战略。对无形资产的管理包括以下四点。

（1）正确评估无形资产的价值。

（2）提高无形资产的利用效果。

（3）按规定在其有效使用期内平均摊销已使用的无形资产。

（4）加强无形资产的法律保护。

任务五 企业利润管理

【案例导入】

中国上市公司业绩股票激励模式案例分析

业绩股票是股权激励的一种典型模式，指在年初确定一个较为合理的业绩目标，如果激励对象到年末时达到预定的目标，则公司授予其一定数量的股票或提取一定的奖励基金购买公司股票。业绩股票的流通变现通常有时间和数量限制。激励对象在以后的若干年内经业绩考核通过后可以获准兑现规定比例的业绩股票；如果未能通过业绩考核或出现有损公司的行为、非正常离任等情况，则其未兑现部分的业绩股票将被取消。

我国上市公司从 20 世纪 90 年代初开始对股权激励制度进行积极的探索和实践，其中业绩股票是应用最为广泛的一种模式。

业绩股票在我国上市公司中得到推广，其主要原因在如下三个方面。

（1）对于激励对象而言，在业绩股票激励模式下，其工作绩效与所获激励之间的联系是直接而紧密的，且业绩股票的获得仅取决于其工作绩效，几乎不涉及股市风险等激励对象不可控制的因素。另外，在这种模式下，激励对象最终所获得的收益与股价有一定的关系，可以充分利用资本市场的放大作用，激励力度较大，但与此相对应的是风险也较大。

（2）对于股东而言，业绩股票激励模式对激励对象有严格的业绩目标约束，权、责、利的对称性较好，能形成股东与激励对象双赢的格局，故激励方案较易为股东大会所接受和通过。

（3）对于公司而言，业绩股票激励模式所受的政策限制较少，一般只要公司股东大会通过即可实施，方案的可操作性强，实施成本较低。另外，在已实施业绩股票的上市公司中有将近一半为高科技企业，它们采用业绩股票模式的一个重要原因是目前股票期权在我国上市公司中的应用受到较多的政策和法律限制，存在较多的障碍。

业绩股票虽然是不同类型企业都可使用的一种股权激励模式，但它受企业外部环境和内部条件的双重影响，每个企业的行业背景、发展阶段、股权结构、人员结构、发展战略与公司文化等都会对股权激励方案的要素设计产生影响，因此，需要企业仔细分析自身情况，合理制定股权激励方案，否则，再完美的方案也会因为不符合企业自身情况而失效，甚至出现负面影响。从我国已经实施业绩股票激励制度的上市公司来看，各公司的激励方案各有特点，但要真正做到符合企业自身情况似乎又不那么容易。以下我们对泰达股份的业绩股票激励方案做一简单的分析和探讨。

泰达股份（股票代码 000652）1998 年度股东大会批准公司建立股权激励机制，并正式推出了《激励机制实施细则》。根据该实施细则，泰达股份将在每年年度财务报告公布后，根据年度业绩考核结果对有关人员实施奖罚。当考核合格时，公司将提取年度净利润的 2% 作为对公司董事会成员、高层管理人员及有重大贡献的业务骨干的激励基金，基金只能用于为激励对象购买泰达股份的流通股票并作相应冻结；达不到考核标准的要给予相应的处罚，并要求受罚人员以现金在 6 个月之内清偿处罚资金。奖惩由公司监事、财务顾问、法律顾问组成的激励管理委员会负责。

泰达股份的业绩股票激励方案体现了以下五个特点。

（1）激励模式选择恰当。泰达股份是一家综合类的上市公司，其业绩较为平稳，现金流量也较为充裕，因此，比较适合实行业绩股票计划。

（2）激励范围较为合理。泰达股份业绩股票计划的激励对象包括公司高级管理人员和核心骨干员工，既对管理层对公司的贡献作出了补偿，激励管理层为公司的长期发展及股东利益最大化而努力，同时也有利于公司吸引和留住业务骨干，保持公司在核心人力资源方面的优势。另外，这样的激励范围使公司的激励成本能得到有效控制，使成本—效益比达到较佳状态。

（3）激励力度偏小。公司激励方案确定的激励力度为不大于当年净利润的2%，这一激励力度从实施业绩股票激励制度的上市公司中总体看来是较低的。虽然公司的净利润基数较大，可以从一定程度上减弱激励力度偏小的影响，但由于参与激励基金分配的人数相对较多，故激励力度仍然没有得到有效提高。如公司 1998 年度的净利润为 1.334 亿元，按规定可提取 266.8 万元的激励基金，激励对象如果按 15 人计算的话，平均每人所获长期激励仅为 17.8 万元。在泰达股份的主营业务以传统化纤产品为主的时候，由于传统行业的企业对人才的竞争不像高科技企业那么激烈，因此，激励力度偏小对股权激励效果的影响不会太明显。但近年来，泰达股份已逐步向基础设施公用事业转移，并在原有产业中重点投资发展一些技术含量高、附加值高、市场潜力较大的高科技化纤产品，实现产品的结构调整和高科技创新，而高科技企业对人才的争夺将会比传统企业激烈得多，此时较小的激励力度对股权激励效果的影响可能也要明显得多。

（4）股权激励的实施时机较为适宜。泰达股份的股权激励方案设计之时，正值公司对内部管理机制和行业及产品业务结构进行大刀阔斧的改革和重组创新，企业结构发生较大的调整。在此时进行股权激励制度安排有利于公司管理制度的整体设计，有利于股权激励制度与其他管理制度之间的协调和融合，降低制度安排和运行的成本，激励效果也较易发挥，同时也更易于为公司股东、员工和社会公众所接受。

（5）业绩目标的设定缺乏弹性。在泰达股份的《激励机制实施细则》中，企业业绩年增长15%是其中最重要的考核指标之一，这一业绩目标对于企业目时的情况而言是较为适当的，一方面这一指标是可以达到的；另一方面是要“跳起来”才能达到，对激励对象而言，动力和压力并存。但企业和市场的情况千变万化，对于一个成熟的市场，企业要长时间地保持 15%的业绩增长速度并非易事，如果最后这个业绩目标对于激励对象而言是“跳起来”也摘不到的苹果，那么业绩股票计划也就丧失了其应有的激励作用。这个时候如果希望股权激励计划继续发挥作用的话，就很可能需要对业绩股票方案重新进行设计，并由股东大会讨论决定。而如果泰达股份在一开始设计股权激励方案时就采用一些相对业绩指标，如高于同行业的业绩增长率多少个百分点等，日后就不需要再对此进行修改了。

【知识链接】

利润管理是企业目标管理的组成部分，原指以目标利润为中心，统一管理企业的各种经营活动。另一含义是指在不违背会计准则的前提下，通过会计政策选择或其他方法，使上市公司利润既不过高，又不太低，恰到好处的利润处理行为。

利润是企业生存发展的核心指标，不论是投资人、债权人还是企业经理人员都非常关心企业的盈利能力。

一、企业利润构成

企业利润是企业在一定时期内生产经营的财务成果，包括营业利润、投资收益和营业外收支净额。

1. 营业利润

营业利润是指企业从事生产经营活动所产生的利润，通常表现为企业在某一会计期间的营业收入减去为实现这些营业收入所发生的费用、成本、税金后的数额。营业利润是企业通过自身的生产经营活动所取得的。

2. 投资收益

投资收益是指企业进行投资所获得的经济利益，如企业对外投资所分得的股利和收到的债券利息等。投资活动也可能遭受损失，如投资到期收回的或到期前转让所得款低于账面价值的差额，即为投资损失。投资收益减去投资损失则为投资净收益。

随着企业管理和运用资金权利的日益增大，资本市场的逐步完善，投资活动中获取收益或承担亏损，虽不是企业通过自身的生产或劳务供应活动所得，却是企业利润总额的重要组成部分，并且其比重发展呈越来越大的趋势。

从表面上看，尽管企业投资的目的有所不同，但从本质上说，企业考虑的是某项投资能给企业带来多少利润、投资收益是否超过资金成本。否则，这项投资就是无意义的、无价值的。

风险和收益是一对相互联系的概念，一般来说，风险越大，收益越大，不存在收益很大而风险很小的投资。企业对外投资时，需要在风险和收益之间相互平衡，以期在一定的风险下使收益达到较高的水平；或在收益一定的情况下，使风险维持在较低的水平上。

3. 营业外收支净额

营业外收支净额是指企业在一定会计期间内，正常经营活动以外的各项收入与支出相抵后的余额。营业外收入包括固定资产盘盈、处置固定资产净收益、处置无形资产净收益、罚款净收入等。营业外支出包括固定资产盘亏、处置固定资产净损失、处置无形资产净损失、债务重组损失、计提的无形资产减值准备、计提的固定资产减值准备、计提的在建工程减值准备、罚款支出、捐赠支出、非常损失等。

营业外收支虽然与企业生产经营活动没有多大的关系，但从企业考虑，同样带来收入或形成企业的支出，也是增加或减少利润的因素，对企业的利润总额及净利润产生直接的影响。

二、企业目标利润

目标利润是指企业在未来一段时间内，经过努力应该达到的最优化控制目标。

目标利润是企业未来经营必须考虑的重要战略目标之一，是根据拟投资项目的具体条件，在全面分析、研究项目开发收入与成本因素之后，经过充分的市场调查和反复的计算平衡确定的。目标利润一经确定，便成为企业生产经营活动的行动依据，企业要根据目标利润来组织销售收入，控制销售成本的资金占用。

企业确定目标利润最常用的方法有以下四种。

1. 量本利分析法

量本利分析法是一种利用产品销售、销售额、固定成本、变动成本与利润之间的变动规律，对目标利润进行预测的方法。运用量本利分析法应建立在对市场充分调查研究的基础上，通过对市场的调查分析，首先对产品的销售量或销售额做出科学的预测，然后再分析、预测企业的固定成本、变动成本、贡献毛利率等，最后确定目标利润。

2. 相关比率法

与目标利润相关的比率主要有销售利润率、成本利润率、经营杠杆率及资本净利率等，管理者可根据分析，先对这些比率进行预测，根据预测来确定目标利润。

3. 简单利润增长比率测算法

利润增长比率测算法也是企业确定目标利润的一种常用方法。它主要适用于稳定发展的企业。用该方法确定目标利润，即根据企业历史最好利润水平、上年度达到的利润水平及过去连续若干年，特别是近两年利润增长率的变动趋势与幅度，综合预测期可能发生的变动情况，确定预计利润增长率，然后预测出目标利润。

4. 标杆瞄准法

标杆瞄准法是以最强的竞争企业或同行业中领先的、最有名望的企业为基准，将本企业产品、服务和管理措施等方面的实际状况与基准进行定量化评价和比较，分析基准企业的绩效达到优秀水平的原因，在此基础上选择改进的最优策略，并在企业连续不断地反复进行，以改进和提高企业业绩的一种管理方法。其应用的范围十分广泛，企业可以全方位、全过程、多层面地进行标杆管理，也可以就企业的某一项经济活动（如确定目标利润）进行标杆管理。

目标利润一经确定，就要保持相对稳定。修正目标利润的情况并不经常发生，只有执行过程中出现了新问题，遇到了出乎意料的新情况，如国家经济政策的调整、市场环境的变化、重大灾害的影响等，并且这些新问题、新情况对目标利润的影响程度较大，使目标利润变得不甚合理，才对目标利润进行修正，以保持目标利润先进性和合理性。目标利润的修正事关企业全局，必须严格按照程序进行修正。

三、企业经营利润分配

利润分配，是将企业实现的净利润，按照国家财务制度规定的分配形式和分配顺序，在国家、企业和投资者之间进行的分配。

利润分配的过程与结果，是关系到所有者的合法权益能否得到保护，企业能否长期、稳定发展的重要问题。为此，企业必须加强利润分配的管理和核算。

利润分配的主体一般有国家、投资者、企业和企业内部职工；利润分配的对象主要是企业实现的净利润；利润分配的时间，即确认利润分配的时间是利润分配义务发生的时间和企业做出决定，向内向外分配利润的时间。

1. 利润分配的顺序

企业实现的利润总额按国家规定做相应调整后，应先依法缴纳所得税，利润总额减去缴纳所得税后的余额即为可供分配的利润。除国家另有规定者外，可供分配利润按下列顺序分配。

（1）被没收的财务损失、支付各项税收的滞纳金和罚款。

（2）弥补企业以前年度亏损。

（3）提取法定盈余公积金，即按税后利润扣除前两项后的10%提取法定公积金。公积金已达注册资金的50%时可不再提取。盈余公积金可用于弥补亏损或按国家规定转增资本金。

（4）从税后利润中提取法定公积金后，经股东会或者股东大会决议，还可以从税后利润中提取任意公积金。

（5）向投资者分配利润。企业以前年度未分配的利润，可以并入本年度向投资者分配。

2. 股利政策

股利政策是股份公司关于是否发放股利、发放多少以及何时发放的方针和政策。

股利政策有狭义和广义之分。狭义上，股利政策就是指探讨保留盈余和普通股股利支付的比例关系问题，即股利发放比率的确定。而广义的股利政策则包括股利宣布日的确定、股利发放比例的确定、股利发放时的资金筹集等问题。

股利政策主要有以下四种。

（1）剩余股利政策。是指以首先满足公司资金需求为出发点的股利政策。

（2）稳定股利额政策。是指以确定的现金股利分配额作为利润分配的首要目标，一般不随资金需求的波动而波动。

（3）固定股利率政策。这一政策要求公司每年按固定的比例从税后利润中支付现金股利。从企业支付能力的角度看，这是一种真正稳定的股利政策。但这一政策将导致公司股利分配额的频繁变化，给外界传递一种公司不稳定的信息，所以很少有企业采用这一股利政策。

（4）正常股利加额外股利政策。按照这一政策，企业除每年按以固定股利额向股东发放成为正常股利的现金股利外，还在企业盈利较高、资金较为充裕的年度向股东发放高于一般年度的正常股利额的现金股利，其高出部分即为额外股利。

习　题

一、单项选择题

1. 经营杠杆给企业带来的风险是指（　　）

A. 成本上升的风险　　B. 利润下降的风险

C. 业务量变动导致息税前利润更大变动的风险

D. 业务量变动导致息税前利润同比例变动的风险

2. 若企业无负债，则财务杠杆利益将（　　）

A. 存在　　B. 不存在　　C. 增加　　D. 减少

3. 只有当投资项目的投资报酬率（　　）资本成本时，企业才愿意进行投资。

A. 等于　　B. 高于　　C. 低于　　D. 无关于

4. 下列筹资方式中，资本成本最高的一种是（　　）

A. 普通股　　B. 优先股　　C. 长期债券

D. 长期借款　　E. 留存收益

5. 下列不属于利润分配的项目是（　　）

A. 盈余公积　　B. 公基金　　C. 所得税　　D. 股利

6. 我国公司常采用的股利分配方式是（　　）

A. 现金股利和财产股利　　B. 现金股利和负债股利

C. 现金股利和股票股利　　D. 股票股利和财产股利

二、多项选择题

1. 可以筹措长期资金的筹资方式有（　　）

A. 商业信用　　B. 发行债券　　C. 融资租赁

D. 发行股票　　E. 吸收直接投资

2. 对企业而言，发行股票筹资的优点有（　　）

A. 提高企业信用价值　　B. 降低企业风险

C. 降低企业资金成本　　D. 使用不受特别限制

E. 发挥财务杠杆作用

3. 在营业期内的任何一年中，该年的净现金流量等于（　　）

A. 原始投资额的负值　　B. 该年现金流入量与流出量之差

C. 该年现金流出量与流入量之差　　D. 该年利润和折旧之和

E. 固定资产的变价收入

4. 财务管理中常用的股利政策有（　　）

A. 剩余股利政策　　B. 固定股利政策

C. 浮动股利政策　　D. 固定股利支付率政策

5. 利润分配的基本原则是（　　）

A. 依法分配原则　　B. 分配与积累并重原则

C. 兼顾职工利益原则　　D. 投资与收益对等原则

6. 反映财务效益状况的指标有（　　）

A. 资产保值增值率　　B. 销售（营业）利润率

C. 净资产收益率　　D. 总资产报酬率

E. 销售（营业）增长率

情境八

企业文化与 CIS 战略

任务引入

王洋深知企业文化对企业来说相当于思想对于人。如果一个人再强壮但没有思想，那他只是一个四肢发达的人而已。所以对企业来讲，为什么设备资金差不多，有的会发展，有的不发展，甚至有的设备资金都很雄厚但最后没有发展起来，是企业文化起了至关重要的作用。企业管理只有把文化的基因种植到企业建设的土壤里，企业才会长盛不衰。

任务分析

1. 企业文化认知。
2. 企业文化建设。
3. 企业文化发展。

学习目标

1. 了解企业文化的含义与特征。
2. 掌握企业文化内容结构及构建过程。
3. 掌握企业文化的 CIS 系统。
4. 了解企业营销文化。

技能目标

1. 培养初步运用企业文化理论解决问题的能力。
2. 掌握企业文化内容结构以及构建过程，能够为模拟公司拟定企业文化构建设计方案。
3. 理解企业文化塑造与企业管理之间的关系。

组织与实施评价

1. 全班学生划分为 6～8 人的小组，模拟成立公司，组成项目团队。

2. 在教师的讲解下掌握企业文化内容结构以及构建过程。

3. 结合所学知识和模拟公司实际，设计模拟公司的视觉识别系统，包括企业名称、标识、企业象征图案等。

4. 评价与总结：对各小组递交的企业文化构建设计方案进行分析，指出其优异的地方和不足之处。

任务一　企业文化认知

【案例导入】

两个好朋友同时创业，几年后其中一个人的公司已经小有名气，而另外一家则还是举步维艰。于是后面这家公司的老板就问他的朋友说："我们是同时创业，我们的条件和机会差不多，为什么你发展得那么快，我到现在却还是这么艰难呢？"他的朋友并没有做正面回答，而是问了他三个问题："你的公司有没有足以令员工激动并愿意与你共进退的发展目标？你有没有将你的思路与价值观与你的员工分享？你有没有经常刻意去创造一种让员工充满激情的工作氛围？"听完朋友的问题，这个老板陷入沉思之中，公司发展这么多年，自己一直忙于业务发展，怎么会有时间来考虑这些问题？这些东西不是大公司才需要的吗？

分析：这两家企业的发展态势不同的关键点是什么？由此我们得到什么启示？

【知识链接】

企业文化对形成企业内部凝聚力和外部竞争力所起到的积极作用，越来越受到人们的重视。企业竞争，实质是企业文化的竞争。面临全球经济一体化的新挑战和新机遇，企业应不失时机地搞好企业文化建设，从实际出发，制定相应的行动规划和实施步骤，虚心学习优秀企业文化的经验，努力开拓创新。

在现代社会，企业人的含义已经发生很大变化，由以前只顾满足物质需要的经济人发展到社会人与今天的自我实现的人。人的因素在企业中的作用愈来愈显得重要，人力资源管理学科与部门的崛起就是证明。在对国内外众多企业的调查中，很多人发现，企业在竞争中取得成功，不仅仅因为它们的设备、资金占优势，它们的成功，是企业文化在起主导作用。物质基础不是最根本的基础，企业最牢固、最有活力的基础只能是企业文化。因此，企业文化作为 20 世纪末的新概念、新思潮闯入企业界，是现代企业管理的需要，是管理理论的深化。

一、企业文化

中国著名企业家张瑞敏曾对媒体记者分析海尔经验时说："海尔过去的成功是观念和思维方式的成功。企业发展的灵魂是企业文化，而企业文化最核心的内容应该是价值观。"至于张瑞敏个人在海尔充当的角色，他认为："第一是设计师，在企业发展中如何使组织结构适应企业发展；第二是牧师，不断地布道，使员工接受企业文化，把员工自身价值的体现和企业目标的实现结合起来。"实际上，海尔的扩张在很大程度上主要是一种文化的扩张，若收购一个企业，派去一个总经理、一个会计师、一套海尔的文化即可。

1. 企业文化的概念

企——上面一个"人"字，下面一个"止"字，如果去了上面的"人"字，就只剩下"止"了。"企业"也就变成了"止业"了。企业是由人组成的，没有了人，企业当然就只有"止业"而不能存在了。这也许是一种巧合，却引导着我们去思考。

日本之所以能在较短的历史时期内实现经济腾飞，迅速崛起而成为世界经济大国，其主要原因是得益于日本的企业文化。日本企业文化的主要精神是团队合作精神，其团队合作精神所凝聚则是日本的民族的精神：在不利于民族生存和发展的外部自然环境中，把个人融入团体，凭借团体的智慧和力量来赢得个人的生存与发展，所以，团结、协作、同甘共苦、休戚与共，甘愿为团队、民族、国家不计个人得失，勇于奉献和勇于牺牲，就是以民族精神为主导的企业精神。这样的创新体现在管理上，将企业主的利益与雇佣者的利益统一起来，调动生产者（员工）的主动性、积极性和创造性，"劳资"双方共存共荣，从而从根本上消除了劳资矛盾。

对于企业文化，国内外的定义有 400 多种。其基本含义是一致的，即指企业在一定价值体系指导下所选择的那些普遍的、稳定的、一贯的行为方式的总和。

在 20 世纪 80 年代，由美国哈佛大学教授伦斯·狄尔和管理顾问艾伦·肯尼迪合著的《公司文化——企业生存的习俗和礼仪》一书出版，标志着企业文化理论的诞生。正如每个人都具有一定的个性特征一样，每个企业也具有自己的个性特征。也就是说每个企业都有一种文化，它潜移默化地对企业产生重要的影响，从企业的决策、人事的升迁到员工的行为举止等都受到企业文化的影响。

美特雷斯·迪尔与艾兰·肯尼迪合著的《企业文化》一书中提出，企业文化包括五要素：企业环境、价值观、英雄人物、文化仪式和文化网络。

威廉·大内（Z 理论创始人，最早提出企业文化概念的人日裔美籍管理学家，在美国斯坦福大学获得企业管理硕士学位，在芝加哥大学获企业管理博士学位）曾说过："一个公司的文化由其传统和风气所构成。此外，文化还包含一个公司的价值观。经理们从雇员们的事例中提炼出这种模式，并把它传达给后代的雇员。"

企业文化是企业逐步形成的为全体员工所认同、遵守，带有本企业特点的价值观念。企业文化有广义和狭义之分。广义的企业文化是指企业所创造的具有自身特点的物质文化和精神文化；狭义的企业文化是企业所形成的具有自身个性的经营宗旨、价值观念和道德行为准则的综合。

2. 企业文化的特征

企业文化作为观念形态，具有以下六个共同特征。

（1）整体性：现代企业管理理论都是从不同的侧面去研究企业生产经营、运行的发展规律。而企业文化是以企业作为一个整体，阐明企业多维、立体和有机的辩证关系，并对其进行整体、综合研究。它不仅研究企业价值观、企业精神、企业制度、企业经营哲学以及企业道德等方面的内容，而且还研究企业环境、文化礼仪、文化网络、先进人物等方面的内容。更重要的是，它不仅研究个别事物，而且重在探索整个系统的系统效应，为企业领导和管理人员提供理论依据，为广大员工积极工作创造优良的环境和有利的条件。

（2）稳定性：企业文化具有相对稳定的特点，企业文化的形成总是与企业的发展相联系，是一个长期渐进的过程。企业一旦形成具有自身特点的文化后，就必然相对稳定地存在，不会轻易消失，不会因企业领导人的更换及组织制度、经营策略、产品方向的改变而发生的大变化。

（3）时代性：企业文化体现着时代性的特点。任何有用、健康、进取的优秀文化，都是时代精神的体现，并随着时代精神的发展而前进，以新的思想观念来不断丰富企业文化的内容，并紧随时代的步伐，使企业具有明显的时代特征。

（4）人本性：企业文化强调人的思想、道德、价值观、行为规范等在企业管理中起核心作用。在生产经营管理中，关心人、尊重人、信任人，使全体员工积极参与企业管理，推动企业发展。对员工的尊重和信任会激发员工的积极性，提高员工积极参与企业管理，推动企业发展。对员工的尊重和信任会激发员工的积极性，提高员工的创新精神。大量事实证明，当员工受到领导者不尊重、员工不信任，并把他们视为无关紧要的人员时，他们也会按无关紧要人员的心态回报你；若你把他们看成核心人员时，他们更会以核心人员的要求，尽最大努力实现你的期望。

（5）民族性：不同国家、不同民族的企业文化往往都以自己民族文化作为根源。尽管它要吸收世界各国的文化来丰富和发展自己，但是其根还是本民族的。一个民族的民族心理、风俗习惯、宗教信仰、道德风尚、伦理意识、价值观念、行为方式、生活准则等，往往成为企业文化发育的营养基础。例如，日本的"公司精神"——"诚"、"和"、"开拓者精神"等，就是吸取日本文化的拼搏精神而生成的。

（6）凝聚力：企业文化具有全体员工共识的集体意识特点。它使企业员工相互之间有更多的共同语言、共同目标和共同精神，在企业中产生强烈的向心力和凝聚力。同时，能够驱动员工的使命感和荣誉感，激励员工创造性地工作。它像一个无形的磁场，将员工吸引在同一价值目标和责任感上，使企业具有一种强大的推动力，不断创新，不断前进。

二、企业文化的结构

企业文化可以用一个同心圆来展示它的结构，如图 8-1 所示。

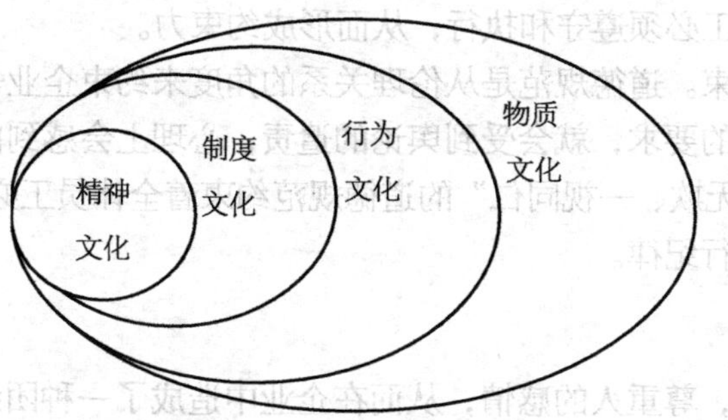

图 8-1　企业文化的结构

第一个层次就是精神文化，包括企业价值观、企业精神、企业道德等。精神文化是企业的内核和制度，它指导着企业的制度文化、行为文化和物质文化。

第二个层次是制度文化。从企业制定制度和执行制度的情况，可以看出这个企业的经营理念、企业战略，可以看出这个企业是不是以人为本、是不是依法依规从严治企。制度包括技术规程，从中可以看出这个企业在行业里的地位和技术先进程度。同时，企业家和企业领导班子有了一整套企业文化建设的思路，也必须通过制度来规范全体员工的行为，最终形成好的习惯、传统和舆论环境。

第三个层次是行为文化。行为文化是指企业全体员工（包括企业家、模范人物、普通员工群体）在自己的言行中展现出来的文化，包括队伍作风、队伍纪律、执行力和团队精神告等。

第四个层次是物质文化。包括企业的厂房、设备、产品以及办公楼、厂区的环境等。如果一个企业厂房破烂、设备陈旧，厂区环境脏、乱、差，在这样的物质条件下是不可能生产出优质产品的。而如果企业的产品是低劣的，这个企业的管理和文化必然是低下的。相反，厂房洁净明亮，设备和产品是先进一流的，这个企业的管理和文化必然属于高层次的。

从企业文化结构来分析，物质文化是表层，行为文化和制度文化是中间层次，精神文化是核心层次。精神文化指导一个企业的制度文化、行为文化和物质文化。

三、企业文化的功能

企业文化是一种潜在的生产力，是激励企业求生存、求发展的精神源泉。企业文化的功能具体包括以下六个方面。

1. 导向功能

企业文化既然反映了广大员工共同的价值、共同的追求目标和共同的利益，它必然对企业内部的全体员工有一种强烈的感召力，把职工的言行引导到企业所确定的目标上来。例如，美国国际商用机器公司（IBM）在长期实践中形成了自己的企业文化："IBM 意味着最佳服务"，其具体内容是尊重每一个人，提供世界上最优良的服务，在工作中追求尽善尽美。一个企业一经确定自己的企业文化，就为企业的建设和发展树立一面旗帜，向全体员工发出一种号召，引起他们的共鸣，从而产生巨大的作用。

2. 约束功能

企业文化的约束功能主要是通过完善管理制度和道德规范来实现。

（1）有效规章制度的约束。企业制度是企业文化的内容之一。企业制度是企业内部的法规，企业的领导者和企业员工必须遵守和执行，从而形成约束力。

（2）道德规范的约束。道德规范是从伦理关系的角度来约束企业领导者和员工的行为。如果人们违背了道德规范的要求，就会受到舆论的谴责，心理上会感到内疚。同仁堂药店"济世养生、精益求精、童叟无欺、一视同仁"的道德规范约束着全体员工必须严格按工艺规程操作，严格质量管理，严格执行纪律。

3. 凝聚功能

企业文化以人为本，尊重人的感情，从而在企业中造成了一种团结友爱、相互信任的和睦气氛，强化了团体意识，使企业职工之间形成强大的凝聚力和向心力。共同的价值观念形成了共同的目标和理想，员工把企业看成是一个命运共同体，把本职工作看成是实现共同目标的重要组成部分，整个企业步调一致，形成统一的整体。这时，"厂兴我荣，厂衰我耻"成为员工发自内心的真挚感情，"爱厂如家"就会变成他们的实际行动。

4. 激励功能

共同的价值观念使每个职工都感到自己存在和行为的价值，自我价值的实现是人的最高精神需求的一种满足，这种满足必将形成强大的激励。在以人为本的企业文化氛围中，领导与员工、员工与员工之间互相关心，互相支持。特别是领导对员工的关心，员工会感到受人尊重，自然会振奋精神，努力工作。另外，企业精神和企业形象对企业员工有着极大的鼓舞作用，特别是企业文化建设取得成功，在社会上产生影响时，企业职工会产生强烈的荣誉感和自豪感，他们会加倍努力，用自己的实际行动去维护企业的荣誉和形象。

5. 辐射功能

企业文化能使企业的人、财、物与产、供、销诸要素环节进行优化组合，发挥企业的整体优势。既能自我表现，也能为在社会上树立良好的企业形象，包括企业员工的精神面貌、经营思想和管理风格，向外界提供可以信赖的信息，提高企业的知名度与美誉度。

6. 调适功能

调适就是调整和适应。企业各部门之间、员工之间，由于各种原因难免会产生一些矛盾，解决这些矛盾需要各自进行自我调节；企业与环境、与顾客、与企业、与国家、与社会之间都会存在不协调、不适应之处，这也需要进行调整和适应。企业哲学和企业道德规范使经营者和普通员工能科学地处理这些矛盾，自觉地约束自己。完美的企业形象就是进行这些调节的结果。调适功能实际也是企业能动作用的一种表现。

四、企业文化的构建

企业文化系统可以从精神层、制度层、行为层、物质层四个层面来构建。精神层是核心，是企业的灵魂；制度层是框架，是企业的保障；行为层是肢体，是企业的灵动；物质层是表层，是企业的展示。

1. 精神层的企业文化

精神层的企业文化是一种高层次的文化，在整个企业文化中居于统帅地位。它是企业在生产经营中长期形成，又为全体员工认可和遵循的企业意识和文化观念。精神层的企业文化一旦形成，就会规定并制约制度、行为和物质层面的文化。

精神层的企业文化，是从企业实践中抽象出来的，关于企业一切活动本质和基本规律的思想，是企业经营管理经验和理论的高度总结与概括，是企业家对企业经营管理的哲学思考。精神层的根本问题是回答企业中人与自然、人与人、人与经济规律、企业与社会、企业与员工、企业与顾客等的关系问题。精神层的企业文化是企业意识形态的总和，主要包括企业使命、企业价值观、企业责任、企业精神等。

2. 制度层的企业文化

精神层的企业文化要靠一定的制度来稳固和传承，进而形成制度层的企业文化，以推进行为层和物质层企业文化的发展。制度层的企业文化主要包括企业的产权制度、领导体制、组织机构、管理制度等方面内容。

（1）产权制度。企业的产权是制度文化最重要的内容、最根本性的制度。我国企业现行的产权归属有合资企业、私营企业、国有企业、外资企业和股份制企业等。不同的产权制度有不同的责权利关系，形成不同的制度文化。产权结构不同，企业文化的内涵和构成也不同。

（2）领导体制。企业领导体制是随着企业产权制度而确立的，不同的产权关系会有不同的领导体制。领导体制属于一种文化的表现形式，我国不少国有企业的领导现在仍与党政领导干部的任命方式一样，是由上级党委组织部任命的。随着改革的深化，产权关系的理清，必将形成新的制度文化。

（3）组织结构。组织结构是否适应企业生产经营管理的要求，对企业生存和发展有很大影响。不同的企业文化有着不同的组织结构，不同的组织结构又产生不同的企业人行为，进而形成不同的企业文化。良好的组织结构能通过有效的文化沟通和传播机制，清除不良的文化因子，充分发挥优异文化因子的积极作用。

（4）管理制度。企业管理制度是实现企业目标的措施和手段，是规范职工行为的要求和标准。好的管理制度是科学、完善、实用的管理公式的体现，能使员工个人的活动得以合理进行，并能成为维护员工共同利益的强制手段。管理制度是一种来自员工自身以外的、带有强制性的约束，它规范着企业的每一个人，是一种约束企业和员工的规范性文化。企业的管理制度包括厂规厂纪、操作规程、管理责任界定和考核奖惩办法等，都是每个员工必须严格执行的。企业为求得最大利益，还制定了各项规定和条例，如企业的人事制度、生产管理制度、民主决策管理制度、市场营销管理制度、财务管理制度等。

3. 行为层的企业文化

行为层的企业文化是员工在生产、经营、科研、公关等方面产生的活动文化。这是一种动态式的文化，是以人的行为为形态的企业风尚和企业作风。是法律、道德、科学技术和文化意识在企业人行为中的反映，也是企业价值观的折射。行为层的企业文化主要包括行为规范、文化活动、人际关系、沟通传播等。

（1）行为规范。企业员工是企业最活跃的群体，他们的行为决定企业整体的精神风貌和企业文明的程度，员工群体行为的规范是企业文化建设的重要组成部分。企业通过规定与制度来规范员工的行为，这种规范是法律、道德、礼仪和科技文化意识在企业人行为中的具体反映，是企业经营作风、精神风貌、人际关系的动态体现。它能协调领导和职工之间以及企业与外部的关系，能使企业行为规范化、职工行为社会化，形成良好的企业风尚。

（2）文化活动。企业的文化活动能提高员工的素质、陶冶员工的情操、塑造员工的形象。企业的群众性文化活动包括组织员工思想政治学习、企业规章制度学习、科学技术培训，开展群众性的文化活动、体育活动、读书活动等。通过多种多样、丰富多彩的文化活动，把员工个人的工作同自己的人生目标联系起来，建立起对企业、对奋斗目标的信念并付诸实际行动。

（3）人际关系。企业的人际关系是员工在日常工作和生活中发生的交往关系，既包括领导与被领导的上下级关系，又包括员工之间的相互关系。企业内的上下级关系，要不搞小圈子，不任人唯亲，上下融合，心往一处想，劲往一处使。员工之间要相互尊重，相互支持，团结友爱，齐心协力。

（4）沟通传播。企业要有正常的沟通传播机制和渠道，保持经营性顺畅的交流。沟通传播的渠道是多种多样的，诸如会议、访谈、文件、报刊、广播、电视、互联网等。企业人要善于利用这些方式和渠道，保持正常的沟通传播，促使企业员工整体行为的优化。沟通传播要迅速及时，要用正当的渠道方法，不能搞小道消息、放马后炮、制造流言蜚语，影响团结，干扰企业的战略部署。

4. 物质层的企业文化

物质层的企业文化，是企业精神层、制度层和行为层文化的外在显现和外化结晶，是由员工创造的产品和各种物质设施等构成的器物文化。它的主要内容有产品、服务、环境、建筑、设备、包装等。

（1）企业产品。物质层的企业文化主要体现在企业产品上。产品是企业生产的物品，有特定的物质形态和具体用途，能在市场上形成交换关系。它是人们通过交换而获得需求的满足，是消费者和用户期求的实际利益。这里的需求，不仅是指有形的产品，还包括无形的服务。有形的产品主要指产品实体及其品质、特色、式样、包装等，无形的服务主要指可以给买方带来附加利益和心理上的满足感及信任感的售后服务等，两者有机地结合就形成了企业的品牌。

产品有核心产品、形式产品和扩大产品之分。核心产品是指产品的核心本质，是顾客所需要的最基本效用和服务，是消费利益的直接体现。形式产品是指产品的外部特征，包括结构、性能、款式、外形、商标、包装等，能满足同类消费者的不同需求。扩大产品是指产品的附加价值，包括为产品提供的安装、调试、维修、培训、咨询、送货、调换以及所承诺的各项服务等。

（2）环境容貌。企业的环境容貌，从视觉上直接地体现了企业文化的个性特点。企业环境包括工作环境和生活环境，能为员工提供良好的工作和生活条件，提高员工的劳动热情和工作效率。工作环境包括厂区的外部环境和内部环境。生活环境包括员工的居住、休息、娱乐等客观条件和服务设施，企业员工本身及其子女学习条件以及生活小区的环境建设和美化。企业容貌是指企业建筑物的空间结构、布局和色彩等。

（3）工具系统。企业的工具系统是企业生产力的主要标志，是物质层企业文化的主要基础。企业的工具系统包括生产手段、机器设备、作业工具、动力能源、传动装置、保养维护、物流运输以及对生态和环境的影响等。企业工具系统文化水准的高低，直接决定企业产品开发与生产的水平，决定企业产品、管理和经营的方式，决定现代化企业的发展方向。

（4）经营管理。企业的经营管理是企业对行为主体及各种要素、环节的管理与协调，是企业运转、经营和发展的关键。企业经营管理的主要内容为：企业控制、核算、监测、沟通以及信息工具系统；企业管理物资、资源、工具系统；企业经营核算、账户物质手段系统；企业生产过程监测、控制手段系统；企业产品质量测评、检验手段系统；办公室自动化水平、办公手段的物质系统；企业培训的物质手段系统；企业公共关系与对外联系的物质手段系统等。企业经营管理文化的显著特点是物质承载性，它体现在经营服务和技术进步等物质载体上。

任务二　企业文化的 CIS 系统

【案例导入】

“可口可乐”企业文化 CIS 系统

可口可乐原有的标志识别中不可缺少的四个要素：① CocaCola 的书写字体；② Coke 的品牌名称；③ 红色的标准色；④ 独特的瓶形。

可口可乐新形象的目标如下。

（1）对消费大众，不但要使其继续饮用，更要使其认识饮用可口可乐的文化价值；

（2）要使成人们认识到饮料市场上可口可乐产品优良，是家喻户晓的饮料；

（3）对于新形象的主要受众年轻人要有强烈的诉求力；

（4）迅速将可口可乐的新形象在消费市场中建立起来。

【知识链接】

CIS 是 Corporate Identity System 的缩写，意思是企业形象识别系统。由 MI（理念识别，Mind Identity）、VI（视觉识别，Visual Identity）、BI（行为识别，Behavior Identity）和 AI（听觉识别，Audio Identity）四方面组成。CIS 的主要含义是：将企业文化与经营理念统一设计，利用整体表达体系（尤其是企业的形象）最终促进企业产品和服务的销售。

CIS 的意义：对内，企业可通过 CI 设计对其办公系统、生产系统、管理系统以及营销、包装、广告等宣传形象形成规范设计和统一管理，由此调动企业每个职员的积极性和归属感、认同感，使各职能部门能各行其职、有效合作；对外，通过一体化的符号形式来形成企业的独特形象，便于公众辨别、认同企业形象，促进企业产品或服务的推广。

一、理念识别系统

理念识别系统即 Mind Identity System，是由企业家积极倡导、全体员工自觉实践，从而形成的代表企业信念、激发企业活力、推动企业生产经营的团体精神和行为规范。

（一）理念识别

理念识别是指在资讯时代，企业为增强竞争力、提升企业形象而构建，经广泛传播得到社会普遍认同，体现企业自身个性特征，反映企业经营观念的价值观体系。显然，这个定义包含以下三个基本点。

（1）构建企业理念识别的目的是增强企业发展的实力，提升企业形象，参与市场竞争并赢得胜利。

（2）企业理念识别的基本特点：一是体现自身特征，以区别于其他企业；二是广为传播，以使社会公众普遍认同。

（3）企业理念的基本内容是企业经营管理思想、宗旨、精神等一整套观念性因素的综合，构成企业价值观体系。

企业经营理念方针的完善与坚定，是企业识别系统基本精神之所在，也是整修企业识别系统的原动力。通过这股内在的动力，影响企业内部的动态、活动与制度，以及组织的管理与教育，并扩及对社会公益活动、消费者的参与行为规划，最后，经由组织化、系统化、统一化的视觉识别计划传达企业经营的信息，塑造企业的独特的形象，达到企业识别的目的。

（二）构成要素

1. 企业使命

企业使命是企业行动的原动力，它含有两层意思：功利性和社会性。任何企业都将追求最大限度的利润作为其最基本的使命之一；同时它作为社会构成中的细胞，必然应对社会承担相应的责任，为社会的繁荣和发展完成应尽的义务。在实际中，对于功利和社会责任，企业要兼顾，舍去任何一个，企业都将无法生存。因此，明确了企业使命，就明确了企业自身存在的意义，找到了企业存在的位置。企业使命是构成企业理念识别系统的最基础性的要素。

2. 企业宗旨

企业作为从事经营活动的社会单位，对内、对外、对社会、对国家都承担着责任和义务。企业宗旨是企业存在于社会的主要目的，意图和志向是企业的最高理想，因此，企业宗旨的设计必须能够显示企业的博大胸怀和远大志向。对内，它是引导和规范企业与企业员工的强大思想武器；对外，它是企业向社会发出的宣言和承诺，反映了企业存在的价值，是引导消费者和社会公众的一面鲜艳的旗帜。例如，国家电网公司服务宗旨：服务于党和国家的工作大局、服务电力客户、服务发电企业、服务社会发展。

3. 企业目标

企业目标就是实现其宗旨所要达到的预期成果。没有目标的企业是没有希望的企业。美国行为学家吉格勒指出：设定一个高目标就等于达到了目标的一部分。气魄大，方可成大业；起点高，方能入高境界。在竞争激烈的市场经济时代，优胜劣汰是唯一的法则，企业不进则退，只有那些具有远大目标的企业，才能长盛不衰。例如，上海大众的企业目标：不断创新。天津中远公司的企业目标：创国际一流企业，跻身世界500强。

4. 企业使命

企业使命即企业应该承担的重大责任，使命感是激发自觉性的强大动力。如著名的蓝天集团就把“为社会进步注力，为员工生活添彩”作为企业的使命。以“二为”为蓝天企业的使命，是企业一种现实选择，也是企业实现宗旨和目标的根本保证。企业的发展要依靠企业的良好的社会环境，同时企业的发展也必须承担社会责任和义务，企业的发展是一种与社会、客户、员工的良性互动，要力求做到相互协调、和谐共荣。

5. 企业作风

国有国风，家有家风，企业有企业作风。企业作风是企业在思想上、工作上、生活上表现出来的态度、行为。良好的企业作风，能够协调企业的组织与管理行为，有助于建立科学、规范的企业运行次序，提升企业员工的工作境界，达到提高工作效率与经济效益的目的。例如，海尔集团的企业作风：迅速反应，马上行动。长安集团的企业作风：今天的事今天完，明天的事今天想。

6. 企业理念

企业理念即企业的理想、哲学与信念，是一个战略发展的主导思想，是指导和影响企业战略追求的灵魂，是企业理念识别系统的核心，它对企业精神、经营哲学、企业道德的定位起着决定性的作用。任何一个组织都要求有一个统一的理念来协调组织的行动，否则就会变成一盘散沙。例如，开元集团的企业理念：戒满扬新，超越自我。满足而故步自封，满足而止步不前。唯有戒满扬新才能发展，超越别人是能人，超越自己是伟人。超越是开元发展的主旋律，开元在超越中永铸辉煌！

7. 企业精神

人活着，就要有一点精神；企业的存在和发展，企业员工群体也应该有一种精神——企业精神。

企业精神是现代意识与企业个性相结合的一种群体意识，它以简洁而富有内涵的语言形式加以表达，是企业文化的精髓。

企业精神具有以下四个基本特征。

（1）企业精神是企业现实状况现有观念意识中积极因素的提炼。

（2）企业精神是全体员工共同拥有的普遍掌握的理念。

（3）企业精神反映了企业家的主导思想。

（4）企业精神通常通过口号、短语、厂歌等明白表达出来。例如，海尔的企业精神：敬业报国，追求卓越。红塔集团的企业精神：天有玉烟，天外有天。

8. 企业的价值观

企业的价值观是企业和企业员工共同的价值取向，它主要解决企业与员工、员工与企业的价值趋同与价值追求问题。法国组织行为学家塞尔兹尼克指出："组织的生存，其实就是价值观的维系，以及大家对价值观的认同，没有价值与价值的相融，难得行为与行动的统一。同时为了使组织能够存续，需要谋求个人价值和组织价值的平衡。"价值观展示企业的基本性格和经营宗旨；价值观决定企业的经营政策和战略目标；价值观左右企业员工的共同愿景和行为规范；价值观影响企业的根本信念和发展航向。一些世界著名的公司用十分简洁的语句来表达其核心价值观，例如，海尔的价值观：真诚到永远。摩托罗拉公司的核心价值观：保持高尚情操，对人永远尊重。

企业的价值观主要包括以下十方面内容。

（1）人才观。英才成就伟业，伟业造就英才。最好的管理等于最好的制度加最好的人才。例如，海尔集团的人才观：要"赛马"而不要"相马"。海尔认为，是不是真正的人才，不是靠上级主观即"相马"来确认的，而是在企业经营的竞争赛场上去比赛即"赛马"脱颖而出的。联想集团的人才观：不唯学历重能力，不唯资历重业绩。

（2）服务观。市场竞争优势不仅来源于高品质的产品，更取决于高品质的服务，服务同样可以创造高附加值。高品质的服务是占领市场的通行证，产品占领市场，价值便能实现。服务可以创造顾客，满意的服务可以创造满意的顾客，顾客的满意是最佳的广告，满意的顾客是最佳的推销员，好的服务是一种无价的感情投资，而它的产出却是有价值的。例如，一汽大众的服务观：服务创造价值。中国电信的服务观：用户至上，用心服务。乐凯集团的服务观：追求满意服务，每天不断进步。科龙集团的服务观：顾客=同仁=家人。

（3）竞争观。是指企业和员工参与市场竞争所表现出来的对竞争的理解与观点。上海南汇电信的竞争观：领先一年，领先一个世纪；领先一步，海阔天空；今天的事今天做完，今天的事不放在明天做，明天太迟了；我们要经常与自己"过不去"，寻找工作的兴奋点，不断自我加压；协力+群力+合力=企业发展之魂。又如，蓝天集团的竞争观：与同行一起成长。现代市场的竞争已有对抗走向统一、由竞争走向合作、由分化走向联合、由独占市场走向协作共赢，这是一种文明的竞争。"与同行一起成长"即体现了中国传统的儒家文化的特色，又体现了现代文明富有人性化的竞争观。

（4）发展观。发展是企业永恒的主题，停滞不前，终将被历史所淘汰。例如，蓝天集团的发展观：激活资源，协同发展。寓意激活自然资源、人文资源，为企业的发展注入新的活力，为企业创新注入新的活力。

（5）危机观。世间有万物，人间有万事，可为什么有的人发展，有的人退却？为什么有的企业兴旺发达，有的企业只是转瞬即逝？企业衰败的原因多种多样，但衰败的企业很多是因为没有忧患意识，过于自信，生于安乐，死于忧患。比尔·盖茨讲过："越是成功越是感到自己不堪一击。"例如，正道企业集团把自己的企业的危机观定为：兴于忧患，衰于自满。

（6）管理观。企业文化在一定意义上讲也是一种管理文化。管理内涵丰富，涉及企业的方方面面以及管理制度的各个方面。例如，华强集团的管理观：责任为大，绩效为天。表明企业以责任为中心，以绩效为核心作为管理价值理念。责任为大，体现管理的要旨是以责任为基础、以责任为核心，要求管理者和员工恪尽职守，尽职尽责，做好自己的事，未尽职尽责就要承担责任，体现了管理工作的责、权、利相结合的过程；绩效为天，体现企业的一切工作都以体现提高绩效为核心，企业存在的目的就是要达到永续经营的目标，就是要创造价值和价值增值。

（7）质量观。是指企业在商品和服务的质量标准等方面所持有的观点和态度。例如，长安集团的质量观：优秀的产品一定是优秀的员工干出来的。蓝天集团的质量观：产品源于品格，质量源于素质。表面上看企业卖的是各种各样的产品，实质上企业出售的却是人品。所以海尔集团的总裁张瑞敏说：先卖人品，后卖产品。产品源于品格就是说，企业把企业的品格、员工的品格融入自己的产品中，把产品看作是企业的品格形象。一方面要增强产品的竞争力；另一方面，也要不断地提升员工自身的素质。这是因为，品格高尚的企业，品格高尚之人，才能生产出最好的、最受欢迎的产品。质量源于素质，产品质量取决于生产过程、管理过程、流通过程等环节的质量，而最终取决于人的素质，只有把培养高素质的人才放在首位，造就一流的员工队伍，才能保证有一流的工作质量、一流的服务质量。

（8）安全观。是指企业在生产过程中，在人、才、物方面，对避免伤害、损失所持的观点和态度。例如，三维集团的安全观：安全是天，生产是地；顶天立地，人企合一。正道集团的安全观：企业之本，生命之魂。

（9）环境观。是指企业对实现可持续发展，防止自然环境恶化，合理利用自然资源，改善人类劳动和生活的环境所持的观点。例如，蓝天公司的环境观：善待自然就是善待自己。蛇口招商的环境观：创造最适合人类居住的地方。丰满电厂的环境观：青山翠滴，绿水溢彩。

（10）法律观。是指企业在经营活动中注重守法经营，并且利用法律来维护自己的权益的观点和态度。市场经济就是法治经济，企业的经营活动必须以法律为基础，法律是天，是高压线。例如，科龙集团的法律观：遵守国家法律，弘扬法治精神，伸张社会正义，争做守法公民。

此外，根据企业的需要，企业还可以制定分配观、成就观、时间观、科技观、效益观、道德观、合作观、团队观、品牌观等。

9. 企业经营哲学

企业经营哲学是关于企业经营活动的思想、原则的概括，并不是对企业的每一项工作的具体规定。例如，丰满电厂的企业经营哲学：外拓市场求发展，内聚合力增效益。外拓市场求发展，表明了丰满电厂为了企业的发展，积极开拓市场，扩大自己在市场上的占有率，在激烈的市场竞争中取得优势地位的决心；内聚合力增效益，表明了丰满人心往一处想，劲往一处使，彼此团结协作，形成巨大合力，只有上下左右齐心协力，才能发挥出巨大的能量，进而提高企业效率和效益，保证企业的目标顺利实现。

10. 企业道德

道德规范是企业员工的重要行为规范，道德行为的软约束与厂规厂纪的硬约束相配合，不但可以弥补硬约束难以面面俱到的局限，而且能够使企业员工的行为自觉地指向目标的实现，成为企业不可缺少的道德力量。例如，联想集团的道德观：宁可损失金钱，不丧失信誉；生意无论大小，一律一视同仁；待人真诚坦率，清清白白做人；勤勤恳恳劳动，理直气壮挣钱。

二、视觉识别系统

视觉识别是一种相对静态的识别方式，是在企业经营理念的基础上，根据经营活动的要求，设计出识别符号，传递企业信息，使员工、消费者和社会各界直接感知企业，形成对企业特性的深刻印象。

1. 企业名称

企业名称与企业形象有着紧密的联系，是 CIS 设计的前提条件，它采用文字来表现识别要素。企业名称的确定，必须反映出企业的经营思想，体现企业理念；要有独特性，发音响亮并易识易读；注意谐音的含义，以避免引起不佳的联想；名字的文字要简洁明了，同时还要注意国际性，适应外国人的发音，以避免外语中的错误联想；表现或暗示企业形象及商品的企业名称，应与商标，尤其是与其代表的品牌相一致，也可将市场上较有知名度的商品作为企业名称；企业名称的确定不仅要考虑传统性，还要具有时代的特色。

企业名称越简洁、越通俗，就越给人一种鲜明的视觉效果。例如，20 世纪 50 年代，日本樱花公司在胶卷市场的占有率超过了 50%，而后富士后来居上，击败了节节败退的樱花公司，成为市场霸主。经分析得知，樱花的败退并非质量问题，而是品牌名称问题，樱花公司受樱花名称的拖累，因为在日本文化里，“樱花”一词是软性、模糊、桃色的象征；相反，富士则与日本“圣山”联系在一起，清晰而有轮廓。

2. 企业标志

企业标志是特定企业的象征与识别符号，是 CIS 设计系统的核心基础。企业标志是通过简练的造型、生动的形象来传达企业的理念，包含有内容、产品特性等信息。标志的设计不仅要具有强烈的视觉冲击力，而且要表达出独特的个性和时代感，必须表达出独特的个性和时代感，必须广泛地适应各种媒体、各种材料及各种用品的制作。其表现形式可分为图形表现（包括再现图形、象征图形、几何图形）、文字表现（包括中外文字和阿拉伯数字的组合）和综合表现（包括图形与文字的结合应用）三个方面。企业标志要以固定不变的标准原型在 CIS 设计形态中应用，开始时必须绘制出标准的比例图，并表达出标志的轮廓、线条、距离等精密的数值。其制图可采用方格标示法、比例标示多圆弧角度标示，以便标志在放大或缩小时能精确地描绘和准确复制。

企业标志是一种特殊的符号，是企业或产品的名称、图案记号或两者结合的一种设计，用以象征企业或产品特性。企业标志传递着企业形象、特征、信誉、文化等众多信息，因此，企业标志的设计与识别十分重要。例如，中国联通企业标志中，红色双“i”是点睛之笔，发音同“爱”，延伸“心心相连，息息相通”的品牌理念，英文释义“i——我”、“information——信息”迎合“以客户为中心”的营销模式。

3. 标准字体和标准色

企业的标准字体包括中文、英文或其他文字字体。标准字体是根据企业名称、企业牌名和企业地址等来进行设计的。标准字体的选用要有明确的说明性，直接传达企业、品牌的名称并强化企业形象和品牌影响力。可根据使用方面的不同，采用企业的全称或简称来确定。字体的设计，要求字形正确、富于美感并易于识读，在字体的线条粗细处理和笔画结构上要尽量清晰简化和富有装饰感。在设计时要考虑字体与标志组合时的协调统一，对字距和造型要做周密的规划，注意字体的系统性和延展性，以适应于各种媒体和不同材料的制作，适应于各种物品大小尺寸的应用。其标准制图方法是将标准字配置于适宜的方格或斜格之中，并表明字体的高、宽尺寸和角度等位置关系。对企业的标准字体的笔画、结构和字形的设计，也可体现企业精神、经营理念和产品特性。

企业的标准色彩是用来象征企业并应用在视觉识别设计中所有媒体上的指定色彩。透过色彩具有的知觉刺激于心理反应，可表现出企业的经营理念、产品内容的特质，体现出企业属性和情感。标准色在视觉识别符号中具有强烈的识别效应。企业标准色的确定要根据企业的行业的属性，突出本企业与同行的差别，创造出与众不同的色彩效果。标准色的选用是以国际标准色为标准的，企业的标准色使用不宜过多，通常不超过三种颜色。

企业为了强化其名称和品牌的传达力与识别力，通常需要对其名称的字体和颜色进行统一即标准化。它是企业规模、力量和尊严等内涵的外在表现形式，是视觉识别的核心。美国IBM公司企业标志的设计最初是粗体黑字，明晰易读，具有强烈的视觉震撼力，达到了易读易认的效果。随着企业的发展，企业要求以表现经营哲学为第一要义，于是设计出蓝色条纹构成的IBM字形标志，成功树立起IBM高科技“蓝色巨人”的形象。

4. 企业象征图案

企业象征图案是为了配合基本要素在各种媒体上广泛应用而设计，在内涵上要体现企业精神，引起衬托和强化企业形象的作用。通过象征图案的丰富造型，来补充标志符号建立的企业形象，使其意义更完整，更易识别，更具表现的幅度与深度。象征图案在表现形式上采用简单抽象的形式，并与标志图形既有对比又保持协调的关系，也可根据标志或组成标志的造型内涵来进行设计。在与基本要素（标志、标准字、企业名、插图、标题字、文案内容等）组合使用时，要有强弱变化的律动感和明确的主次关系，并根据不同媒体的需求做各种展开应用的规划组合设计，以保证企业识别的统一性和规范性，强化整个系统的视觉冲击力，以产生视觉的诱导效果。

例如，奔驰，德国汽车品牌，被认为是世界上最成功的高档汽车品牌之一，其完美的技术水平、过硬的质量标准、推陈出新的创新能力以及一系列经典轿车款式令人称道。奔驰三叉星已成为世界上最著名的汽车品牌标志之一。1909年6月，戴姆勒公司申请登记了“三叉星”作为轿车的标志，象征着陆上、水上和空中的机械化。1916年在它的四周加上了一个圆圈，在圆的上方镶嵌了4个小星，下面有“Mercedes”（梅赛德斯）字样。“梅赛德斯”是幸福的意思，意为戴姆勒生产的汽车将为车主们带来幸福。

5. 企业吉祥物

企业吉祥物是以平易可爱的人物或拟人化形象来唤起社会大众的注意和好感。

例如，旺旺集团的吉祥物是小狗，因为“旺旺”与“汪汪”同音，所以狗被视为旺旺集团的吉祥物。

6. 专用字体

专用字体即是对企业新使用的主要文字、数字、产品名称结合、对外宣传文字等，进行统一的设计。主要包括为企业产品而设计的标识字，为企业对内、对外活动而设计的标识字，以及为报刊广告、招贴广告、影视广告等设计的刊头、标题字体。

三、行为识别系统

企业行为识别，英文表述为Behavior Identity，简称为BI。企业行为是指企业在管理、经营、生产和学习、生活、娱乐等一切运转过程中行为活动的表现，它是企业经营作风、精神风貌等在员工行为中的动态表现。其中包含两大部分：一是内部系统，指企业内部环境营造、员工教育和员工行为规范等，其宗旨在于使企业及员工在观念与行为上取得认同，为树立良好企业形象奠定基础；二是外部系统，如产品销售、广告宣传、公共关系、促销等活动，其宗旨在于通过整体、系列的营销行为进行信息传递，在优质高效地满足顾客需要的过程中，塑造良好的企业形象。BI 是以企业精神和经营思想为内蕴动力，显现出企业内部的管理方法、组织建设、教育培训、公共关系、经营制度等方面的创新活动，最后达到塑造企业良好形象的目的。

（一）企业内部活动识别

强化公司内部的凝聚力和向心力有各种活动方式，大体有如下四类。

（1）关心员工的生活、利益、前途。

（2）企业内部宣传教育。

（3）培训：主要有企业报刊、员工手册、企业内部宣传海报、企业内部活动等几种方式，要在 MI[理念识别（Mind Identity）就是企业经营的观念，我们也称之为指导思想]的指导下进行。

（4）公司歌曲。

（二）企业外部活动策划

企业通过外部活动向社会公众传达企业理念，提升企业认识度，主要包括以下三种方式。

（1）市场调查。通过市场调查了解消费者的购买心理、对企业的建议和意见，通过改进提高企业的水平。

（2）公共关系公关。公共关系公关和公益活动在提升企业形象起着重要的作用，是现代企业竞争的一个有效手段。

（3）新产品的开发。新产品的推出也是企业展示自己形象和理念的大好机会。

四、听觉识别系统

企业听觉识别系统（Audio Identity System）是指将企业精神、企业宗旨、企业目标、企业经营方针等抽象的企业理念转换为公众可以识别的听觉符号，以塑造企业形象、推动企业发展为目的的一整套符号体系。

一般来讲，企业 AIS 是由企业歌曲、企业的主体音乐、企业的广播广告词、企业的广告宣传口号或标语、（品牌）名称等构成。

企业歌曲类型：一类是企业内部歌曲；另一类是企业形象歌曲（如娃哈哈纯净水的《我的眼里只有你》；中国移动通信的《飞得更高》）。

企业的宣传口号类型包括以下几类。

赞扬型。例如：海鸥表，中国计时之宝。

号召型。例如：只要你拥有春兰空调，春天将永远陪伴着您。

情感型。例如：“除了钞票，承印一切”（法国一印刷厂宣传口号）。

标题型。例如：云丝顿香烟：“吸美国云丝顿，领略美国精神”。

任务三　企业营销文化

【案例导入】

法拉利首发中国

众所周知，法拉利是世界顶级跑车品牌之一，但由于法拉利跑车从未登陆中国，人们对这个世界知名品牌却一无所知，就连有购买顶级跑车能力的消费者对法拉利这个品牌也知之甚少，甚至不知道它的存在。然而这段历史在1993年被炎黄艺术国际推广有限公司所改写。

1993年北京首次申办2000年夏季奥运会，得到举国上下全力支持的北京迅速地开展起对基础设施、环境及北京整体形象的改善工作；经济快速增长、市场日益繁荣的中国，特别是中国的首都北京引起了世界的极大兴趣。法拉利公司和它的香港市场代理Italian Motor公司，此时就进入中国市场的问题，向炎黄公司执行董事宋正中先生进行了咨询。凭借对中国市场、汽车消费趋势的深刻认识，宋先生敏锐地感到这个想法所具备的文化价值，于是向客户作出了肯定的答复。

宋先生向法拉利公司承诺，如该公司有能力快速安排空运一台新型跑车到北京，炎黄公司就完全有能力抓住申奥进入高潮的良机，使法拉利品牌在中国市场一举成名。

1993年5月，承诺后短短的20天，在北京申办2000年奥运会时的象征形象，同时又是灿烂悠久的中华文明结晶的天坛祈年殿，享有“意大利国宝”美名的法拉利348ts跑车与它的中国主人有了“第一次亲密接触”。传统与现代，东方与西方文化的结晶在此相遇，振奋人心的盛大交车仪式把法拉利跑车首发中国活动推向了高潮。法拉利跑车进驻中国的消息印证了中国的开放和中国市场蕴藏的商机，海内外50余家媒体报道了这一事件。从那时起，中国市场的汽车消费需求进入了多元化时代，目前法拉利汽车在中国已经拥有了五十几名用户，成为消费者心目中的No.1。

“法拉利跑车首发中国”活动的成功，充分验证了炎黄公司采用“制造悬念—提供解决方案—激发热情—促成响应”的市场营销策略，为陌生品牌迅速建立市场地位的能力。

【知识链接】

企业营销文化贯穿于企业文化活动的始终，是一项复杂的系统工程。企业的任何营销活动都包含一定的文化因素，也是在一定的文化背景中进行的。因此，企业在进行市场营销活动时，必须站在文化高度才能立于不败之地。

一、营销文化的认知

（一）营销文化的含义

营销文化包含两个层次：一是企业的营销观，侧重于营销文化精神层面的作用。二是企业的文化行为观，侧重于营销活动中文化因素的作用，强调如何提升营销理念，塑造营销精神，建设营销团队，以提高营销行为中的文化含量，使企业营销行为也成为一种文化行为。

综上所述，营销文化可解释为：贯穿于企业整个营销活动过程中的一系列指导思想、文化理念以及与营销理念相适应的规范、制度等的总称。营销文化的精髓是营销理念与其价值观。

（二）营销文化的特征

（1）企业营销文化的形成是企业营销走向成熟的一个重要标志。企业营销文化的形成需要一种正确的理念与精神支撑，这种理念与精神要在长期的工作中被大家接受，成为行动指南。有了营销文化，不仅对人有鼓舞作用，而且还能提升企业形象，增强企业凝聚力，打造企业核心竞争力，企业的营销工作才会跃上更高的境界。

（2）企业营销文化是每个企业所独有的文化，具有难以模仿的特点。企业营销文化中的营销理念是贯穿于企业经营活动的指导思想，也是企业家经营思想的反映。它演绎为一种文化现象，这种文化现象的核心就是以什么为经营理念来开展生产经营活动。技术、高科技可以学，制度可以制定，但企业营销文化却是很难模仿的。

（3）企业营销文化的价值在于构筑企业核心能力。企业核心能力，是指本企业所拥有的而其他企业不具备的技术、服务、管理等方面的能力。企业营销文化正是发挥了其难以模仿的特点，帮助企业构筑核心能力。

（三）营销文化的内容

1. 产品文化

一位营销大师说过这样一句话：不要卖牛排，而要卖嗞嗞声。看过德芙巧克力广告的人们一定忘不了广告中那位在渴望和感觉德芙巧克力的女士的“魂牵梦萦”的神态，而没有品尝过的人便会盼望自己也有这样的感觉。有时产品实体中体现的差别很难辨别，其主要是体现在附加层次、增值层次上的“文化差别”，据此来影响消费者的心理和精神倾向，从而决定人们的购买行为，这就是产品文化的魅力。

产品文化主要是指反映在产品的设计构思的造型样式和商标、包装等方面的文化，作为商品必须适应消费者的消费心理与消费需求，影响消费者的消费观念。从广义上讲，产品不仅包括实体的物质属性，还包括产品的包装、品牌、特征、式样、安装、售后服务等无形特征。从文化学角度讲，产品的有形实体和无形特质都是人类文化的体现，有形实体体现的是一种物质文化，主要满足人的基本需求，如蕴含中国5000年历史的酒类产品是为了满足人们“醉”的需要；无形物质则更多地表达一种价值和意义，如产品的式样、包装的设计、售后服务的保证和完善，已经超越了基本满足的需要，是社会文化积累在产品概念上的拓展。

2. 品牌文化

品牌是市场竞争的强有力手段，但同时也是一种文化现象。优秀的品牌是具有良好文化底蕴的。消费者购买产品时，不仅只是选择了产品的功效和质量，也同时选择了产品的文化品味。在建设品牌时，文化必然渗透和充盈其中并发挥着不可替代的作用；创建品牌就是将一个文化精致而充分地展示的过程；在品牌的塑造过程中，文化起着凝聚和催化的作用，使品牌更有内涵；品牌的文化内涵是提升品牌附加值、产品竞争力的原动力。

（1）品牌与企业的关系。

① 提高市场占有率。联合国工业计划署的调查表明：著名品牌在整个产品品牌中所占比例

不足 3%，但著名品牌产品所拥有的市场份额则高达 40%以上，销售额更超过 50%。

② 形成竞争防线。品牌的差别是竞争对象难以仿效的，它融多种差别化于一体，是企业综合实力和素质的反映。经注册之后的品牌，成为企业的特有资源，受到法律保护，其他企业不得仿冒和使用，若被他人侵权，可以依法追究法律责任。品牌是企业产品的质量、特征、性能用途的概括性象征，凝聚着企业的风格、精神和信誉，使消费者一接触品牌就会想到生产企业。从一定意义上讲，代表企业产品的市场品牌所包含的价值有时候要远远高于企业的其他资产价值。

③ 提供销售渠道上的杠杆力。一个优秀品牌在争夺货架空间位置以及取得渠道上的更好合作方面都占有优势，由于顾客希望分销商与零售商经营这些品牌，故而能加强品牌拥有方对渠道商的讨价还价能力。

（2）品牌定位。品牌定位战略就是对企业品牌定位的总规划和长期计划，并且根据经营变量的变化进行不断的调整和更新。其中品牌定位指为企业建立一个与目标市场相关的独特品牌形象，从而在消费者心目中留下深刻的印象，使消费者以此来区别其他品牌。例如，奔驰显示“声望”，宝马适合“驾驶”，富豪是“安全”的汽车，法拉利代表“速度”，王老吉是“预防上火的饮料”，他们都成功地为品牌做了精准的定位。

（3）品牌设计。品牌是通过以上这些要素（名称、术语、象征、记号或者设计及其组合）及一系列市场活动而表现出来的结果所形成的一种形象认知度、感觉、产品认知以及通过这些而表现出来的客户忠诚度，总体来讲它属于一种无形资产。品牌设计来源于最初的企业品牌战略顾问和策划顾问对企业进行战略整合以后，通过形象的东西所表现出来的东西，后来慢慢地形成了专业的品牌设计团体对企业品牌形象设计进行有效的规划，在企业文化中形成了 VIS（即企业视觉形象识别）系统。

（4）品牌策略。品牌策略是指在品牌的外在表现、品牌形象的树立方面重视文化因素的作用，体现品牌的文化内涵。海尔两个小孩拥抱的品牌标志和“真诚到永远”的品牌形象，IBM“服务第一”的品牌形象和蓝色底的标志等都表现出品牌文化的内涵。

3. 促销文化

促销是通过一定的方式将产品或服务的信息传递给消费者，影响其购买决策和消费行为，从而促使购买行为发生的活动。随着企业绩效水平的不断增强，在营销产品和服务中，促销的地位越来越重要。据美国营销学家飞利浦·科特勒估计，10 年前广告和促销的比率为 60:40。促销文化是企业在促进商品销售过程中所反映出来的行为特征，包括广告文化、公关文化等。

例如，企业公关文化就是展示企业形象，是企业文化高素质的显现。公关文化指公共关系所体现的思想意识、价值取向、道德规范、行为方式和经营作风等因素以及民族优秀的传统文化所体现的价值观念、道德观念、风俗习惯、思维方式等因素的总和。公关文化是“内求团结，外求发展”的文化，它具有促进和加强企业凝聚力与向心力的功能。它把树立企业的良好社会形象，争取社会对企业的信任和支持放在首位，因为能够正确处理个人和企业之间的关系，对企业的向心力产生影响，从而使向心力成为凝聚力的推进剂，使企业内部形成“全员公关”的公关文化，指导公共关系行为。企业通过各种传播媒介，将企业的有关信息及时、准确、有效地传播出去，争取公众对企业的认知、了解、信任与好感，提高企业的知名度和美誉度，为企业及其产品推广形象，扩大影响，这是公关文化的重要功能之一。公关文化贵在坚持不懈、潜移默化地持续传播，而不能急功近利，追求一时的舆论轰动。当企业树立了比较好的企业形象后，公关文化也应不断创新，做好传播、推广、普及等工作，不断加深公众对企业及产品、人员的良好印象，使之不断积累、巩固和强化。

在营销文化中，促销文化形式最为丰富，是最直观、最具活力的文化形式，可直接影响消费者的消费行为和消费心理。

4. 包装文化

包装对于商品来说，是一种附属品，但包装的规格、形状等因素却常常影响商品的销售，因为包装对商品具有美化作用，可以体现商品的附加价值即魅力价值。一种商品进行包装后，首先进入消费者视觉的，往往不是商品本身，而是商品的包装。例如，在自选商场中，包装起着"无声推销员"的作用。此外，包装本身也是一种商品，也是通过劳动创造的，它也具有使用价值和价值。一种商品有无包装，包装得是否得当，会直接影响到商品的价值。

二、企业营销文化的塑造

营销文化的培育是一个系统工程，不仅需要市场营销理念的提升，而且还需要企业价值链各个环节的密切配合，其目的在于减少企业价值链运行中的无序状态。首先，企业必须树立"取之于社会，服务于社会"的新型营销理念；其次，企业必须从产品研发出发，塑造富有特色的企业营销文化，占领市场制高点；最后，企业必须真诚面对顾客，以优质的产品为顾客提供无微不至的服务。

1. 开展整合营销，优化企业价值链

整合营销观念认为企业的所有活动从头到尾都是一个营销过程，其形式延伸到企业战略、文化、生产、销售、渠道等各个环节。市场营销主体也不局限于商业企业，甚至是个人都要自我营销。整合营销的实质是谋求供应商—生产商—分销商—消费者价值链系统的最优化，其目的是为了增加企业价值链的内能，形成企业独有的营销文化。反过来，营销文化作为连接企业和市场的"纽带"，还具有协调和优化价值链的作用，使无谓内耗降低到最低限度，以产生内聚效应。企业通过营销文化管理，寻找各价值环节的共性，一方面带动消费文化的导入；另一方面带动企业文化的传播，以向社会表达自己的追求目标，力求在消费者心目中树立起特有的良好形象，通过企业的"心理边界"，创造一种境界，使消费者产生激情和共鸣，从而获得高层次的享受。因此，营销文化不仅是一种质量追求，而且还在产品中体现该产品的实质内涵，即渗透着一种经营哲学，向消费者表达一种信仰，使消费者获得某种感受，激发消费者的情感，满足其精神需要。这种信仰能够感染消费者，反过来也能赢得消费者的信任。

案例分析

苹果公司的整合营销

进入智能手机时代之后，手机的内涵开始发生深刻变化。通信成为其几个核心需求之一（而不是唯一核心需求），音乐、拍照、PDA、游戏等非通信相关的核心功能也全面排队进入手机的核心需求。用户开始面对一个问题：我买手机仅仅是用来通话和发短信吗？一旦用户回答"NO"之后，就意味着他对手机的需求已经从一个通话（短信）处理工具变成一个便携多媒体通信设备。

iPhone 兴起就是这种变革最典型的例证。当你把 iPhone 拿到手后，就能强烈地感觉到这个东西与其说是带娱乐功能的手机，还不如说是带通信功能的娱乐机（娱乐机=iPod+便携照相机+掌上游戏机+ PDA）。手机市场原“龙头老大”诺基亚正是在这一点上没有把握到位，导致在智能手机市场上完全落败于 iPhone。

利用渠道差异化：苹果将 Ipod 在线商店的差异化组合模式复制在其 iPhone 上。苹果建设了在线软件销售渠道：App Store（简称 AS）。AS 是一个设计理念与 Itunes 类似的在线平台：软件开发者可将由 SDK 制作并通过苹果审核的软件在 AS 发布，无需缴纳任何维护费用。软件售出所得收益由苹果及开发者三七分成。这就解决了在此之前 AS 市场上存在的诸多问题。

利用服务差异化：2.0 版本系统对 microsoft exchange 功能的支持，使其成为功能强大的商务机。例如，能无缝接入公司 microsoft exchange 网络，即时更新日程表项目、邮件、联系人；自动检索网络；远程数据清除；拥有 cisco 安全维护等。iPhone 的娱乐功能也随着 SDK 与 AS 得到升级，在得到 EA、Sega、Konami 等专业厂商的支持后，iPhone 颠覆了手机游戏功能的概念。工作、娱乐功能兼备且都达到极致的 iPhone，成为无所不能的智能信息终端。

营销手段和策略如下。

（1）iPhone 上市前的创新饥饿式营销策略。所谓饥饿式营销是指商品提供者有意调低产量，调控供求关系，制造供不应求的假象，达到维持商品较高的售价和利润率的目的。而 iPhone 的饥饿营销却并非如此，而是已经完全超出这个基本的概念，上升到一个新的高度。iPhone 的饥饿营销和传统的策略不同，在苹果公司实施营销策略的过程当中，我们看到它并没有去控制产品的产量来制造市场供不应求的假象，而是把产品的相关信息转化成一种市场饥渴，让消费者渴望了解 iPhone。

（2）iPhone 上市后的口碑营销和体验营销相结合的策略。口碑营销是指企业努力使消费者通过亲朋之间的交流，将产品信息、品牌传播开来。体验营销是指企业通过采用让目标顾客观摩、聆听、尝试、试用等方式，使其亲身体验企业提供的产品或服务，让顾客实际感知其带来的品质和功能，从而促使顾客认知、喜好并购买的一种营销方式。iPhone 的口碑营销也有着自己的独特性和创新性。我们注意到，绝大多数情况下，iPhone 的口碑传播并不是苹果公司有计划地实施，而是那些消费者自发地、主动地去传播信息，评论产品。这样的口碑更具有客观性、真实性，更容易为其他人所接受。通过别出心裁的营销手段和紧凑的供应链，苹果公司对用户体验的打造有效地动员了其目标客户群。口碑营销让充满神秘感的苹果产品诱惑无限，吸引消费者“先夺为快”。在现代市场新的竞争格局下，以消费者为本的技术往往会加速新技术的普及，苹果拥有抗衡竞争对手的核心优势。但是，苹果公司并没有注重宣传 iPhone 的先进技术，而是把 iPhone 的时尚、独特设计和方便易用的功能作为宣传的重点。公司把 iPhone 体验营销的核心确定在情感经济，用“情感的经济”去取代“理性的经济”，围绕着产品，把“面对面”的交流与互动发挥到极致，让用户、产品与公司三者之间产生情感上的共鸣。

2. 创建跨组织团队

模糊企业价值链跨组织团队的创建流程可以是非正式、半开放的，组织机构、管理流程、策略、模式和时间应该是可以改变的、动态的，无论成员身处何地，都可以在一个统一的平台上沟通与协作。跨组织团队的组建基础是企业的心理边界。在心理边界内，跨组织团队通过运用先进的技术，能够提高并增加团队成员与具有不同文化背景的同事相互交流的能力和机会，并克服由时间和文化差异带来的成员间缺乏的协调和信任。所以，营销文化是一个渐进改变企业价值链的过程，它通过学习、识别、理解和认同文化来增加企业价值链系统各环节之间的模糊性，达到“求同”和“多赢”的目的。

3. 维持涨落平衡，提高企业价值链的“免疫力”

仅就企业价值链本身来说，它是一个封闭的自组织系统；但就整个企业发展来说，企业价值链还必须与它的供应链相衔接，使其成为一个远离平衡态的开放系统。企业通过供应链，不断地从环境中吸收能量，然后依靠其价值链的往复循环，传递能量，实现产品的价值增值。在这一过程中，作为一个整体而起作用的营销文化能够通过涨落而自行增强，并自发形成营销网络结构。这种新的空间组织形式一次又一次在涨落中涌现，以减少企业价值链运行中增加的无效活动。所以，营销文化能够起到提高企业价值链“免疫力”的作用，成为维持企业营销系统动态平衡的建设性因素和推动其持续、深化发展的根本动力。

4. 践行诚实守信，实现企业价值链的平衡

由于事物间的普遍联系和相互制约，完全封闭的系统和绝对的平衡都是不存在的，所以即使企业与环境之间没有物质交换，也会有能量或信息交换，带来各个价值环节内能的增加，使它们处于非均衡状态，从而导致企业价值链内部矛盾的激化，降低生产效率。按照梅奥教授的观点，生产效率的提高不能只靠生产作业的安排和科学技术的应用，更重要的是激励士气，依靠内部机构间的真诚合作，改善人与人之间的关系。因此，企业必须借助于营销文化，在企业内部、外部努力营造一种积极向上的文化氛围。文化不同于制度的一个重要特点是它的非强制性，潜移默化地影响和控制人们的行为方式。诚实守信的营销文化有利于平衡企业内部、企业之间、企业与消费者的关系，消除它们之间的观念差异，培育合作精神。

5. 倡导绿色营销，深化企业价值链

绿色营销是对传统营销模式的创新和发展，它深化了企业的价值链及其系统。绿色营销主要包括绿色营销文化和绿色营销渠道两个方面的内容。随着人们生活水平的提高，生态观念和绿色意识已经开始渗透到人类生活的每一个方面。现在，已有越来越多的消费者从社会道德和社会责任角度出发，自觉或不自觉地承担起保护自身生存环境的责任。绿色营销以绿色文化观念作为其价值导向，顺应了消费者“崇尚自然”的潮流。从消费者价值角度出发，通过开展绿色营销，与消费者形成一致的价值主张和观念，就可以使企业和消费者之间建立起具有实际意义上的长期关系，而这种关系是形成消费者忠诚度的根本。绿色营销渠道具有双向性，既有正渠道，也有反渠道，二者缺一不可。正渠道是指绿色产品由生产者流向消费者；反渠道是指使产品报废后的废弃物由消费者反流向生产者，使产品及其废弃其物能够循环复用、再生利用或降解腐化。绿色营销提升了企业的经营理念和战略，是对企业价值链及其系统的进一步深化，它有利于实现经济发展的可持续性。

习　题

一、选择题

1. （　　）是企业识别系统的核心。

A. 企业理念识别　B. 企业制度　C. 企业信誉　D. 员工素质

2.（　）主要是衡量舆论评价量的大小，不涉及舆论的质的价值判断。

A. 美誉度　B. 知名度　C. 销售量　D. 利润率

3. 企业第一核心竞争力是企业的（　）。

A. 资金　B. 核心价值观　C. 技术　D. 地理位置

4. 企业识别，从含义上来理解，就是企业（　）识别，或企业形象塑造。

A. 理念　B. 行为　C. 形象　D. 视觉

5. 面对残酷的经营挑战，企业CI、CS和CM战略三者必不可少，它们之间的关系是（　）关系。

A. 加法　B. 减法　C. 替代　D. 乘法

6. 在企业导入CIS战略过程中，必须遵循一系列原则，下列（　）原则是错误的。

A. 战略性　B. 系统化　C. 技术性　D. 本土化

7. 企业行为识别（BI），是CIS中的（　）识别系统。

A. 静态　B. 战略　C. 动态　D. 技术

8. 企业制度文化是（　）的基础和载体。

A. 企业理念　B. 企业道德　C. 企业价值观　D. 企业精神

9. 企业视觉识别对于企业（　）的巩固和提高具有不可或缺的重要作用。

A. 产品质量　B. 技术水平　C. 品牌形象　D. 售后服务

10. 企业道德是（　）的研究对象。

A. 企业管理学　B. 组织行为学　C. 企业伦理学　D. 企业文化学

11. 企业管理者对企业文化网络中的各种角色人物应采取的正确态度是（　）。

A. 禁止　B. 放任　C. 鼓励　D. 了解

12. 企业标志、企业的象征图案、企业的标语口号与歌曲是（　）设计的基本要素。

A. 企业理念识别系统　B. 企业行为识别系统

C. 企业视觉识别系统　D. 企业形象识别系统

13. 从企业文化管理角度来看，下面哪一项不是企业文化的内容？（　）

A. 企业价值观　B. 企业精神　C. 企业激励　D. 企业形象

二、案例分析

CIS提升“朵唯”形象

女人的钱是赚不完的，要想在女性手机的蓝海中扬帆远航，关键就在于要比别人更能理解女性的内心需求。

在一个行业内，如何定位，掌握着一个公司在这个领域内是否占有优势。

当朵唯手机创立之时，当时的中国手机市场已经有300多家品牌，流通的手机型号多达4 000多款，竞争之激烈可见一斑。而精准的定位，却最终帮助朵唯从激烈的红海市场中寻找到一片蓝海——专注女性手机市场，最终开拓出了一片专属自己的天空。

所谓定位，就是让品牌在消费者的心智中占据最有利的位置，使品牌成为某个类别或某种特性的代表品牌。这样当消费者产生相关需求时，便会将定位品牌作为首选，也就是说这个品牌占据了这个定位。

然而就在手机红海杀得哀鸿遍野的环境下，深圳朵唯志远科技有限公司宣告了朵唯女性手机品牌的创立。朵唯这家新创立的公司既无手机生产制造的经验，更没有什么核心技术，只是以前在渠道经营上有一点积累，但这也根本谈不上什么竞争优势。至于品牌，那就更是无从谈起了。选择女性手机的蓝海，似乎是个高明的决策，也似乎是唯一有前途的出路。

在朵唯之前，三星已经于2005年推出了了“伊莲”这款圆润玲珑的女性手机，2006年又推出了“我的公主梦”系列手机，主攻少女市场。此外，LG、波导、TCL等也纷纷介入过女性手机。这片看上去的蓝海，实际上也已经快被杀成红海。

而新成立的朵唯做了一个大胆的决定，不仅做女性手机，而且只做女性手机。

要下这样的决定并不容易，因为男性手机占到60%的市场份额，只做女性手机就意味着自动放弃了这60%。对于每一土地都需要努力搏杀誓死捍卫的手机行业来说，这确实需要足够的魄力。

谨慎起见，朵唯在全国对2000名女性消费者进行了面对面的调查，结果有60%的女性明确表示一定会购买，又在广告还没有投入的情况下做了几次试销，都得到了消费者的认可，这给了朵唯极大的信心。

通过进一步的市场调研，朵唯发现女性手机使用者大约占整个手机用户的40%，而按照2009年中国市场手机拥有量为6.4亿来计算，这就意味着有2.5亿的手机用户是女性。

此外，“女性消费有一个特点，她们买手机可能像买衣服一样，最满意的永远是下一款，因为她们是比较追求时尚和潮流的人群。所以我认为未来女性手机市场的规模应该会越来越大。”朵唯董事长何明寿如是说。

于是，朵唯决心为了深耕女性手机的这40%，而放弃男性手机的那60%。这一点，是三星和LG做不到的，他们不可能眼睁睁地放弃那么多的市场机会。这一点，也是波导和TCL做不到的，对于他们来说，女性手机只是为了短期内进行尝试性突破的战术产品，甚至都还没有提到战略的高度上。但有舍方能有得，朵唯就是要在消费者的心中树立朵唯即是专业女性手机的品牌形象。

按照迈克尔·波特的经典理论，企业的经营战略要么是差异化，要么是低成本。在手机行业，靠低成本竞争的时代早就过去了。可如果要差异化，又该如何差异呢？

当然，女性手机本身似乎就是在差异化，可是你的手机又能怎样与众不同呢？小巧？轻薄？华丽？可爱？时尚？芳香？这些特性的确都是能吸引女性的，可是三星、LG已经做得很好了。朵唯如果只是跟在国际巨头的后面亦步亦趋，学习、模仿、跟随、抄袭，那最后的命运就一定是被甩进历史的垃圾堆。

朵唯要想能够在女性手机这个已经快要变红的蓝海有一片天下，就必须挖掘出女性还有哪些需求是现有的手机厂商所未能满足的。是否能够敏锐地洞悉女性的内心需求和生活需要，成为了朵唯能否在激烈的市场竞争中取胜的最关键因素！

通过对1000多名都市职业女性的心理需求调研，朵唯发现，“爱”和“美”不出预料地仍然是现代女性最关注的核心内容。然而令人眼前一亮的是，有81%的被调查者还选择了“安全”。安全，这就是朵唯所孜孜以求的战略着力点。

针对女性对于“安全感”的内心渴求，朵唯成功地在手机中开发了“一键求救”和“自动定位”功能。女性用户如果在生活中遇到什么不测，又来不及打电话或发短信的话，可以长按住手机上的“求救键”，就能立即向事先设定5位亲友或警方发送求救讯息，同时手机还会自动确定求救者所处的位置，并将信息也发送过去。此外，手机还会鸣笛报警。

以“安全”为诉求的朵唯手机，一经推出就受到了广大女性的热捧，“漂亮又安全，我的贴身保镖”的广告语更是赢得了女性消费者的心理共鸣。凭借着“安全”的东风，朵唯在女性手机的蓝海中开创出了新的蓝海！

中国有太多的品牌也一夜之间红遍大江南北，然后又不知不觉地销声匿迹了。所以，朵唯在一炮走红之后，直接面临的课题就是如何才能够维持热度，使得朵唯这朵鲜花能够长盛不衰。与其他女性手机只考虑在外观设计上下工夫不同，朵唯手机实施了一整套的品牌战略。

在功能方面，朵唯除了前述的“一键求救”外，还有“爱美尚家”四大主体功能。这都是朵唯为女性独家定制的内置免费资源，帮助新时代的女性准确把握健康美丽的脉搏，获得家庭事业的和谐美满。

“朵易”软件是朵唯为女性贴心打造的软件系统，更符合女性的使用习惯，更懂得女人的心。每周一到周四推出的“朵唯电子报”也是朵唯手机用户提供的免费增值服务，以图文并茂的形式为女性提供最新最前沿的时尚热点和生活资讯。据何明寿介绍，“朵唯电子报”的每月下载量已经突破1 000万，“说明女性消费者对朵唯产品的特色还是非常认同的”。

在寻找品牌代言人时，朵唯选择的是知名女星舒淇，因为舒淇不仅在形象上与朵唯的品牌很契合，同时也因为当时她所主演的电影《非诚勿扰》正在热播，她的美丽和优雅有助于增强朵唯在目标消费者的吸引力。之后，为了演绎朵唯独有的“安全”诉求，朵唯手机还又推出了以数位保镖环绕在舒淇身旁的广告，使得“漂亮又安全，我的贴身保镖”的宣传语更加能引得消费者的共鸣。

为了迎合女性消费者的心理习惯，朵唯在选择广告媒介时，拒绝使用说教式或独白式的粗鲁广告形式，而是锁定女性所喜爱的时尚、情感和娱乐类电视节目。

如 2009 年底，初出茅庐的朵唯携手当时最火的养生脱口秀节目湖南卫视的《百科全书》，且选择的是节目压屏和短信互动 VCR 的形式，这就避免了观众容易在广告时间换台的情况。随着《百科全书》的收视率屡创新高，朵唯的知名度也在急剧飙升。

紧接着 2010 年春节，朵唯与江苏卫视合办春节特别节目《幸福朵朵开》，整个节目现场处处都能看到朵唯亮丽的身影。之后，朵唯又与湖南卫视合作《全家一起上》、《我们约会吧》，与浙江卫视合作《我爱记歌词》、《为爱向前冲》，与江苏卫视合作《非诚勿扰》、《幸福晚点名》，与旅游卫视合作《美丽俏佳人》等，每一次精准的传播营销，都极大地提升了朵唯品牌的影响力和美誉度。

除此之外，热心于公益事业的朵唯也非常强调情感营销。

2011 年母亲节时，朵唯与幸福工程合作在微博上开展“购买公益虚拟鲜花送妈妈，赢取朵唯女性手机”活动。每位网友登录幸福工程的网店后，花 5 元钱购买一束虚拟康乃馨送给妈妈，就能有机会抽取一部朵唯女性手机。而幸福工程网店销售所获得的善款，将全部捐助给贫困母亲。类似的情感营销对于朵唯的品牌形象又增添了几许爱和温情。

【思考与讨论】

1. 朵唯引入 CIS 的意义何在？
2. CIS 是全能的吗？它有何种局限性？
3. CIS 对品牌文化建设和企业管理的作用和意义是什么？

参考文献

[1] 曾琢. 现代企业管理. 北京：科学出版社. 2008.
[2] 孙铁玉. 企业经营管理. 北京：电子工业出版社. 2009.
[3] 李文舒. 企业管理概论. 北京：冶金工业出版社. 2011.
[4] 于卫东. 现代企业管理. 北京：机械工业出版社. 2010.
[5] 冯拾松. 现代企业管理. 北京：科学出版社. 2004.
[6] 刘善华. 现代企业管理学教程. 广州：暨南大学出版社. 2006.
[7] 苗长川. 现代企业经营管理. 北京：北京交通大学出版社. 2008.
[8] 廖泉文. 人力资源管理. 北京：高等教育出版社. 2003.
[9] 黄海滨. 电子商务物流管理. 北京：对外经济贸易大学出版社. 2007.
[10] 屈冠银. 电子商务物流管理. 北京：电子工业出版社. 2007.
[11] 张德，潘文君. 企业文化. 北京：清华大学出版社. 2007.
[12] 任会福，李娜. 市场营销理论与实务. 北京：人民邮电出版社. 2011.
[13] 许兆祥. 生产与运作管理. 北京：机械工业出版社. 2011.
[14] 黄良杰. 财务管理学. 郑州：河南人民出版社. 2007.
[15] 荆新. 财务管理学. 北京：中国人民大学出版社. 2002.
[16] 李淑珍. 不懂财务就做不好管理. 北京：中国纺织出版社. 2008.
[17] 黄卫伟. 生产与运作管理. 北京：中国人民大学出版社. 2006.
[18] 韩福荣. 现代质量管理学. 北京：机械工业出版社. 2007.
[19] 孔凡生. 现代企业管理. 北京：北京邮电大学出版社. 2012.
[20] 龚丽春. 管理学原理. 北京：冶金工业出版社. 2008.